上海社会科学院法学研究所学术精品文库

注册制下
上市公司退市的
法律规制

张艳 著

上海三联书店

总　序

　　上海社会科学院法学研究所成立于 1959 年 8 月,原名"政治法律研究所",是我国成立最早、规模最大、最早招收研究生的地方社科系统法学研究机构。

　　法学所的历史可以追溯到 1952 年由原圣约翰大学、复旦大学、南京大学、东吴大学、厦门大学、沪江大学、安徽大学等 9 所院校的法律系、政治系和社会系等合并组建成立的华东政法学院,1958 年华东政法学院并入上海社会科学院,翌年成立了上海社会科学院政治法律研究所。彼时上海滩诸多法学大家汇聚于斯,潘念之、齐乃宽、浦增元、张汇文、卢峻、周子亚、何海晏、丘日庆、徐开墅、徐振翼、肖开权、郑衍杓、陈振国、李宗兴、程辑雍等均在各自领域独当一面、各领风骚。1984年,东吴大学上海校友会也正式在上海社会科学院注册成立,成为东吴法学的精神传承,一时颇有海派法学的大气候。

　　1979 年复建后,"政治法律研究所"正式更名为"法学研究所"。作为南方地区的法学理论研究重镇,在中国社会经济快速发展的浪潮中,法学所勇立潮头,不断探求中国特色社会主义法治的发展规律,解决我国改革开放和现代化建设中的现实问题。法学所在法理学、公法学、国际法学、刑法学和民商法学等领域为国家法治建设鼓与呼,在新时期法学学科建设、民法通则制定、港澳回归、浦东开发等重要历史性事件进程中均作出了重大贡献。

　　进入新世纪,随着国家科研方针政策的转型以及各大高校法学研究的崛起,社科院系统的体制模式受到重大挑战,加上老一辈学人的隐退,法学所也开始了二次创业的征程。近年来,法学所通过"内培外引"大力加强人才梯队建设,引进和培养了一批在国内有影响力的中青年学者,特别是一批青年才俊陆续加入,他们充满朝气,基础扎实,思想活跃,承载着法学所的未来与希望。通过不断提高学科队伍建设,夯实智库研究基础,法学所得以进一步加强和形成了"经济刑法""租借·租借地等特殊地区研究""刑事法创新学科""法治中国及其上海智库实践智库""比较法学""生命法学""党内法规""青少年法学"等多个优势学科和特色研究团队。如今的法学所安立于古典而又繁华的淮海中路的静谧一角,立足上海,面向全国,以"国家高端智库"和院"创新工程"为平台,坚持学科建设和智库建设双轮驱动,在法学研究领域焕发出新的生机。

为弘扬学术精神、传播学术成果、传承学术血脉,我们策划了"上海社科院法学所学术精品文库"。法学所科研人员的重要理论成果和学识智慧,将收入本文库,以期学脉绵延,薪火相传,续写法学所的当代辉煌篇章。本文库主要由两部分组成,一部分是法学所科研人员的重要学术专著,另一部分是法学所青年学术沙龙系列。前者秉持学术为本、优中选优的原则,遴选并最终确定出版的著作,后者是对法学所学术品牌青年法学学术沙龙的整理。在条件成熟时,本文库也将陆续整理出版老一辈法学所专家的代表性作品。

文章千古事,希望纳入文库出版的作品能够不负学术精品之名,服务国家法治建设与社会发展,并能够历经岁月洗礼,沉淀为经世之作。

是为序。

上海社会科学院法学研究所所长、研究员、博士生导师

姚建龙

2020 年 7 月 30 日

目　　录

前　言

　　我国的证券发行制度历经从 20 世纪 90 年代的"审批制"到世纪之交的"核准制"再到新时代的"注册制"的演进过程。[①] 透过波澜起伏、变动不居的制度变迁史,一条从未改变的主线跃然纸上:以立法者、行政机关、学者和实务工作者为主的法律职业共同体对发行制度中政府与市场关系的孜孜不倦的探寻。总体而言,我国发行制度的改革进程是政府与市场的定位日渐清晰的过程,是政府与市场的关系从"完全政府"模式到"限定市场、余外政府"模式,再到"限定政府、余外市场"模式的转变过程。[②] 注册制的时代是市场发挥决定性作用的时代,政府的职能已发生重大转型。具体而言,其识别功能已由监护转为服务,选择功能由主导转为辅助,规制功能则由管制转为治理。[③] 鉴于政府与市场之间此消彼长的关系,行政权力回撤的空间已被市场占据,市场的决定性作用在注册制时代愈发凸显。

　　证券的发行与上市关系紧密,以信息披露为核心的注册制改革通畅了资本市场的入口,越来越多面向世界科技前沿、面向经济主战场、面向国家重大需求的适格企业成功上市。[④] 健康运转的资本市场要有

---

① 参见曹凤岐:《从审核制到注册制:新〈证券法〉的核心与进步》,《金融论坛》2020 年第 4 期。
② 参见陈甦:《商法机制中政府与市场的功能定位》,《中国法学》2014 年第 5 期。
③ 参见陈甦:《商法机制中政府与市场的功能定位》,《中国法学》2014 年第 5 期
④ 自 2019 年 3 月 18 日科创板上市审核系统正式上线运行以来,截至 2023 年 7 月,成功上市的科创企业已超过 540 家,总市值突破 6 万亿元。参见王媛媛:《科创板迎四周岁! 超540 家上市公司,总市值突破 6 万亿元》,2023 年 7 月 21 日,https://www.thepaper.cn/newsDetail_forward_23935219,2024 年 3 月 16 日。

进有出，遵循正常的新陈代谢规律。与上市相对应的退市是资本市场中重要的基础性制度，在推行注册制改革之前，核准制下行政权力的过度干预给公司的上市与退市造成了很大的阻碍。失当的上市制度不仅严重阻碍了市场的优胜劣汰，也使退市制度形同虚设。上市与退市是有机统一体，注册制改革为退市制度改革提供了得天独厚的历史机遇。迄今我国已开展多次退市制度改革，在简化退市程序、完善退市标准、拓宽退市渠道等方面对退市制度进行了优化，取得了良好的效果。

尽管退市制度改革已经取得了一定进展，然而结合我国"十四五"期间建立常态化退市机制的总体要求，现行退市规制模式仍暴露出较为严重的规制理念扭曲与规制路径偏差。就主动退市而言，以赋予投资者退市决策权为主要内容的赋权型规制已异化为"阻碍退市制度"，制约了常态化退市的实现。对强制退市来说，效率导向型规制使投资者成为退市损失的实际承担者，严重减损了我国资本市场的吸引力与竞争力。现行规则不仅无法满足注册制改革对更为完善的退市规制模式的需求，而且将极大反噬注册制改革的成效。在此背景下，应当抓紧时间启动新一轮的退市制度改革。

在我国，虽然直接以"退市法律规制"为研究对象的学术成果并不多见，但是众多学者在公司法与证券法领域的深耕仍为本书贡献了卓具启发的研究思路。总体而言，目前相关研究较为零散，主要体现在股东类别表决权、异议股东退出权、先行赔付以及示范判决制度这几方面。[①] 尽管现有成果对个别制度进行了探讨，但并未涉及退市中特定利益冲突的平衡，鲜见兼具理论深度与现实回应力的整体式成果。在国外，由于成熟资本市场国家的主动退市比例远高于强制退市，因此相关研究大多围绕主动退市规制展开，以美国的等待期制度、英国的独立

---

① 参见朱慈蕴、沈朝晖：《类别股与中国公司法的演进》，《中国社会科学》2013 年第 9 期；袁碧华：《异议股东股权回购请求权适用范围探讨》，《广东行政学院学报》2014 年第 5 期；李文莉：《公司股东现金选择权制度构建探析》，《政治与法律》2012 年第 5 期；陈洁：《证券市场先期赔付制度的引入及适用》，《法律适用》2015 年第 8 期；吴泽勇：《〈投资者示范诉讼法〉：一个群体性法律保护的完美方案?》，《中国法学》2010 年第 1 期。

股东决议制度与德国的强制收购要约制度为主要内容。[①] 国外关于强制退市规制的研究成果较少，因此整体而言缺乏解决我国本土问题的针对性。总之，国内外尚未针对主动退市与强制退市形成一套完善成熟的规制体系，而注册制改革又迫切需要退市制度协同改革以回应建设健康、可持续发展的多层次资本市场的需求。为构建注册制背景下市场化、法治化、常态化的退市制度，结合域外经验，主动退市与强制退市的法律规制模式亟需转型。

法律是利益平衡的艺术，退市中的利益冲突主要体现为效率与公平的博弈，为中小投资者[②]提供适切保护是退市法律规制的核心。既不能过度保护导致不当减损上市公司的退市效率，又不能保护不足使投资者权益沦为上市公司肆意妄为的牺牲品。总体来看，就主动退市而言，应推动规制理念由投资者赋权型转向投资者补偿型，且借鉴德国法经验通过强制收购要约制度铺设具体规制路径。就强制退市而言，应推动规制理念由效率导向型转向兼顾公平型，且构建以先行赔付、责令回购等非诉程序为主，以代表人诉讼等诉讼程序为辅，常规高效的退市投资者损害赔偿救济体系。

本书的主要研究对象是注册制下主动退市与强制退市的法律规制问题，主要分为六章。由于注册制改革、退市制度改革以及退市制度运行实践对退市法律规制模式的构建意义重大，故本书的前三章将对上述内容进行深入研讨。具体来看，第一章介绍我国股票发行制度从核准制到注册制的历史沿革与注册制改革的主要内容；第二章对退市制度进行详尽阐述，具体包括退市的内涵、外延、法律性质、历史沿革等内容；第三章为实证研究，对我国退市数据与主动退市、强制退市的典型

[①] 　参见 Julia Khort, "Protection of Investors in Voluntary Delisting on the U. S. Stock Market", working paper 2014:4, https://www.jur.uu.se/digitalAssets/585/c_585476-l_3-k_wps2014-4.pdf, 2021 年 3 月 17 日；Walter Bayer, Aktionärschuz beim Delisting, ZIP 2015；Carl C. H. Sanders, Anlegerschutz bei Delisting zwischen Kapitalmarkt- und Gesellschaftsrecht, Duncker & Humblot, 2017。

[②] 　实践中交易所一般以排除法确定中小投资者范围。被排除的对象主要有两类：一是上市公司的董事、监事以及高级管理人员，二是单独或者合计持有公司 5% 以上股份的股东。

案例进行深入分析。对于退市法律规制研究板块来说,本书采用了类型化的研究方法,在主动退市与强制退市两种宏观分类的基础上,本书又将主动退市细分为决议式主动退市与私有化退市两种类型,故本书的第四至六章分别对决议式主动退市、私有化退市和强制退市情形下的法律规制问题进行深入研究。其中,第四章研讨决议式主动退市的法律规制,具体包括规制理念转型、域外经验、规制路径转型等内容;第五章探讨私有化退市的法律规制,主要包括私有化退市中的利益冲突与利益冲突消除机制、余股强制挤出制度等内容;第六章研究强制退市的法律规制问题,具体包括规制理念转型与规制路径转型等问题。

第一章　股票发行制度的演进：从核准制到注册制

　　作为现代金融体系的核心，资本市场对于促进资金融通、实现资源配置、服务经济高质量发展具有重要意义。股票发行制度与退市制度是资本市场的两大基础性制度，二者分别规范上市公司的入口端与出口端，通过相互配合共同打造具有活力与韧性的资本市场。当前，我国股票发行制度已完成从核准制到注册制的变革，这是一场引领并牵涉资本市场全局的重大改革，在资本市场发展进程中具有里程碑意义。完善退市机制是注册制改革的重要一环，资本市场两大基础性制度变革协同推进，共同形成有进有出、优胜劣汰、健康循环的良性生态环境。本章重点论述股票发行注册制改革及其对退市制度的影响，共包含三小节内容。第一节回顾我国股票发行制度的历史脉络，第二节详细评介注册制改革的主要内容，第三节深入探讨注册制改革对退市制度的影响。

第一节　股票发行制度历史沿革

　　从世界范围来看，基于各国、各地区在监管理念上的差异，主要形成了核准制与注册制两种股票发行制度。我国在由计划经济向市场经济转轨的特殊时期，产生了完全由行政主导的审批制。本节将在厘清股票发行制度的基本内涵、两大制度类型及其主要特征的基础上，详尽阐述我国股票发行制度从审批制发展至注册制的历史沿革,并从演变动因、演变趋势和演变特点三方面对我国股票发行制度的演变历程进行评述。

一、股票发行制度的内涵、类型与特征

(一)股票发行制度的内涵

股票发行是公司以筹集资金为主要目的,向投资者出售代表其一定权利的股份的行为。在监管机构的监督执行与中介机构的推荐下,发行人与投资者之间通过交易实现股权的让渡,从而达成一种产权的交换。[①] 股票发行制度是规范股票发行的程序与条件,界定各方利益主体在股票发行过程中的权利、义务与责任的一系列规则的总和。作为资本市场的第一道关口,股票发行制度对于保障投资者权益、促进企业融资和经济发展、维护证券市场秩序具有举足轻重的意义。

股票发行制度涵括发行审核制度、信息披露制度、发行方式、定价机制、监管机制等若干方面内容。其中,发行审核制度决定了股票发行权的归属、发行条件与发行程序的设置,是股票发行制度的核心所在。发行审核制度掌控着发行上市公司的质量,决定着新股发行的速度,影响着股票市场的资源配置效率和广大投资者的切身利益,构成了整个证券监管制度体系的基础。[②] 事实上,在实务界和理论界以往的讨论中,并未对股票发行制度与发行审核制度作严格区分,因此下文如未作特别说明,所称股票发行制度主要指发行审核制度。

(二)股票发行制度的类型与特征

一个国家或地区股票发行制度的形成与演变,不仅体现了其证券

---

① 参见林涌:《股票发行制度内在机理的产权解释》,《中央财经大学学报》2004 年第 10 期。

② 参见孙国茂:《从根本上改革股票发行制度》,《理论学刊》2014 年第 3 期。

市场发展的内在要求,更是其政治、经济、法律制度的映射与延伸。[①] 基于各国、各地区在市场环境、法制基础、监管理念、文化背景等因素上的差异,其股票发行制度也呈现出不同的特征。大体来看,世界范围内的股票发行制度主要分为核准制与注册制两类。[②] 此外亦有学者采用三分法,将审批制单独归为一类。实际上,审批制是我国从计划经济向市场经济转轨时期的产物,其股票发行过程完全由政府主导,除了行政力量介入的程度有所差异之外,审批制与核准制并无本质区别,甚至可以称之为核准制的前身。[③] 因此,下文采用通说的二分法对核准制与注册制进行阐释。

股票发行核准制指股票发行人在申请发行时,需要同时满足依法充分披露的信息公开要求和相应法律法规规定的实质性条件,[④]由证券监管机构对其营业性质、资本结构、经营状况、人员素质、发展前景等进行实质审查后作出是否批准发行的决定。股票发行注册制又称登记制或申报制,指发行人依法将与股票发行相关的资料进行申报,若证券监管机构对申报文件的真实性、准确性、完整性和及时性进行审查后未提出异议,即可发行股票。关于核准制与注册制的异同,学界此前已展开大量探讨,总体而言,可从以下三个层次对二者的差异进行对比。

1. 特征比较:审查特点各有侧重

核准制与注册制分别秉持实质管理原则与公开原则,基于审核原则的差异,二者在股票发行审核的方式、内容、阶段与效率方面呈现出不同的特征(详见表1)。

---

① 参见钱康宁、蒋健蓉:《股票发行制度的国际比较及对我国的借鉴》,《上海金融》2012 年第 2 期。

② 参见范健、王建文:《证券法》,北京:法律出版社,2007 年,第 105 页。

③ 参见刘东涛:《中国股票发行注册制:法律理论与实务》,北京:法律出版社,2021 年,第 15 页。

④ 参见陈泽佳:《当代中国股票发行监管法律制度研究》,2013 年复旦大学博士论文。

表 1　核准制与注册制比较

审核制度 / 审查特点	核准制	注册制
审查原则	实质管理原则	公开原则
审查方式	以实质审查为主	以形式审查为主
审查内容	合规性判断与商业性判断①	信息披露的真实性、准确性、完整性、及时性
审查阶段	事前审查与事后监管并重	强调事中与事后监管
审核效率	审核效率较低	审核效率高

2. 根本区别：股票发行权属性

审查特点只是核准制与注册制的外在特征差异，二者的根本区别在于股票发行权是由政府授予还是法律赋予。前者非经政府授权不可取得，未经政府同意不能行使；后者除非可能损害公众利益，否则政府不得加以限制。② 核准制下的发行人只有在获得证券监管机构的批准后方可发行股票，股票发行权由政府掌控并依法授予；注册制下的股票发行权为发行人的固有权利，只是由于股票发行关涉社会公共利益，政府从利益平衡的角度对信息披露进行把关，但不从实质上对发行申请进行否决。③ 换言之，核准制下的发行权是一项特许权，注册制下的发行权是一项商事权，二者分别构成了两种股票发行制度的基础。④

3. 追本溯源：监管理念差异

核准制与注册制的区别本质上反映了不同国家和地区在证券监管

---

① 有学者将核准制下证监会对股票发行的审核事项分为"合规性判断"与"商业性判断"，前者指对主体资格、公司治理、诚信状况等是否符合法律规定进行审查，后者主要指对持续盈利能力的判断。参见蒋大兴：《隐退中的"权力型"证监会——注册制改革与证券监管权之重整》，《法学评论》2014 年第 2 期。

② 参见曹凤岐：《推进我国股票发行注册制改革》，《南开学报（哲学社会科学版）》2014 年第 2 期。

③ 参见李文莉：《证券发行注册制改革：法理基础与实现路径》，《法商研究》2014 年第 5 期。

④ 参见李文莉：《证券发行注册制改革：法理基础与实现路径》，《法商研究》2014 年第 5 期。

理念上的差异。核准制强调投资者并非完全理性，需要利用"国家之手"的力量干预股票发行过程，以维护公共利益和社会安全，是"父爱主义"监管理念的体现。注册制则奉行市场自治理念，承认投资者趋利避害的经济人属性，认为只要信息完全公开透明，投资者就会进行择优选择并自负风险，从而发挥市场这只"无形之手"在资源配置中的调节作用。[①]

尽管核准制与注册制存在前述诸多差异，但也应认识到二者并非完全对立、非此即彼的关系。一方面，核准制下同样审查信息披露的合规性。另一方面，越来越多的研究指出注册制下也会作出一定程度的实质审查。例如，美国的公司在境内发行上市一般要受到联邦与各州的双重监管。联邦层面的审查以信息披露为基础，但会对何为"对作出投资决定具有实质影响的信息"作出判断；州层面，部分州会对证券发行是否存在不公平、欺诈或风险过高的情况作出实质审查，以使所有证券达到最低质量要求。[②] 因此，我国在推进全面注册制改革之时，应在还原制度全貌的基础上借鉴域外有益经验。

二、我国股票发行制度的演变历程

20世纪90年代以来，伴随着改革开放与市场经济的快速发展，我国资本市场实现了从无到有、从小到大、从区域到全国、从粗放经营到规范发展的转变。与此同时，我国股票发行制度也经历了"审批制—核准制—注册制"的演变，历经额度管理、指标管理、通道制、保荐制、试点注册制与全面注册制多个阶段（详见图1），这一制度变迁过程是我国经济体制逐渐转型、市场经济不断探索前进的生动写照。

---

① 参见付彦、邓子欣：《浅论深化我国新股发行体制改革的法治路径——以注册制与核准制之辨析为视角》，《证券市场导报》2012年第5期。

② 参见李燕、杨淦：《美国法上的IPO"注册制"：起源、构造与论争——兼论我国注册制改革的移植与创生》，《比较法研究》2014年第6期。

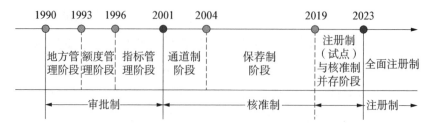

图 1 我国股票发行制度演变历程

(一) 计划经济延续之下的审批制(1990—2001)

我国证券市场形成初期,尚未建立起全国统一的证券监管体制。彼时,伴随着沪、深交易所的相继成立,地方性的股票发行与交易规则开始涌现,根据当时的规定,股票发行必须经证券主管机关审查批准,[①]由此拉开了我国股票发行审批制的序幕。作为核准制的初级形态,审批制的特点在于股票发行过程完全以政府为主导,其本质上是我国计划经济体制遗留的产物。

1. 额度管理阶段

1993 年,国务院颁布《股票发行与交易管理暂行条例》(以下简称《暂行条例》),其中第 12 条明确了申请发行股票的程序,标志着审批制在我国正式确立。这一时期股票发行采取额度分配方法,首先由国务院证券监督管理机构根据经济发展和资本市场运行情况确定当年股票发行的总额度,然后结合各省级行政区域和各行业在国民经济发展中的地位和需要进行额度分配,最后由省级政府和行业主管部门在额度范围内推荐预选企业进行申报。[②] 根据《暂行条例》第 12 条,符合条件的企业发行股票须经两级行政审批,即发行申请由地方政府或国家有关主管部门审批通过后,送中国证券监督管理委员会(以下简称"证监会")复审。

在额度管理阶段,股票发行企业、发行规模、发行价格均由政府决

---

① 《上海市证券交易管理办法》(1990)第 7 条;《深圳市股票发行与交易管理暂行办法》(1991)第 13 条。

② 参见范健、王建文:《证券法》,北京:法律出版社,2007 年,第 106 页。

定,发行的总体节奏和发行时间也由政府把控,带有强烈的计划和管制色彩。[①] 并且,额度管理的方式本身存在诸多弊端。一方面,为获取稀缺的发行额度,企业将大量资源用于寻租活动,造成了股票发行审批的腐败风气;另一方面,地方政府为充分利用发行额度,倾向于发行小盘股以增加上市企业数量,导致这一时期发行上市的企业规模总体偏小,不利于促进整个国民经济的发展。[②]

2. 指标管理阶段

随着经济体制改革的进一步推进,股票发行额度管理的弊端日益显露。1996 年,国务院证券委员会发布《关于 1996 年全国证券期货工作安排意见》,将新股发行改为"总量控制,限报家数"的指标管理办法。国家证券监督管理机构在确定股票发行总规模后,向省级政府和行业主管部门下达发行企业数量的指标,省级政府和行业主管部门在指标范围内推荐预选企业。[③] 1997 年,证监会发布《关于做好 1997 年股票发行工作的通知》,从企业规模、产业方向、发展前景等方面明确了预选企业的标准,并增加了证监会对各地区、各部门推荐的企业进行事先审核的程序,不再固守单纯由地方推荐企业的做法。指标管理办法淡化了股票发行分配额度,强调数量指标,并结合证监会的事前审核把控,一定程度上解决了发行上市企业的规模偏小问题,但并未从根本上弥补和改正额度管理制度的缺陷。

事实上,无论是额度管理还是指标管理,都是政府运用计划管理的方式统一制定和分配股票发行指标,并运用行政权力对股票发行申请作出审查与批准,是计划经济思维在金融监管领域的延续。但应当承认,审批制产生于我国由计划经济向市场经济转轨的特定时代背景之下,在我国证券市场刚刚起步、法制不够健全、投资者缺乏理性、各地区发展失衡的状况下,通过国家宏观调控的力量严格控制股票发行是确

---

① 参见王林：《我国股票发行制度变迁及若干思考》,《经济理论与经济管理》2011 年第3 期。
② 参见李东方：《证券监管法论》,北京：北京大学出版社,2019 年,第 356 页。
③ 参见安锐：《上市公司治理规则多样化研究》,2012 年西南政法大学博士论文。

有必要的,且审批制在协调市场的供求关系、维护市场秩序、促进国有企业改制等方面均发挥了积极作用。

(二) 强调事前实质审查的核准制(2001—2019)

伴随着证券市场法规体系的建设进程,我国股票发行监管体制逐渐由审批制向核准制过渡。1998 年,《中华人民共和国证券法》(以下简称《证券法》)正式颁布,作为我国第一部规范证券发行与交易的基础性法律,其明确了股票发行须符合公司法规定的条件,并由国务院证券监督管理机构核准。① 此后,证监会陆续发布《股票发行审核委员会条例》《股票发行核准程序》与《股票发行上市辅导工作暂行办法》,确定了股票发行审核的具体机构、操作流程及主承销商辅导期制度。至此,股票发行突破了额度规模限制,地方政府推荐企业的权力转移至主承销商,股票发行审核委员会承担起审核职能,是否满足信息披露要求与发行实质性条件成为审核重点。核准制的基本框架得以建立,并在之后不断改革与完善。

1. 通道制阶段

2001 年 4 月,证监会正式宣布取消审批制,开始实施核准制。考虑到核准制下证券公司推荐发行上市的企业数量可能骤增,监管层推出"自行排队,限报家数"的"通道制"以降低扩容压力,提升上市公司质量。② 具体而言,证券公司每次推荐发行上市的企业数量需要限定在通道数范围内,企业每核准一家才能再报一家,每家证券公司的通道数系根据其在上一年承销发行企业的数量分配。③ 通道制下,证券公司在企业申请发行股票过程中的作用得到强化。并且,证券公司为了充分利用通道资源,倾向于挑选质量好、筹集金额较大、审批周期短的项目,客观上促使发行上市企业的质量与规模得到了提升。但同时,由于

---

① 《证券法》(1998 年)第 11 条。
② 参见刘任远:《〈证券市场周刊〉:通道制瓶颈》,2002 年 9 月 21 日,https://finance.sina.com.cn/t/20020921/1409258019.html,2023 年 6 月 20 日。
③ 《关于证券公司推荐发行申请有关工作方案的通知》(2001)。

证券公司的承销业务规模受到规定通道数量的限制,其在专业水平与服务质量上的核心竞争优势不再明显,以至市场上无法形成优胜劣汰的竞争格局。[1] 不少业内人士甚至诟病通道制与额度制是"换汤不换药"的关系,二者都属于计划经济的手段。[2]

2. 保荐制阶段

2003 年,证监会颁布《证券发行上市保荐制度暂行办法》(以下简称《暂行办法》),我国股票发行开始进入保荐制阶段。保荐机构辅导和推荐企业发行股票,对发行人符合发行上市条件和信息披露真实、充分作出承诺保证,并对发行人进行持续督导。[3] 保荐制阶段取消了通道数量的限制,保荐机构得以通过竞争在市场份额与业务规模上拉开差距。股票发行引入保荐制的初衷在于,通过在发行人与保荐人之间建立责任连带机制,激励保荐人充分发挥其专业能力为上市公司的质量把关。[4] 因此,《暂行办法》对保荐机构和保荐代表人的资格要求、保荐义务与法律责任作了详细规定,强化了保荐人对发行人的筛选把关与外部督导要求,使其更好地发挥证券市场"第一守门人"的角色功能。

保荐制在一定程度上使我国股票发行审核权下放至市场上的中介机构,为我国实现发行审核向注册制过渡奠定了基础。与此同时,证监会对发行审核委员会(以下简称"发审委")制度进行了大刀阔斧的改革,包括提高审核工作的透明度,增强审核人员的专业性,完善审核人员的问责机制,以保证股票发行审核工作公开、公正、专业。保荐人从源头上挑选优质发行企业并进行持续督导,发审委则对发行企业的资质条件作出最终的实质审查,构成了我国股票发行核准制的基础。

核准制下,股票发行的高门槛阻止了劣质股进入证券市场,对于保

---

[1] 参见耿志民:《论中国股票发行变迁的内在机制》,《郑州大学学报(哲学社会科学版)》2007 年第 3 期。

[2] 参见刘任远:《〈证券市场周刊〉:通道制瓶颈》,2002 年 9 月 21 日,https://finance.sina.com.cn/t/20020921/1409258019.html,2023 年 6 月 20 日。

[3] 《证券发行上市保荐制度暂行办法》(2003)第 19—30 条。

[4] 参见张戡、刘怡:《保荐人制度研究》,《武汉大学学报(哲学社会科学版)》2004 年第 3 期。

护投资者权益起到了积极作用。但核准制本质上是以行政权力的审查代替投资者的判断,以政府信用担保上市公司的质量,[①]投资者极易产生依赖心理。此外,由于发审委制度、保荐制度及相应配套机制的不健全,股票发行效率低下、市场供求失衡、权力寻租与腐败频发等现象持续存在,阻碍了我国资本市场的高质量发展。

(三) 以信息披露为核心的注册制(2019 至今)

随着我国进入全面深化改革的新阶段,进一步发挥市场在资源配置中的决定作用成为经济体制改革的主要方向,加快资本市场中股票发行向注册制改革也被提上日程。2013 年,党的十八届三中全会通过了《关于全面深化改革若干重大问题的决定》,首次提出"推进股票发行注册制改革"的要求;2015 年,十二届全国人大常委会第十八次会议决定授权国务院对拟在上海证券交易所、深圳证券交易所上市交易股票的公开发行实行注册制度,实施期限为 2 年;此后,这一期限被再次延长至 2020 年。2019 年,历时四年多、共经四次审议的新《证券法》出台,从法律层面明确了股票发行实行注册制,[②]我国也开始分阶段、分步骤推动注册制的正式落地。

1. 注册制试点阶段

2018 年 11 月,习近平总书记宣布在上海证券交易所设立科创板并试点注册制。[③] 2019 年,科创板在上海证券交易所设立,证监会与上海证券交易所发布了注册制试点主要制度规则,新《证券法》明确了注册制的法律地位,注册制试点正式启动。此后,注册制试点分别于2020 年和 2021 年推广至深圳证券交易所创业板与新成立的北京证券交易所(以下简称"北交所")。我国注册制试点过程中始终坚持以信息

---

① 参见时晋、曾斌:《发审委制度的困境与反思》,《证券市场导报》2012 年第 6 期。

② 《证券法》(2019)第 9 条。

③ 参见习近平:《共建创新包容的开放型世界经济——在首届中国国际进口博览会开幕式上的主旨演讲》,2018 年 11 月 5 日,http://www.xinhuanet.com/politics/leaders/2018-11/05/c_1123664692.htm,2023 年 6 月 20 日。

披露为中心的基本理念,改革的思路与目标是,促使发行人真实、准确、完整地披露公司信息,中介机构对发行人披露的资料进行核查验证,审核机构对发行人是否符合信息披露要求作出判断,投资者则根据所获信息作出审慎决策。[①] 在制度设计上,注册制改革始终贯彻市场化与法治化的基本方向,简化并放宽了发行条件,强化了市场主体的信息披露义务与责任,建立了交易所审核、证监会注册的架构,构建了市场化的交易与定价机制,匹配了更为严格的退市制度,让政府将企业发行上市与定价的选择权真正归还于市场。

2. 全面实行注册制

2019 年试点注册制以来,我国 IPO 融资规模大幅增加,新兴企业融资渠道更为通畅,交易定价市场化程度明显提升,优胜劣汰的市场环境逐步形成,[②]改革取得了显著成效。2023 年 2 月 17 日,证监会与沪、深交易所发布全面注册制改革新规,使注册制改革完成了从"试验田"到"全市场"的跨越。此次改革一方面将注册制从科创板、创业板和北交所推广至沪、深交易所主板与全国中小企业股份转让系统(以下简称"股转系统"),从公开发行股票推广至发行优先股、可转债和存托凭证,实现了市场板块与业务范围的全覆盖;另一方面,改革在总结试点经验的基础上,对既有制度进行了全面优化与整合,内容涵盖发行条件、注册程序、保荐承销、监管执法、投资者保护等多个方面。总体而言,此次颁布的 165 部制度规则的主要变化可用五个"更"来概括:更加清晰的多层次资本市场体系,更具包容性的发行上市条件,更加公开透明高效的审核注册程序,更加严格的信息披露要求,更为严厉的监管执法态度。注册制改革的全面落地使我国资本市场迈向高质量发展的新阶段。

纵观我国股票发行制度演变的历程,从审批制走向全面注册制历

[①] 参见《证监会有关负责人就设立科创板并试点注册制有关问题答记者问》,2019 年 6 月 29 日,https://www.gov.cn/xinwen/2019-06/29/content_5404444.htm,2023 年 6 月 20 日。

[②] 参见戴豫升:《以全面注册制为契机深化资本市场改革》,《清华金融评论》2023 年第 3 期。

经 30 余年。期间,社会主义市场经济从萌芽、迅速成长到纵深发展,经济体制的优化与完善引领资本市场领域发生重大变革,股票发行制度也由此朝着市场化与法治化的方向逐渐转变。股票发行审核主体与权限逐渐下移,审核原则由实质管理转向信息公开,审核流程愈发公开透明。审批制向注册制的转变,本质上是我国社会主义市场经济体制深刻变革的结果。

三、我国股票发行制度演变历程述评

(一) 演变动因:制度弊端与发展需求的矛盾

从宏观层面来看,我国股票发行制度的变迁是顺应经济体制市场化改革的必然要求;从微观角度观之,从审批制到注册制的演变是由不同时期的外部环境与内在需求的变化所决定的。当一项制度无法适应社会发展的需求时,矛盾由此产生,并成为推动制度改革与创新的动力。我国股票发行制度的演变体现了对以下两对矛盾的解决。

其一,融资需求与供给不足的矛盾。筹集资金是企业申请发行上市的主要动机。我国股票市场的建立和发展与为国有企业融资纾困密切相关,股票市场可以说是国有企业改革的孪生兄弟。[1] 市场发展初期,监管机构通过严格控制发行审核与发行公司的数量,为国企获取融资资格并提高发行股票的价格,以致审批制阶段的上市公司中约 80% 都是国有企业。[2] 而随着我国非公有制经济的发展,利用额度与指标控制股票发行规模的审批制已无法满足民营企业日益增长的融资需求,更为市场化的核准制应运而生。当下,我国处于新一轮科技革命和产业转型升级的关键时期,大量处于发展上升期的科技创新企业无法满足核准制下严苛的财务标准与公司治理架构要求,也难以撑过畸长

---

[1] 参见林义相:《证券市场的第三次制度创新与国有企业改革》,《经济研究》1999 年第 10 期。

[2] 参见冯根福、石军、韩丹:《股票市场、融资模式与产业结构升级——基于中国 A 股市场的经验证据》,《当代经济科学》2009 年第 3 期。

的审核周期。因此,进行注册制改革,利用更为宽松和差异化的发行上市条件为蓬勃发展的各类企业提供融资通道成为必然要求。

其二,制度预期与实际效果的矛盾。股票市场建立之初,为抑制浓厚的投机氛围与投资热情,助力国企脱贫解困,我国实施审批制以控制发行规模与节奏,却人为地扩大了地方政府的寻租空间,造成了市场的不公平竞争。核准制阶段,通过取消额度限制,引入中介机构,股票发行更加公正和市场化。然而,监管机构秉持实质审查原则,试图担任证券市场的过滤器与把关人,却未实现预期的制度效果。一方面,为满足严格的持续盈利与财务状况要求,发行人进行财务造假而欺诈上市、中介机构未能勤勉尽责的现象时有发生。① 另一方面,为避免畸长的发行审核周期,企业往往采取收购、重组等方式实现"借壳上市",但由于市场上壳资源稀缺且质量不佳,"炒壳"现象的风行造成劣币驱逐良币的后果,严重损害了投资者利益。监管机构企图把控股票发行的出发点是应予肯定的,但行政力量的过度干预违背了经济发展的客观规律,产生了事与愿违的实际效果。如有学者所言,我国股票发行制度的历次改革均是为了克服现行制度的弊端。② 在实践经验的证明下,我国向遵循市场化原则的注册制转变是必然趋势。

(二) 演变趋势:政府放权于市场

自我国 1978 年经济体制改革伊始,至 1992 年市场经济体制确立,到 2013 年提出"市场在资源配置中起决定性作用和更好发挥政府作用",政府与市场的关系从"限定市场、余外政府"模式转向"限定政府、余外市场"模式。③ 政府权限逐渐被束缚,市场因素在经济体制中的作用日渐增长,这一政策理念的结构性翻转深刻影响着资本市场基础制度的演变与发展。

---

① 参见李曙光:《新股发行注册制改革的若干重大问题探讨》,《政法论坛》2015 年第 3 期。
② 参见黄悦昕、罗党论、张思宇:《全面注册制下的 IPO 发行:更易或者更难——来自资本市场的经验证据》,《财会月刊》2023 年第 10 期。
③ 参见陈甦:《商法机制中政府与市场的功能定位》,《中国法学》2014 年第 5 期。

审批制阶段处于计划经济向市场经济的转轨时期,计划经济的管理方式延续至证券监管领域,股票发行规模、发行时间与节奏、发行人的选荐及发行条件均由政府决定,具有极为浓厚的行政主导色彩。随着市场经济的发展,政府逐渐放松了对经济活动的干预,允许市场力量参与到股票发行的过程之中。这主要体现为,核准制阶段逐步取消了发行额度与指标限制,实现了选荐企业的市场化,并开始强调发行审核委员会的作用。[1] 然而监管机构对发行人进行大量商业性判断,使得股票发行决定权仍掌握在政府手中。注册制改革的本质就是行政机构向市场的放权,[2]政府在守住信息披露底线的基础上,将判断发行企业质量好坏的权力交给市场,尊重市场各主体通过利益博弈作出的决定,最大化实现市场的资源配置功能。因此,我国股票发行制度的变迁是经济体制改革背景下政府与市场关系演变的绝佳体现,是行政力量逐渐让位于市场力量的生动写照。

(三)演变特点:审慎推进制度变迁

在诺斯所提出的制度变迁理论视域下,若以制度变迁中充当第一行动集团的主体为标准,则可分为强制性制度变迁和诱致性制度变迁;若以制度变迁的参照为标准,则可分为创新型制度变迁和模仿性制度变迁;[3]若以制度变迁的方式为标准,则又可分为渐进式变迁与激进式变迁。纵观我国股票发行制度的演变历程,其主要是在政府主导下推进的、自上而下的强制性制度变迁,是在借鉴域外制度经验的基础上结合国情进行完善的模仿性制度变迁,是分阶段平稳推行改革的渐进式制度变迁。其中,渐进式变迁尤能体现我国股票发行制度演变过程中的审慎性特征。

---

[1] 参见傅捷、华生、汲铮:《关键历史节点与资本市场股票发行制度演进》,《东南学术》2022 年第 5 期。

[2] 参见缪因知:《股票发行注册制下的行政权再定位》,《财经法学》2016 年第 6 期。

[3] 参见顾连书、王宏利、王海霞:《我国新股发行审核由核准制向注册制转型的路径选择》,《中央财经大学学报》2012 年第 11 期。

应当承认，注册制是我国股票发行制度改革所追求的终极目标。为实现该目标，一方面，我国在过去二十余年将核准制作为一项过渡性制度安排。核准制存在的合理性在于，在我国市场经济发展尚不充分、资本市场发展不够成熟的背景下，盲目追求从审批制到注册制的跨越可能导致市场运行失控。彼时，我国资本市场总市值占国内生产总值的比例偏低，市场中发行人与中介机构诚信状况有待提升，投资者队伍以散户为主，市场自律与司法约束机制失灵，[①]缺乏实施以信息披露为核心的注册制的制度环境。而核准制"基本适应我国现阶段经济发展和市场发育水平，符合我国'新兴加转轨'的特定发展阶段的市场特点"。[②]另一方面，我国在由核准制向注册制转变的过程中进行了分板块、分步骤的探索。注册制试点由最初的科创板推广至创业板与北交所，采取了从增量市场到存量市场，以资本市场板块为载体分步骤推进的改革路径。试点过程中，资本市场的基础性制度同步完善，监管理念不断转变，法治体系不断健全，市场自律能力逐渐提高，投资者素养日益增长，为我国全面注册制的落地提供了制度经验与制度土壤。因此，我国股票发行制度的变革是循序渐进、平稳推进的，是制度供给者在深刻分析与研判经济环境的基础上作出的审慎决策。

第二节　注册制改革的主要内容

2023 年 2 月 17 日，关于全面实施股票发行注册制的共 165 部制度规则公布并同步实施，标志着注册制在我国全面落地。注册制改革是一场牵动资本市场全局的变革，改革内容包括发行上市、股票交易、公司退市等多个环节，改革范围涵盖资本市场各大板块及各行业领域。总体而言，我国注册制改革系以信息披露为核心展开，改革过程中坚持

---

① 参见李文莉：《证券发行注册制改革：法理基础与实现路径》，《法商研究》2014 年第 5 期。
② 参见《证监会有关负责人解答四大市场热点问题》，2011 年 11 月 10 日，https://www.yicai.com/news/1188037.html，2023 年 6 月 20 日。

市场化的基本方向,实现了底层监管逻辑的转变,实行了优化发行上市条件、完善审核注册程序、强化信息披露要求、健全资本市场基础制度等具体措施。本节将围绕注册制改革的主要内容进行详细阐述。

一、注册制改革的思路与意义

(一) 注册制改革的基本思路

1. 以信息披露为核心

美国经济学家尤金·法玛(Eugene Fama)于 1970 年提出"有效资本市场假设理论",即在一个有效的市场中,证券价格能够完全反映(fully reflect)所有可获得的与之相关的信息,并且在任何新的信息公布时,价格能够迅速对其作出反应,使得市场中没有人会因占据信息优势而获利。[①] 有效市场中的价格能够真实准确地反映价值,为投资者提供一个相对公平和高效的环境,于整个社会是有益的。有效市场存在的重要前提之一即为市场中的所有信息充分公开且及时可得。而在一个完全缺乏外部管制且自发调节的证券市场中,基于证券产品本身的复杂性、虚拟性和交易方式的特殊性,[②]加之发行人与投资者之间利益的不一致,市场中的信息不对称现象更加突出,由此极易引发劣质证券充斥市场的"柠檬困境",最终产生的成本与损失均由投资者承担。[③] 可见,信息不对称是证券市场的固有缺陷,若不能妥善解决该问题,"柠檬困境"将难以缓解,更遑论形成强式有效市场。建立信息披露制度,实际上是通过强制性信息公开减少和消除市场中的信息壁垒,保护广大投资者的知情权,促进证券发行与交易活动公平、公正,为资本市场有效运行提供保障。

---

① See Eugene F. Fama, "Efficient Capital Markets: A Review of Theory and Empirical Work", *The Journal of Finance*, vol. 25, no. 2 (May 1970), pp. 383 – 417.

② 参见肖钢:《确立以信息披露为中心的监管理念》,2014 年 1 月 22 日,https://finance.sina.com.cn/stock/t/20140122/193618048306.shtml,2023 年 6 月 27 日。

③ 参见戴豫升、韩寒:《注册制下我国证券市场信息披露的优化路径——基于供给义务与市场约束视角》,《银行家》2021 年第 5 期。

信息披露是注册制改革的核心与灵魂。在核准制下，信息披露只是监管机构进行实质审查的一项内容；而注册制的大厦则是以完善的信息披露制度为基石建立起来的。注册制改革后，信息披露不仅贯穿于发行上市的各个环节，且市场各主体的权利义务与利益关系以其为核心进行了重构。[①] 在前端审核层面，可由投资者判断的事项转化为严格的信息披露要求，要求发行人以浅显易懂的语言真实、准确、完整地披露投资者决策所必需的重要信息。在中后端监管层面，加强对上市公司信息披露合法合规性的持续监管，对欺诈发行、财务造假等违法行为保持"零容忍"执法高压态势，完善因信息披露违法造成投资者损失的救济机制，严肃追究相关主体违反信息披露义务的法律责任。注册制下，市场各主体围绕信息披露形成了"五个清楚"的权责配置，即发行人"讲清楚"、中介机构"核清楚"、审核机构"问清楚"、投资者"想清楚"、监管机构和司法机关"查清楚"。[②] 五大主体回归本位、各司其职，通过多方联动提升信息披露质量，促进上市公司规范运作。

2. 坚持市场化原则

从市场化的内涵来看，其指市场机制在经济中对资源配置的作用持续增大，经济对市场机制依赖程度不断加深和增强的过程。[③] 市场机制由价格机制、供求机制、竞争机制、信息机制、风险机制等要素构成，[④]各要素在相互作用和彼此制约的联动中促进资源优化配置与合理使用。基于市场机制的运作规律，市场化具备如下几个特征：其一，商品或服务的价格由市场中的供求关系所决定；其二，市场参与者身处自由竞争的环境，可根据自身利益和风险承受能力进行自主选择和决策；其三，市场中信息公开透明，以保证市场运行公平与高效。从政府与市场的基本关系来看，坚持市场化导向意味着要不断限缩政府在规

---

① 参见叶林：《以信息披露为核心构建股票发行注册制》，《中国金融》2023 年第 10 期。
② 参见祁豆豆：《注册制改革廓清责任配置　五大主体各归其位仍在路上》，2021 年 8 月 12 日，http://www.xinhuanet.com/fortune/2021-08/12/c_1127753973.htm，2023 年 7 月 1 日。
③ 参见王汝芳：《中国资本市场化研究》，天津：南开大学出版社，2009 年，第 56 页。
④ 参见韩颂善主编：《市场机制概论》，济南：山东大学出版社，1997 年，第 25 页。

制经济运行中的权力,充分释放市场发挥作用的空间。若将前述关系转变与商法机制的功能效应相对应,即市场将进一步发挥识别与选择证券发行主体、规制证券主体之间的权利义务与责任关系、调节证券市场稳定运行的功能,政府的功能定位则逐渐由监护转向服务、由主导转向辅助、由管制转向治理、由直接转向间接。①

市场化原则是注册制改革的基本方向。如前文所述,我国股票发行制度的演变历程是政府不断放权于市场的过程。注册制的本质即减少行政干预,将选择权交还市场。围绕此目标,改革作出的努力主要包括以下几方面。首先,大幅放宽发行上市条件,监管机构不再基于财务标准对发行人作出实质判断,不再限制设有差异化表决机制的企业和红筹企业在境内上市,让市场上的投资者决定企业是否发行上市,为企业创造充分竞争的环境。其次,完善市场化的发行承销与交易机制,强化以机构投资者为参与主体的新股发行询价、定价和配售制度,减少对新股上市后的日涨跌幅限制,让市场供求决定证券价格。再次,设置严格的信息披露制度,让信息披露贯穿企业从上市到退市的全过程,降低证券市场的信息不对称风险,保护投资者自主决策的权益。最后,打造公开透明可预期的审核注册流程,全面公开审核内容、标准、程序与结果,并明确对应的时限要求,在提升发审效率的同时,让市场主体监督整个发审环节。总之,注册制改革贯彻了"使市场在资源配置中起决定性作用"的理念,充分调动了市场在资源聚集、价格发现、优胜劣汰等方面的功能。

3. 转变监管理念

相较于《公司法》而言,以强制性规范居多的《证券法》本质上是一部证券监管法。② 证券监管制度是否科学、完善,证券监管权力配置是否合理、有效,关乎证券市场的风险防范与平稳运行,也关系到政府公信力的建立与维护。我国长期以来实行以证监会为核心的"政府主导

---

① 参见陈甦:《商法机制中政府与市场的功能定位》,《中国法学》2014年第5期。

② 参见李东方:《证券监管机构及其监管权的独立性研究——兼论中国证券监管机构的法律变革》,《政法论坛》2017年第1期。

型"监管体制，①证券监管权高度集中统一，证监会作为国务院直属事业单位，在授权之下行使行政监管职能干预证券市场的运行，实现政府对市场的强力控制。股票发行注册制的意旨为政府对证券发行放松管制，给予市场主体法治下的自由，②是一场触及监管底层逻辑、刀刃向内的深刻变革。注册制下，原有的证券监管体制难以满足市场需要，我国证券监管理念和监管方式也在加速转变。

在监管权限配置层面，贯彻实施监管分权理念。核准制下，我国证券发行上市的权力实质上都掌握在证监会手中，交易所监管影响式微。单一监管者既没有回应监管对象现实需求的动力，也难以形成内置的信息反馈渠道和自我纠正机制，更无法激励政府创新。③ 权力过于集中并未有效净化证券市场，反而助长了寻租与腐败，证券监管向下分权是必然趋势。对此，学界提供了不同的解决方案，有学者主张应将证监会的部分实质审核权分别回归到地方政府、下放至交易所、分离至中介及服务组织；④有学者基于监管竞争理论，认为应在证监会系统内部实行自上而下的地方分权，由地方证监局决定和监管本地区企业的发行上市，⑤并将上市审核权转移至交易所，在横向与纵向两个层面实现多元化分权监管。⑥ 注册制改革吸收了监管分权的理念，在制度设计上，将证监会的股票发行审核权下放至交易所，证监会仅履行最终的注册职能。交易所作为一线监管的主体具有信息获取与实时监测优势，加之其作为商业组织的产权结构与逐利性质，将在竞争压力的驱使下不断提升监管效能。

---

① 参见高西庆：《论证券监管权——中国证券监管权的依法行使及其机制性制约》，《中国法学》2002 年第 5 期。
② 参见甘培忠、张菊霞：《IPO 注册体制下证券监管机构的功能调整——从证监会和交易所分权视角观察》，《法律适用》2015 年第 7 期。
③ 参见沈朝晖：《论证券法的地方竞争体制》，《北方法学》2013 年第 3 期。
④ 参见蒋大兴：《隐退中的"权力型"证监会——注册制改革与证券监管权之重整》，《法学论坛》2014 年第 2 期。
⑤ 参见沈朝晖：《论证券法的地方竞争体制》，《北方法学》2013 年第 3 期。
⑥ 参见李燕、杨淦：《美国法上的 IPO"注册制"：起源、构造与论争——兼论我国注册制改革的移植与创生》，《比较法研究》2014 年第 6 期。

在监管时间维度层面,监管重心向事中事后转移。事前监管一般为市场主体设置明确可预期的准入条件限制,事中监管侧重市场运行过程中的持续行为监管与风险防范,事后监管强调对违法违规行为实施行政处罚和行政处理措施。尽管事前监管有利于防范风险于未然,但其效用往往受到认知水平与制度健全程度的限制,且容易抑制市场创新理念、降低金融创新产品的竞争优势。[1] 事中与事后监管减少了行政力量对市场的介入,是更为过程性与常态化的监管模式。[2] 证券监管权的内涵应适应证券市场的发展需要,监管重心从事先审批向事后监管转移是完善我国证券监管制度的重要方向。[3] 核准制下,证券监管机构主要通过对股票发行上市实施严格的行政审批行使事前监管职能。注册制改革通过放宽发行上市准入条件和下放审核权限,使证监会得以从繁多的行政审批事项中解放出来,回归其监管本质。注册制下,证监会将不断加强以信息披露为主线的事中事后监察与执法力度,从“家长”式监管者转换为“裁判员”角色。

(二) 注册制改革的重要意义

1. 强化投资者保护,提振资本市场信心

投资者是证券市场的基石。投资者保护不仅会影响投资者信心和资本市场声誉,还关系到整个资本市场的运行质量与运行效率。一定意义上,保护投资者就是保护资本市场。[4] 在注册制改革的背景下,监管者、投资者、市场之间的关系发生一系列嬗变,使我国投资者保护迎来新的挑战。

一方面,新《证券法》增加了先行赔付、纠纷调解、投资者保护机构

---

[1] 参见孙光焰:《我国证券监管理念的市场化》,《中南民族大学学报(人文社会科学版)》2007 年第 2 期。

[2] 参见张红:《走向“精明”的证券监管》,《中国法学》2017 年第 6 期。

[3] 参见高西庆:《论证券监管权——中国证券监管权的依法行使及其机制性制约》,《中国法学》2002 年第 5 期。

[4] 参见安青松:《以注册制改革为牵引推动中国特色投资者保护新实践》,《清华金融评论》2022 年第 6 期。

持股行权、特别代表人诉讼等制度,并大幅提升了信息披露违法行为的处罚上限,加大了对实际控制人的追责力度。新法在完善中小投资者民事救济机制的同时,通过提高违法成本加强了对证券违法行为的事先预防,夯实了投资者保护的制度基础。另一方面,随着注册制改革的深入推进,股票市场加速扩容,新股质量良莠不齐,破发现象和退市常态化等诸多因素对投资者的决策水平、专业素质和风险管理能力提出了更高的要求。改革通过加强投资者适当性管理、丰富入市资金期配、完善投资者维权机制和风险管理工具、推动投资者普及教育等创新实践,①促进了投资者结构、能力和素养的改善,引导投资者科学理性决策。完善的投资者保护与教育机制有利于增强投资者对市场的信心,从而吸引更多高素质投资者积极参与资本市场,推动资本市场行稳致远、高质量发展。

2. 加速优胜劣汰,重塑资本市场生态

尽管核准制通过实质审核起到了过滤劣质证券的作用,但无法从根本上保证和提升上市公司质量。究其原因,其一,为满足严格的发行上市条件,部分企业甘冒违法风险进行财务造假、过度包装;其二,行政主导下的发行审核过程存在权力寻租空间,上市机会可能向劣质企业倾斜;其三,稀缺的上市资格提升了上市公司的"壳价值",即使经营不善的公司也能通过壳交易获取巨大的经济利益,②导致市场上"炒壳""炒小""炒差"现象盛行。

注册制改革降低了发行上市的门槛标准,减少了限制性要求。监管机构只需审查企业是否符合信息披露要求和基本的发行上市条件,既削弱了企业财务造假的动机,也减少了政府的寻租空间。一大批以往不符合盈利要求但极具发展潜质的企业涌入市场,部分海外优质企业也在政策吸引下逐渐回流,市场的壳资源不再紧缺,"炒壳热"将得到

---

① 参见安青松:《以注册制改革为牵引推动中国特色投资者保护新实践》,《清华金融评论》2022年第6期。

② 参见屈源育、沈涛、吴卫星:《上市公司壳价值与资源配置效率》,《会计研究》2018年第3期。

有效抑制。同时,改革进一步畅通了退市机制,经营状况不佳、不具有投资价值的僵尸企业、空壳公司将被及时清退,以淘汰无效资产对社会资源的占用。如此,注册制改革提升了资本市场"新陈代谢"的速度,在市场源源不断注入活水的同时,经营不善的公司也将被有序出清。在市场优胜劣汰机制的作用下,资本将向优质标的聚集,上市公司整体质量得到提升,有助于资本市场长期稳健发展。

3. 优化融资环境,助力产业结构转型

资本市场的发展植根于实体经济,也服务于实体经济,为企业提供便捷畅通的融资渠道是资本市场的重要功能。注册制改革对优化融资环境的重要性主要体现为两方面。

其一,长期以来,我国企业主要通过银行贷款等债务方式获取资金来源,直接融资占比较低。此种融资结构不仅使中小微企业融资成本高昂、可获得性低,[①]还易引发整个金融体系的风险。[②] 以股权融资为代表的直接融资方式具有风险共担、利益共享的独特作用,而推行注册制是提高直接融资比重的核心举措。[③] 注册制改革大幅降低了发行上市难度,目前各板块新股上市数量和融资规模明显增加,直接融资呈现加快发展的积极态势,对我国防范和化解金融风险、实现市场经济持续高效发展具有重要意义。

其二,当前我国经济处于高质量发展阶段,建设现代化产业体系,支持专精特新企业发展,加快实施创新驱动发展战略,发挥科技型骨干企业引领支撑作用,营造有利于科技型中小微企业成长的良好环境,是二十大报告提出的总体要求。[④] 注册制改革打破了对企业盈利的硬性

---

① 参见辜胜阻、庄芹芹、曹誉波:《构建服务实体经济多层次资本市场的路径选择》,《管理世界》2016 年第 4 期。

② 参见况昕:《对经济下行形势下推行股票发行注册制的思考》,《财经科学》2016 年第 4 期。

③ 参见易会满:《提高直接融资比重》,2020 年 12 月 3 日,http://www.csrc.gov.cn/csrc/c100028/c1444754/content.shtml,2023 年 7 月 3 日。

④ 参见习近平:《高举中国特色社会主义伟大旗帜,为全面建设社会主义现代化国家而团结奋斗——在中国共产党第二十次全国代表大会上的报告》,2022 年 10 月 25 日,https://www.gov.cn/xinwen/2022-10/25/content_5721685.htm,2023 年 7 月 3 日。

要求，设置了多元、包容、灵活的上市标准，为拥有核心技术和创新能力却尚未盈利的成长型、中小型新兴产业公司打开了融资通道，缓解了大批拥有发展潜力的企业赴境外上市的窘境。全面实施注册制将更好地发挥资本市场赋能实体经济效能，满足新兴领域优质企业的融资需求，对我国产业转型升级形成助力。

二、优化发行上市条件

（一）明确板块定位与行业偏好，加快建设多层次资本市场

为满足不同类型、不同规模、不同发展阶段企业的融资需求，符合具有不同风险偏好的投资取向，党中央于 2003 年提出了"建立多层次资本市场体系"的理念。[①] 这一战略方向的确立，是由我国金融与经济的基本关系、产业组织结构的基本关系以及投资者的复杂需求所决定的。[②] 自 1990 年上海证券交易所成立至今，我国资本市场由单一板块逐步向多层次拓展，已形成主板、创业板、科创板、北交所、新三板和区域性股权交易市场错位发展、互为补充的市场格局，为匹配差异化的投融资需求和促进实体经济发展提供了有力支撑。

根据国际发达经济体的发展经验，资本市场多层次演进的关键在于明确的市场定位。[③] 近年来，随着我国注册制试点的推进与实施，科创板、创业板和北交所等板块定位日益清晰，在全面注册制新规落地之际，主板定位也首次得以明确。根据《首次公开发行股票注册管理办法》（以下简称《首发注册办法》）和《北京证券交易所向不特定合格投资者公开发行股票注册管理办法》，目前我国 A 股市场的各板块定位为：主板突出"大盘蓝筹"特色，主要服务成熟期大型企业；科创板强调"硬

---

① 《中共中央关于完善社会主义市场经济体制若干问题的决定》（2003 年 10 月 14 日中共中央十六届三中全会通过）。

② 参见王国刚：《建立多层次资本市场体系，保障经济的可持续发展》，《财贸经济》2004 年第 4 期。

③ 参见胡海峰、罗惠良：《多层次资本市场建设的国际经验及启示》，《中国社会科学院研究生院学报》2010 年第 1 期。

科技"属性,优先支持拥有关键核心技术的成长期企业;创业板贯彻创新驱动发展战略,主要服务符合"三创四新"①要求的成长型创新创业企业;北交所聚焦实体经济发展与产业结构转型升级,重点支持满足"专精特新"条件的创新型中小企业。此外,监管层通过正面/负面清单明确了各板块的具体行业领域偏好(详见表2),企业是否符合国家产业政策与板块定位要求成为发行上市的重点关注事项。② 至此,我国多层次资本市场体系得以进一步深化与完善。

表 2　资本市场各板块定位与行业偏好一览

		主板	科创板	创业板	北交所
板块定位		突出"大盘蓝筹"特色,重点支持业务模式成熟、经营业绩稳定、规模较大、具有行业代表性的优质企业。	面向世界科技前沿、面向经济主战场、面向国家重大需求。优先支持符合国家战略,拥有关键核心技术,科技创新能力突出,主要依靠核心技术开展生产经营,具有稳定的商业模式,市场认可度高,社会形象良好,具有较强成长性的企业。	深入贯彻创新驱动发展战略,适应发展更多依靠创新、创造、创意的大趋势,主要服务成长型创新创业企业,支持传统产业与新技术、新产业、新业态、新模式深度融合。	深入贯彻创新驱动发展战略,聚焦实体经济,主要服务创新型中小企业,重点支持先进制造业和现代服务业等领域的企业,推动传统产业转型升级,培育经济发展新动能,促进经济高质量发展。
行业偏好	支持与鼓励类	/	新一代信息技术领域;高端装备领域;新材料领域;新能源领域;节能环保领域;生物医药领域;符合科创板定位的其他领域。	符合"三创四新"要求的成长型创新创业企业。	培育符合专业化、精细化、特色化、新颖化的创新型中小企业;重点支持先进制造业和现代服务业等领域的企业。

---

① "三创"指创新、创造、创意;"四新"指新技术、新产业、新业态、新模式。
② 《首次公开发行股票注册管理办法》第23条。

续　表

	主板	科创板	创业板	北交所
限制类	/	金融科技、模式创新企业。	农林牧渔业;采矿业;酒、饮料和精制茶制造业;纺织业;黑色金属冶炼和压延加工业;电力、热力、燃气及水生产和供应业;建筑业;交通运输、仓储和邮政业;住宿和餐饮业;金融业;房地产业;居民服务、修理和其他服务业(前述行业与互联网、大数据、云计算、自动化、人工智能、新能源等新技术、新产业、新业态、新模式深度融合的创新创业企业除外)。	金融业、房地产业企业。
禁止类	/	房地产和主要从事金融、投资类业务的企业。	产能过剩行业;《产业结构调整指导目录》中的淘汰类行业;从事学前教育、学科类培训、类金融业务的企业。	

(二) 精简并统一发行条件,坚持以信息披露为核心

注册制改革对核准制下烦琐庞杂的发行条件进行了大幅精简。就首次公开发行股票的条件而言,注册制下的规则变化主要体现在以下几方面:其一,条文数量大幅减少,以主板为例,发行条件要求由核准制下的 23 条规定缩减至注册制下的 4 条。[①] 其二,取消部分发行条件,删除核准制下对发行主体募集设立方式、发行人持续盈利能力、违规担保与资金占用等作出的严格要求。其三,明确判断标准,对于发行人最近三年内主营业务和董事、高管的稳定性要求,强调应没有发生重大

---

① 《首次公开发行股票并上市管理办法》(2022)第 8 条至第 30 条;《首次公开发行股票注册管理办法》第 10 条至第 13 条。

"不利"变化;对于发行人的股权清晰性要求,明确不应存在"导致控制权可能变更的"重大权属纠纷;对于同业竞争行为,将审核红线限制在"构成重大不利影响"的范围内。其四,简化合规性要求,将发行人控股股东及实际控制人、董监高的违法违规行为整合为刑事犯罪、重大违法行为、行政处罚、立案侦查或调查四大类。总体而言,改革依循重大性原则降低了首次公开发行股票的条件,同时匹配更为严格的信息披露要求,将股票的价值交由投资者自行判断。目前主板、科创板与创业板适用基本统一的发行条件,发行人仅需满足主体资格、会计与内控、业务完备性及合规性四项基本要求(详见表3)。

表3 各板块首次公开发行股票条件一览

发行条件		主板	科创板	创业板
主体资格要求		依法设立且持续经营三年以上的股份有限公司;组织机构健全且运行良好;相关机构和人员能够依法履职。		
会计工作与内控要求		会计基础工作规范,财务报表的编制和披露符合企业会计准则和相关信息披露规则的规定,在所有重大方面公允地反映了发行人的财务状况、经营成果和现金流量,最近三年财务会计报告由注册会计师出具无保留意见的审计报告。		
		内部控制制度健全且被有效执行,能够合理保证公司运行效率、合法合规和财务报告的可靠性,并由注册会计师出具无保留结论的内部控制鉴证报告。		
业务完整及独立持续经营能力要求	资产完整且独立	资产完整,业务及人员、财务、机构独立,与控股股东、实际控制人及其控制的其他企业间不存在对发行人构成重大不利影响的同业竞争,不存在严重影响独立性或者显失公平的关联交易。		
	主营业务、控制权和管理团队稳定	最近三年内主营业务和董事、高级管理人员均没有发生重大不利变化。	最近二年内主营业务和董事、高级管理人员均没有发生重大不利变化;核心技术人员应当稳定且最近二年内没有发生重大不利变化。	最近二年内主营业务和董事、高级管理人员均没有发生重大不利变化。

续　表

发行条件		主板	科创板	创业板
	股份权属清晰,不存在导致控制权可能变更的重大权属纠纷	最近三年实际控制人没有发生变更。	最近二年实际控制人没有发生变更。	
	无重大不利影响事项	不存在涉及主要资产、核心技术、商标等的重大权属纠纷、重大偿债风险、重大担保、诉讼、仲裁等或有事项、经营环境已经或者将要发生重大变化等对持续经营重大不利影响的事项。		
合规性要求	发行人及控股股东、实控人	最近三年内,不存在贪污、贿赂、侵占财产、挪用财产或者破坏社会主义市场经济秩序的刑事犯罪,不存在欺诈发行、重大信息披露违法或者其他涉及国家安全、公共安全、生态安全、生产安全、公众健康安全等领域的重大违法行为。		
	董监高	最近三年内,不存在受到证监会行政处罚,或者因涉嫌犯罪正在被司法机关立案侦查或者涉嫌违法违规正在被证监会立案调查且尚未有明确结论意见等情形。		

就上市公司再融资的发行条件而言,改革的内容包括:对于向不特定对象发行股票,发行条件精简为积极条件与消极条件两项,删除了违规对外担保的规定,取消了科创板与创业板上市公司的持续盈利能力要求和分红指标要求,但对主板上市公司作了差异化安排。对于向特定对象发行股票,增加监事为违法犯罪行为的主体,明确财务报表的规范期间和重大违法行为的时间期限。对于发行可转债,允许各板块上市公司发行定向可转债,取消累计债券余额比例限制,规定发行可转债的消极条件,保留主板上市公司公开发行可转债的盈利性要求。总的来看,改革对上市公司再融资发行条件进行了松绑,大幅降低了再融资门槛,并结合不同板块定位差异设置了针对性要求,呈现出"求同"与"存异"并举的特征。

（三）设置多元化上市标准,增强资本市场包容性

为适应企业日益增长的融资需求,吸引优质上市资源,注册制改革结合域外有益经验,对以往严苛的上市指标体系进行了优化与调整(详见表4)。

表4 各板块上市标准一览

上市标准		主板	科创板	创业板
股本条件		发行后的股本总额不低于5000万元;(红筹企业)发行存托凭证的,发行后的存托凭证总份数不低于5000万份。	发行后的股本总额不低于3000万元;(红筹企业)发行存托凭证的,发行后的存托凭证总份数不低于3000万份。	
发行比例		公开发行的股份达到公司股份总数的25%以上;公司股本总额超过4亿元的,公开发行股份的比例为10%以上;(红筹企业)发行存托凭证的,公开发行的存托凭证对应基础股份达到公司股份总数的25%以上;发行后的存托凭证总份数超过4亿份的,公开发行的存托凭证对应基础股份的比例为10%以上。		
市值财务指标	一般企业	1. 最近3年净利润均为正,且最近3年净利润累计不低于1.5亿元,最近一年净利润不低于6000万元,最近3年经营活动产生的现金流量净额累计不低于1亿元或营业收入累计不低于10亿元; 2. 预计市值不低于50亿元,且最近一年净利润为正,最近一年营业收入不低于6亿元,最近3年经营活动产生的现金流量净额累计不低于1.5亿元;	1. 预计市值不低于人民币10亿元,最近两年净利润均为正且累计净利润不低于人民币5000万元,或者预计市值不低于人民币10亿元,最近一年净利润为正且营业收入不低于人民币1亿元; 2. 预计市值不低于人民币15亿元,最近一年营业收入不低于人民币2亿元,且最近三年累计研发投入占最近三年累计营业收入的比例不低于15%; 3. 预计市值不低于人民币20亿元,最近一年营业收入不低于人民币3亿元,且最近三	1. 最近两年净利润均为正,且累计净利润不低于5000万元; 2. 预计市值不低于10亿元,最近一年净利润为正且营业收入不低于1亿元; 3. 预计市值不低于10亿元,且最近一年营业收入不低于3亿元。

上市标准		主板	科创板	创业板
		3. 预计市值不低于80 亿元,且最近一年净利润为正,最近一年营业收入不低于 8 亿元。	年经营活动产生的现金流量净额累计不低于人民币 1 亿元; 4. 预计市值不低于人民币 30 亿元,且最近一年营业收入不低于人民币 3 亿元; 5. 预计市值不低于人民币 40 亿元,主要业务或产品需经国家有关部门批准,市场空间大,目前已取得阶段性成果。医药行业企业需至少有一项核心产品获准开展二期临床试验,其他符合科创板定位的企业需具备明显的技术优势并满足相应条件。	
红筹企业	已在境外上市	1. 市值不低于 2000 亿元; 2. 市值 200 亿元以上,且拥有自主研发、国际领先技术,科技创新能力较强,在同行业竞争中处于相对优势地位。		
	未在境外上市	预计市值不低于 200 亿元,且最近一年营业收入不低于 30 亿元。	/	
		1. 营业收入快速增长,拥有自主研发、国际领先技术,在同行业竞争中处于相对优势地位,且预计市值不低于 100 亿元; 2. 营业收入快速增长,拥有自主研发、国际领先技术,在同行业竞争中处于相对优势地位,且预计市值不低于 50 亿元,最近一年营业收入不低于 5 亿元。		

上市标准		主板	科创板	创业板
	具有表决权差异安排的企业	1. 预计市值不低于 200 亿元，且最近一年净利润为正； 2. 预计市值不低于 100 亿元，且最近一年净利润为正，最近一年营业收入不低于 10 亿元。	1. 预计市值不低于人民币 100 亿元； 2. 预计市值不低于人民币 50 亿元，且最近一年营业收入不低于人民币 5 亿元。	

首先，通过市值、净利润、营业收入、现金流量、研发投入等指标的多样组合，为企业提供多套可选标准。如目前主板、科创板分别设置了 3 套和 5 套市值财务标准，可以满足不同产业模式、不同发展阶段和不同财务状况企业的上市需求。

其次，淡化盈利指标的重要性，引入市值指标。盈利指标只能反映企业以往的经营业绩，并不能代表未来的发展潜力；而市值可以综合反映企业经营状况与投资者预期，客观反映一级市场公允定价，是一项更为市场化的上市指标。[①] 由于核准制设置了较高的净利润门槛，大量无法达到盈利标准的初创型或成长型互联网企业、科技创新企业选择赴境外上市。注册制采取以市值为核心的多套指标，取消了在科创板和创业板上市企业净利润的硬性要求，有利于吸引尚未盈利但拥有核心技术优势与发展前景的企业申报上市。

再次，允许具有特殊股权结构安排的企业和红筹企业在境内上市并明确了具体标准。具有特殊股权结构的企业往往是创新型企业或科技企业，而允许于境内上市的红筹企业主要集中于高新技术产业和新兴产业。此项改革增加了资本市场的多样性，有利于支持科技创新企业发展，吸引海外优质企业回归。

---

① 参见陈洁：《科创板注册制的实施机制与风险防范》，《法学》2019 年第 1 期。

最后,结合板块定位设置差异化的上市指标。由于主板主要服务于成熟的大中型企业,注册制改革后仍保留了一定的盈利性要求,且总体上主板的上市标准明显高于其他板块。科创板则在上市标准中考虑了研发投入和是否取得阶段性成果等因素,以支持科技型企业发展。多元化上市标准不仅能够满足不同发展状况企业的融资需要,大大提升了资本市场的包容度,也是我国建设成熟的多层次资本市场体系的必然要求。[①]

三、完善审核注册程序

(一)下放审核权限,明晰职责分工

注册制改革依循政府放权于市场的总体方向,实现了发行上市审核权的重新配置。核准制下的制度安排为,由证监会对股票发行是否符合法律规定的实质条件进行审核,证券交易所对是否满足上市标准进行判断。而在实践中,发行与上市长期以来处于联动状态,一般只要通过了证监会的发行审核,交易所便无一例外地将其作为上市审核的结果予以接受。[②] 如此,发行审吸收了上市审,交易所的上市审核权被架空,证监会主导证券发行上市流程并行使审核职能。

注册制下,证监会的发行审核权下放至交易所,交易所对企业是否符合发行条件、上市标准和信息披露要求进行全面审核,证监会则基于交易所的审核意见依法履行注册程序。这一重大调整实质上是交易所在市场准入环节从证监会手中分权,通过强化交易所在前端的监管职能更好地发挥其作为市场一线监管部门的优势,从而为发行上市注入更多的市场化因素。[③] 在交易所监管前移的同时,证监会的职能也在

---

① 参见胡海峰、罗惠良:《多层次资本市场建设的国际经验及启示》,《中国社会科学院研究生院学报》2010年第1期。
② 参见王楚:《注册制下发行审核权与上市审核权分配建议办法》,《河北法学》2016年第7期。
③ 参见冷静:《科创板注册制下交易所发行上市审核权能的变革》,《财经法学》2019年第4期。

加快转变。一方面,证监会将有更多的时间与精力制定实质性与程序性监管规则、研究法规政策,①以规范证券发行与交易行为。另一方面,基于交易所自身潜在的利益冲突属性,②证监会将强化对其审核工作的事中监督,包括但不限于对交易所进行年度例行检查,随机抽取审核项目,关注审核理念和标准的执行情况;建立权力运行监督机制,监察交易所的廉政纪律和人员履职情况;督促交易所建立内部防火墙制度、定期报告和重大发行上市事项请示报告制度。③"交易所审核—证监会注册"的架构一定程度上实现了"审监分离",促使监管机构回归职能本位,推动了证券监管体制的市场化改革进程。

(二) 优化审核流程,提高发行效率

根据"大象投顾"的数据统计,2021 年主板、科创板和创业板共有483 家公司发行上市,各板块 IPO 从受理到上市的平均时长分别为574 天、330 天和 368 天,其中最短时长分别为 116 天、186 天和 178天,最长时长分别为 2009 天、548 天和 543 天。④ 可见,实施注册制的科创板与创业板在发行审核效率上总体高于实施核准制的主板,且核准制下的发行审核周期可能由于各种不确定因素被无限拉长。从首次公开发行股票并上市的审核程序来看,核准制与注册制下企业需历经的环节数量并无明显区别。⑤ 注册制下审核效率大幅提升的原因主要有二:其一,发行条件与上市标准有所放宽,审核机构不再对企业的投

---

① 参见甘培忠、张菊霞:《IPO 注册体制下证券监管机构的功能调整——从证监会和交易所分权视角观察》,《法律适用》2015 年第 7 期。
② 交易所既应通过公正、透明、有序的审核工作维护市场秩序,又会出于商业利益的考虑竞争上市资源。参见冷静:《注册制下发行审核监管的分权重整》,《法学评论》2016 年第1 期。
③ 《首次公开发行股票注册管理办法》第 51 条至 57 条。
④ 参见大象 IPO:《企业从受理到上市需要多长时间? 最短的 114 天,最长的 2009 天》,2022 年 3 月 28 日,https://mp.weixin.qq.com/s/z8Zgt7ZKbwSww72HZGMupA,2023年 6 月 26 日。
⑤ 二者皆大致包含 6 个环节,核准制下的审核程序为"受理—反馈会—初审会—发审会—证监会核准—发行上市",注册制下的审核程序为"受理—审核问询—上市委审议—报送证监会—证监会注册—发行上市"。

资价值作实质判断,发行上市的包容度得以提升;其二,注册制对审核问询、上市审议、注册等环节规定了严格的时限要求(详见图2),能够较好地控制发行节奏,缩短发行周期。

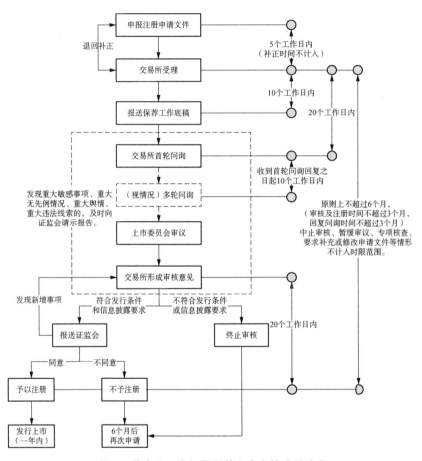

图2 首次公开发行股票并上市审核注册流程

注册制改革同样对再融资与重组的审核流程进行了优化。例如,随着改革的推进,再融资的简易程序由创业板推广至科创板与主板,上市公司向特定对象发行融资总额不超过3亿元且不超过近一年净资产20%的股票,可以适用时长更短的审核程序。简易程序下,交易所须在受理之日起3个工作日内完成审核,证监会须在3个工作日内作出是否注册的决定。此外,主板试行的再融资分类审核制度也推广至科创板与创业板,交易所对于申请向特定对象发行证券且符合规定条件的上市公司,可以豁免对其的审核问询,直接出具审核报告。在重组审核方面,对于符合特定条件的重组申请,可以适用快速审核机制,减少问询轮次和问询数量;对于满足各板块规定的交易金额或发行股份要求的重组申请,可以适用小额快速审核程序,不再进行审核问询,直接出具审核报告并提交并购重组委员会审议。

(三) 公开发审环节,提高发行透明度

注册制改革不仅涉及审核主体与内容的变化,而且更加重视监管理念、监管方式的变革。贯彻以信息披露为核心的理念,使发行上市过程更加规范、透明、可预期是注册制改革的重要目标。自证监会提出"开门搞审核"以来,上海证券交易所发布"开门办审核、开门办监管、开门办服务"行动方案,深圳证券交易所开展"三阳光两促进"专项行动,为加强监管透明度和廉政监督建设推出了诸多行动措施。

首先,强化审核标准公开。为进一步明晰审核标准,交易所通过持续发布审核指南与审核动态、梳理典型案例、进行政策解读、举办培训会等方式公开审核要点、重点、难点,指导市场主体准确理解适用规则要求。其次,畅通沟通机制。为保障市场主体咨询沟通需求,交易所简化咨询程序,优化申报前、审核中及会后咨询渠道,提高咨询接待层级,提升问询回复质量,做到"应见必见,有问必答"。最后,坚持全流程公开。注册制下,申报注册文件受理状态、各轮问询与回复情况、上市委名单、问询问题、审议结果、证监会注册结果及相关理由等各环节全面公开,以充分保障市场主体的知情权,增强审核的约束力与公信力。预防和治理"发审腐败"现象的关键在于程序与规则的透明,①监管透明度的提高有利于营造风清气正的市场生态,进一步提升审核质量与效能。

---

① 参见冷静:《科创板注册制下交易所发行上市审核权能的变革》,《财经法学》2019 年第 4 期。

四、强化信息披露要求

(一) 符合投资者需求的信息披露要求

"一部证券法,洋洋数万言,归根结底就是两个字:公开。"[①]信息披露制度在资本市场运行过程中处于中心与基础地位,但在不同股票发行制度下的指向与重心有所差异。核准制下监管机构通过实质审查排除劣质证券,发行人的信息披露重心指向政府监管部门;注册制下股票价值由投资者自行判断,发行人信息披露的重心指向投资者。[②] 因此,构建以投资者为导向的信息披露制度是注册制改革的核心环节。

改革以来,我国立足于投资者需求,通过规则修订对信息披露制度进行了革新。在结构体例上,2019 年出台的新《证券法》在法律层面将信息披露相关规定单独列为一章,[③]凸显了信息披露制度的重要性,强化了信息披露制度的法律地位。在内容上,信息披露的具体要求更加细致严格。从披露事项来看,除新《证券法》和各实施细则对信披事项进行增补、细化与完善外,《首发注册办法》还增加了"凡是投资者作出价值判断和投资决策所必需的信息,发行人均应当充分披露"的兜底条款。[④] 从披露原则来看,在明确信息披露的真实性、准确性和完整性基础上,增加了公平性与及时性,以及便于投资者阅读的"简明清晰、通俗易懂"要求。[⑤] 由于投资者从获取外部信息到最终交易需经历"感知信息存在、认知信息价值、依据信息决策、利用信息执行交易"的复杂过程,[⑥]而我国投资者仍以散户为主,在信息获取、专业背景、风险识别等

---

① 参见朱锦清:《证券法学》,北京:北京大学出版社,2019 年,第 108 页。

② 参见周友苏、杨照鑫:《注册制改革背景下我国股票发行信息披露制度的反思与重构》,《经济体制改革》2015 年第 1 期。

③ 《证券法》(2019)第 5 章。

④ 《首次公开发行股票注册管理办法》第 34 条。

⑤ 《证券法》(2019)第 78 条、第 82 条。

⑥ 参见傅祥斐、张开元、李想:《注册制以信息披露为核心的理念与资本市场功能提升:路径与机理》,《财会通讯》2022 年第 20 期。

能力上存在天然劣势,因此,只有在保证信息披露质量的基础上提高针对性、有效性和可读性,才能够切实保护投资者权益。从披露义务主体来看,其范围从以发行人和上市公司为主扩充至发行人与"其他信息披露义务人",①涵盖发行人及其控股股东、实际控制人、董监高、中介机构等各类主体,提升了信息披露的全面性与准确性。

(二) 压实各市场主体的信息披露责任

为进一步提升信息披露质量,注册制改革要求落实发行各环节所涉主体的信息披露责任。

首先,发行人应承担信息披露的第一责任。根据《首发注册办法》,发行人负有信息披露的保证义务。发行人是市场信息的主要生产者,负有从源头上保证信息披露质量的义务。发行人的第一责任意味着其应对信息披露的全部内容承担诚信责任,一旦出现信息披露瑕疵,不能以信息系从他方获取或经他方验证等任何理由主张免除或减少自身责任。②

其次,中介机构承担信息披露的"看门人"责任。注册制改革后,监管机构逐渐"隐退",保荐人、承销商、律师事务所、会计师事务所等证券服务机构成为实质上保证拟发行证券品质的主体。中介机构的"看门人"责任体现为其应履行勤勉尽责义务,对发行上市相关文件的真实性、准确性、完整性进行审慎核查验证,并自注册文件申报之日起即承担相应法律责任,充分发挥把关作用。

最后,监管机构承担信息披露的审核与监管责任。交易所通过审查发行申请材料是否齐备、一致、可理解,在审核问询中促进信息披露合规。证监会的监管职能则向事中与事后转移,强化日常监管、监督检查和稽查执法,加大对信息披露违法行为的处罚力度。针对发行人与中介机构的欺诈发行等信息披露违法违规行为,新《证券法》大幅提升

---

① 《证券法》(2019)第78条。
② 参见陈邑早、王圣媛:《论中国式注册制信息披露革新:理念、实践与建议》,《当代经济管理》2019年第12期。

了罚款额度上限，为监管部门的严格执法提供了法律依据。[①] 通过压严压实发行人、中介机构和监管机构的信息披露责任，促使市场各主体归位尽责，在多重制衡约束下提升信息披露质量。

（三）契合不同板块特点的信息披露安排

在信息披露制度规范日益充盈与完善的背景下，信息披露内容的同质化、格式化和扩大化问题却逐渐凸显。[②] 尽管市场上信息披露总量不断增加，基于上市公司与监管者、投资者之间的多种信息供需诉求冲突，[③]信息披露的有效性未能明显提升。为缓解核准制下信息披露的供需矛盾，满足投资者的多样化信息需求，降低上市公司信息披露成本，提高信息披露监管效率，注册制改革加强了基于板块定位与行业特点的差异化信息披露制度建设。

信息披露的内容应当根据不同板块的特质进行差异化安排，例如，在主板发行上市的企业，应当对自身的业务模式发展、调整及其成熟度验证、营收能力稳定性论证、市场占据份额说明等方面进行充分披露；在科创板发行上市的企业，应当对科研资金投入及其比例、科研软硬件设置装备情况、科研人员资历成果信息、技术长板优势等方面进行重点披露；在创业板上市的企业，应特别披露自身的创新、创造、创意特征，尤其是科技创新、模式创新或业态创新情况。[④] 契合不同板块特点的信息披露要求是依据不同企业在行业属性、企业规模、业务模式等方面差异作出的针对性安排，通过更加多样化的信息披露标准提升资本市场的包容度，发挥市场的资源配置功能。从立法理念与法律价值来看，

---

① 《证券法》(2019)第 181 条、182 条、184 条。
② 参见杨淦：《上市公司差异信息披露的逻辑理路与制度展开》，《证券市场导报》2016 年第 1 期。
③ 参见杨淦：《上市公司差异信息披露的逻辑理路与制度展开》，《证券市场导报》2016 年第 1 期。
④ 《首次公开发行股票注册管理办法》第 39 条。

差异化信息披露制度也是建设多层次资本市场的基本要求。①

五、健全资本市场基础制度

(一)发行承销机制市场化

在实行注册制改革后,政府让渡定价权予市场,不再对新股的发行价格、发行规模施以限制,转而发挥机构投资者的市场主体作用,以其为抓手实施相应的定价、询价与配售机制,通过强化市场主体在发行承销过程中的作用,将估值定价权交还给市场。

定价机制方面,取消新股发行的 23 倍市盈率红线,全面实行以询价方式为主、以直接定价为辅的市场化定价机制,缓解 IPO 定价管制带来的定价效率低下、寻租、高成长性公司流失和中介机构声誉机制失效问题。② 询价机制方面,以证券公司、基金管理公司、期货公司等八类专业机构投资者为主要询价主体,充分发挥机构投资者的信息优势与投研能力,使定价结果更能反映企业价值与市场需求。同时,通过完善最高报价剔除比例、优化有效报价区间、加强询价报价行为监管等措施,促进投资者审慎理性报价。配售机制方面,推广保荐机构相关子公司及高管、核心员工跟投制度,优化战略配售安排,放宽行使超额配售选择权的条件,通过发行人、保荐机构与投资者等相关主体之间的利益博弈,推动新股发行市场化价格的形成。③ 注册制下的发行承销机制朝着更为市场化的方向迈进,资本市场的新股定价及资源配置效率将进一步提高。

(二)股票交易机制稳健化

注册制改革以来,主板和双创板块新股上市前 5 个交易日都不再

---

① 参见葛其明、徐冬根:《多层次资本市场建设下的差异化信息披露制度——兼论科创板信息披露的规制》,《青海社会科学》2019 年第 3 期。

② 参见宋顺林:《IPO 市场化改革:共识与分歧》,《管理评论》2021 年第 6 期。

③ 参见东北证券-复旦大学课题组:《注册制新股发行市场化改革成效及其优化研究》,《证券市场导报》2022 年第 2 期。

设涨跌幅限制,且此后双创板块和北交所日涨跌幅比例限制分别放宽至20％和30％。涨跌幅限制的不断放宽,为买卖双方提供了更为充分的价格博弈空间,有助于提高市场定价与交易效率。在股价波动幅度增大的同时,投资者风险也可能随之提升。因此,改革同时匹配了一系列价格稳定机制以降低过度投机风险。

其一,基于主板的大盘蓝筹企业特性,新股上市第6个交易日起,主板日涨跌幅比例限制仍维持为10％,以维护整个A股市场运行的稳定性。其二,设置价格笼子机制约束报价范围,避免股价出现瞬时大幅上涨或下跌,遏制过度炒作和异常交易行为。[1] 其三,增设盘中临时停牌制度,在新股无涨跌幅限制阶段,盘中成交价格首次上涨或下跌达到或超过30％、60％的,各停牌10分钟,[2]通过暂时冷静市场减少非理性炒作。其四,设置异常波动交易信息公开机制,当达到规定的异常波动指标时,交易所将公布异常波动期间的投资者分类交易统计等信息,以进一步强化风险警示。可见,改革兼顾了交易机制的稳定与效率,在改善市场流动性的同时增加了投资者保护机制,有助于资本市场长期稳健运行。

(三) 公司退市机制常态化

良好的资本市场生态应实现"有进有出"。注册制改革在放松入口端的同时,也加快了畅通出口端的进程。2020年,为落实新《证券法》对退市制度的规定,匹配注册制改革的要求,沪、深交易所在证监会的指导下启动了新一轮退市制度改革,于2020年12月30日发布了一系列修订后的退市规则(以下简称"退市新规")。此次退市制度改革完善了退市指标,助力出清空壳企业;简化了退市流程,促进退市效率提升;严格了

---

[1] 参见吴晓璐:《主板交易新规今日正式落地,投资者需注意四大变化》,2023年4月10日,https://finance.sina.com.cn/stock/marketresearch/2023-04-10/doc-imypvxxu7910711.shtml,2023年6月30日。

[2] 《上海证券交易所交易规则》(2023)第4.2.4条,《深圳证券交易所交易规则》(2023)第4.3.4条。

退市监管,压缩退市规避空间(关于退市制度改革的详细内容,可参见第二章的具体介绍)。退市新规颁布至今,"应退尽退"成为市场共识,常态化退市机制基本建立,为全面注册制的落地实施奠定了良好的基础。

第三节　注册制对退市制度的影响

退市指上市公司股票在证券交易所终止上市交易。我国现行退市规则将退市分为主动退市与强制退市两类,前者是上市公司自主经营权的延伸,后者是证券监管部门依法行使监管权的结果。[①] 作为资本市场的两项重要基础性制度,股票发行制度决定了一家公司是否能获得资本市场的"入场券",退市制度则通过淘汰劣质公司发挥资本市场的"过滤器"功能。股票发行制度与退市制度分守资本市场的入口与出口,二者相辅相成、紧密相连、相互作用,共同促进资本市场高质量发展。注册制改革是一项牵动资本市场全局的"牛鼻子"工程,其促使我国股票发行常态化、市场化、法治化,同时也推动了我国退市制度的改革进程。本节将分别从发行常态化、多层次资本市场建设及投资者保护三大视角,论述注册制改革对退市制度提出的新要求及对其带来的深刻影响。

一、发行常态化要求畅通退市渠道

(一)证券市场的有限性:交易所视角

注册制改革的推进势必给证券市场带来两大影响:其一,由于放宽了市场准入条件并精简了发审流程,成功发行上市的企业数量将大幅增加;其二,由于不再对发行上市标准进行严格把关,上市企业的质量可能良莠不齐。发行上市的常态化在提升证券市场活力的同时,也对

---

① 参见董安生、吴建丽:《退市中的投资者保护》,《中国金融》2016 年第 12 期。

市场的平稳运行带来了一定冲击，因为受投资者需求、交易平台承载能力等因素影响，证券市场的总体容量是有限的。基于交易所在证券市场中扮演的重要角色，本部分将着重从交易所的功能及性质出发对此进行分析。

证券交易所是证券集中和有组织交易的场所，其不仅为证券交易提供场所、人员和设施，还对证券交易进行周密的组织和严格的管理，在整个证券交易市场中处于核心地位。[①] 从产生及发展历程来看，交易所的主要功能在于为买卖双方提供一个集中交易平台，减少发现彼此的搜寻成本，[②]从而最大程度提升交易效率。然而，交易所本身是一个追逐自身利益的经济组织，[③]其有动力选择并维持优质企业上市以吸引更多的投资者，提升自己的竞争优势。但应认识到，市场中投资者数量和可被用于投资的资金总量均是有限的，证券市场的交易效率不能被无限放大；且从事证券交易活动会给交易所、证券监管机构和投资者带来诸多成本，交易所可提供服务的上市证券也是有限的。[④] 因此，证券交易所为通过最小成本和最大效率满足市场交易需求并促成资源最优配置，会将那些不具备上市交易条件、挤占优质企业空间、分散投资者资金的公司清退出市场，以形成"有进有出"的市场生态。[⑤] 这便是建立畅通有效的退市制度的意义所在。

（二）发行常态化要求畅通退市渠道

1. 强制退市：严格出清的制度理念

我国证券市场在相当长一段时间呈现出"上市难"和"退市难"两大

---

① 参见屠光绍主编：《证券交易所：现实与挑战》，上海：上海人民出版社，2000 年，第 1 页。

② See Daniel R. Fischel, "Organized Exchanges and the Regulation of Dual Class Common Stock", *The University of Chicago Law Review*, vol. 54, no. 1 (Winter 1987), p. 121.

③ See Jonathan Macey, Hideki Kanda, "Stock Exchange as a Firm: The Emergence of Close Substitutes for the New York and Tokyo Stock Exchanges", *Cornell Law Review*, vol. 34, no. 2 (October 1991), p. 1009.

④ 参见郑彧：《IPO 常态化背景下退市制度完善之探析》，《证券法苑》2017 年第 4 期。

⑤ 参见郑彧：《IPO 常态化背景下退市制度完善之探析》，《证券法苑》2017 年第 4 期。

突出问题,且很大程度上后者根源于前者。核准制下的实质审核机制导致企业发行上市艰难,证券市场形成了供小于求的特征。于上市公司而言,在这种于己有利的卖方市场上,宝贵的"壳资源"大大增加了自身的投资价值,公司有着较为强烈的维持上市地位的动机。于地方政府而言,由于上市公司往往能为当地的人员就业、声誉形象、税收等作出积极贡献,其倾向主动介入或被动维护上市公司的"保壳"活动。[①] 在各方利益驱动下,我国退市制度难以得到有效执行,证券市场形成了"严进难出"的僵局。据统计,自 1990 年至 2020 年底退市新规施行之前,A 股退市公司数量共计 126 家。[②] 而 1980 年至 2017 年间,美股退市公司数量累计达到 14183 家,占全部上市公司(26505 家)的54%;且全球主要资本市场中退市数量也高于 IPO 数量。[③] 数据对比之下,我国退市机制的实施状况可见一斑。

注册制改革秉持"宽进严出"的理念,一方面,放松对证券市场准入端的限制,随着发行上市的常态化,上市公司的"壳价值"将持续走低。另一方面,加强对上市公司的持续监管,通过实施严格的退市制度淘汰"空壳企业""僵尸企业",以实现股市资源最优配置。宽松的进入机制需要以严格的退出机制作为支撑,注册制的落地实施需要同步打通退市渠道,推进退市常态化。在退市标准方面,既要考虑更能综合反映持续经营能力的组合性财务指标,使其不易被企业利用会计手段规避,又要对重大违法类退市引入更加细化和严格的量化判断标准。在退市流程方面,应适度缩短退市缓冲期,适度调整风险警示、暂停上市、恢复上市、退市整理等环节的期限,以提升退市效率。在退市执行方面,交易所应加大退市监管力度,严厉打击和惩戒恶意规避退市的行为,对符合

---

① 参见丁丁、侯凤坤:《上市公司退市制度改革:问题、政策及展望》,《社会科学》2014 年第 1 期。

② 参见张翠:《全年强制退市公司达 42 家,2022 年 A 股退市量创历史新高》,2023 年 1 月 5 日,https://www.thepaper.cn/newsDetail_forward_21439536,2023 年 7 月 9 日。

③ 参见上海证券交易所:《全球主要资本市场退市情况研究及对科创板的启示》,2018 年 12 月,第 2—3 页。http://www.sse.com.cn/aboutus/research/report/c/4727800.pdf,2023 年 7 月 9 日访问。

强制退市标准的公司做到"出现一家，退市一家"。上市之路的完善与退市之路的畅通，将促使资本市场不断吐故纳新，在优胜劣汰中提升上市公司质量。

2. 主动退市：注册制下迎来发展契机

在"上市难"的背景下，我国强制退市的公司数量尚且较少，更遑论期待公司主动放弃上市资格。2014 年，证监会发布《关于改革完善并严格实施上市公司退市制度的若干意见》并确立主动退市制度。截至 2023 年上半年，A 股主动退市的上市公司占比约为 40%，其中通过吸收合并实现退市的公司约占 75%。相较之下，成熟资本市场中的主动退市率一般高于强制退市率。原因在于，强制退市虽能通过监管权有效维护市场秩序，但会给投资者的股票流动性和公司形象声誉带来较大负面影响。而公司在主动退市后仍可以选择在其他证券交易所交易，或对自身治理结构、股权结构、资产结构、人员结构等调整后申请重新上市，有利于实现股票的长期价值。总之，主动退市能使公司根据市场需求和战略目标进行自主决策，是一项基于成本收益权衡之下的商事选择。[1]

注册制改革为主动退市的规模化生长提供了制度土壤。其一，发行常态化将有效解决"上市难"引发的供需失衡问题，进而抑制市场的炒"壳"热，压缩在壳公司上的资源错配与价值错估，促使股票估值回归理性。其二，注册制下资本市场监管力度不断升级，上市公司的信息披露等合规成本进一步增加，严格的监管将加重上市公司负担。其三，注册制以投资者保护为导向，不断完善以集体诉讼为代表的证券私人诉讼机制，强制退市后投资者的维权救济日益严苛。其四，注册制下多层次资本市场建设不断健全，将为主动退市后的转板衔接提供出口。可以预见，随着全面注册制改革的深入推进，上市公司基于短期内负担与收益的衡量及长期发展的战略规划，选择主动退市的动机将更加强烈，主动退市极有可能成为未来 A 股市场的主流退市形态。目前我国上

---

① 参见李文莉：《上市公司私有化的监管逻辑与路径选择》，《中国法学》2016 年第 1 期。

市公司主动退市实践经验并不充足，制度设计也仍有完善空间。今后可结合实际案例进一步厘清主动退市的类型、适用条件、投资者保护等重要问题，以匹配退市常态化的市场需求。

二、多层次资本市场建设打通退市出口

（一）注册制改革推动多层次资本市场建设

自 20 世纪 90 年代初期沪、深交易所成立，到 2021 年北交所建立，经过 30 多年的发展，我国已形成三大交易所、四大交易板块的多层次资本市场体系。[①] 纵观我国多层次资本市场的建立和完善历程，系由政府主导的，从无到有、从主板市场开始、从高层次市场向低层次市场不断拓展丰富的制度变迁。[②]

注册制改革将统筹完善多层次资本市场体系作为一项重要目标，我国多层次资本市场体系也随着改革的深入推进而不断健全。其一，不同市场板块的定位日益清晰，主板、科创板、创业板、北交所、新三板、区域性股权交易市场分别服务于具有不同行业特色、处于不同成长阶段、根植于不同国家政策需求的企业。其二，不同市场板块设置了差异化的发行条件、上市标准、定价机制、交易机制、信息披露等要求，多层次市场划分更加明确。其三，随着北交所的成立，不同市场板块之间的协同更为密切。在满足特定条件的情形下，沪、深交易所强制退市的公司可降级进入新三板，区域性股权交易市场进行非公开转让的企业可转板至新三板，新三板内部各层之间可进行升降转板，北交所上市公司可转板至科创板或创业板。我国已初步建立起以新三板和北交所为核心的转板制度。

从域外经验来看，完善的转板制度是多层次资本市场发展成熟的

---

① 三大交易所分别指上海证券交易所、深圳证券交易所和北京证券交易所；四大交易板块分别指主板、创业板与科创板、新三板、区域性股权交易市场。

② 参见陈辉、金山、顾乃康、吴梦菲：《我国多层次资本市场的制度变迁逻辑研究》，《西部论坛》2023 年第 1 期。

重要标志之一。[①] 例如，美国资本市场存在升级、降级、平级与内部转板四类转板机制，企业在各层次市场中"能上能下"，有效提升了市场的流动性和资源配置效率。反观我国，一方面，因长期以来退市机制失灵，降级转板机制出现实施障碍。另一方面，从北交所升级转板至双创板块的制度处于建立初期，实施前景尚不明朗。且我国各大交易所之间及同一交易所内部并未建立平级与内部转板制度，各层次资本市场的互联互通机制有待进一步打通。注册制改革推动退市常态化与加快建设多层次资本市场的双重背景，为探索我国转板机制的完善路径与打通退市后续出口提供了契机。

（二）多层次资本市场建设助力转板与退市机制相结合

上市公司退市仅说明其不符合交易所持续上市的标准，并不意味着公司股票完全失去了内在价值和可流通性，因而退市绝非"一退到底"，也不能"一退了之"，证券市场仍应为退市公司继续提供融资平台和再次返回交易所市场的机会。[②] 层次分明的转板机制为退市公司提供了一个"缓冲地带"，于企业而言，能够给予其再次转向高层次板块的机会，降低恶意保壳的可能性。[③] 于投资者而言，在设置配套信息披露机制的前提下，公司退市降板能够给予投资者风险警示，在一定程度上减少持股风险。退市制度与转板制度的结合将有利于及时清退高层次市场中不符合上市要求的企业，激励低层次市场企业不断成长，实现资本市场有序竞争、优胜劣汰，维护投资者权益。

随着我国资本市场进入退市常态化阶段，为公司退市提供后续通道的重要性尤为凸显。正值注册制改革推动多层次资本市场建设之际，可考虑从制度设计层面进一步完善转板机制。例如，对于不符合沪深主板上市条件的公司，是否存在降级进入双创板块的可能性？

---

① 参见何牧原、张昀：《中国新三板市场的兴起、发展与前景展望》，《数量经济技术经济研究》2017 年第 4 期。
② 参见肖钢：《中国资本市场变革》，北京：中信出版社，2020 年，第 95—96 页。
③ 参见冯卉、李鹏：《完善资本市场转板制度》，《中国金融》2023 年第 7 期。

对于不符合双创板块上市标准的企业,是否能递退至北交所?总之,降板机制的完善应充分考量实操性,使其充分服务于新形势下的退市制度。

三、市场风险化要求完善退市投资者保护机制

(一)注册制改革给投资者保护带来新挑战

投资者保护是证券法区分于其他经济法律部门的特有目的,[1]也是证券市场的永恒话题。证券市场中投资者权益受损的原因是多方面的,在公司治理层面,基于两权分离产生的代理成本问题及控股股东、实际控制人的"一股独大"现象,投资者权益可能受到管理层与控制层的双重侵害。在证券市场运行机制中,证券投资必然伴随着风险。尽管投资者在"买者自负"原则的约束下理所当然地要为自己的投资行为负担风险,并接受由市场机制决定的任何投资结果,但在我国的市场实践中,投资者承担了远超过市场风险的损失。[2] 投资者不仅是证券市场不可或缺的参与主体,更是证券市场持续平稳发展的基础,投资者保护的重要性无论如何强调都不为过。

注册制改革给投资者保护制度建设带来了新机遇,也为投资者权益维护带来了新挑战。一方面,定价机制的市场化加大了股价的不确定性与波动性,新股破发可能成为常态,对普通投资者的价值识别与甄选能力、风险承受能力都提出了更高的要求。另一方面,市场优胜劣汰竞争机制的加速形成将推动公司退市常态化,而退市给投资者带来的损失是巨大的。退市程序启动后,投资者将很难以预期价格变现股权,股票甚至无法被卖出,造成无法挽回的资金损失。公司退市后,或降板进入股转系统,或不在任何市场进行交易。尽管无论何种情形均不会剥夺投资者基于股东身份而享有的管理权和一般性财产权利,但投资

---

① 参见朱锦清:《证券法学》,北京:北京大学出版社,2019年,第109页。
② 参见陈洁:《投资者到金融消费者的角色嬗变》,《法学研究》2011年第5期。

者将因公司退市而丧失在挂牌市场转让股份的机会。这意味着股票因挂牌上市而获得的有利交易条件和高流动性全部归零,投资者附着于股份之上的财产利益将受到严重减损。[①] 在注册制改革推动退市常态化的背景之下,投资者因公司退市而受损的风险大幅提升,退市过程中的投资者保护成为需要重点关注的议题。

(二) 以投资者保护为核心的退市规制理念转变

应当承认,随着注册制改革的深入推进,在监管部门、投资者保护机构和各市场主体的共同努力下,我国投资者保护已迈入新阶段。例如,在投资者民事救济制度方面,新《证券法》明确了先行赔付、特别代表人诉讼、投资者保护机构持股行权等维权机制。最高人民法院通过发布《关于证券纠纷代表人诉讼若干问题的规定》《关于审理证券市场虚假陈述侵权民事赔偿案件的若干规定》(以下简称《新虚假陈述司法解释》)等司法解释,为前述救济机制的实施提供了进一步的操作指引。在投资者服务及教育方面,证监会及其派出机构、证券业协会积极部署开展投资者教育活动,加强投资者教育基地建设,推动投资者教育纳入国民教育体系,以提升投资者的维权意识,改善投资者素质结构。整体而言,我国资本市场中投资者权益保护已取得较大进展。然而,若将观察视角聚焦于退市制度,从注册制改革对建立常态化退市机制的总体要求来看,我国退市制度对投资者的保护仍显不足。

在投资者保护机制的设计上,主动退市通过赋予投资者对公司退市决议的表决权,重点关注控股股东与中小股东之间的利益平衡。[②] 强制退市则主要通过设置退市整理期和降板制度,强调对投资

[①] 参见张艳:《主动退市中投资者保护模式的反思与重构》,《环球法律评论》2020 年第 6 期。

[②] 如《上海证券交易所股票上市规则》(2023)第 9.7.2 条规定,公司退市决议除须经出席会议的全体股东所持有效表决权的三分之二以上通过外,还须经出席会议的除"上市公司的董监高、单独或合计持有公司 5%以上股份的股东"以外的其他股东所持表决权的三分之二以上通过。

者给予交易机会的补偿。① 但从制度实施效果观之,主动退市的投资者赋权型规制理念最终异化为投资者控制,成为公司退市的阻碍;强制退市的效率导向型规制理念忽视个体利益的维护,致使投资者求偿无门。② 亦即,现有的退市规制理念与模式未能较好平衡投资者保护与退市常态化这两大不可偏废的现实需求,亟待作出相应转变。如前所述,上市公司退市对投资者造成的损失以财产利益为主,故弥补经济损失应成为退市规制的出发点。基于此,主动退市应转向补偿型规制理念,可借鉴德国经验建立强制收购要约制度,以收购股票的现金对价替代公司法的少数股东保护机制。强制退市应兼顾公平型规制理念,引入先行赔付、欺诈发行责令回购、代表人诉讼等囊括诉讼与非诉程序的损害赔偿救济制度,以使投资者获得及时高效的赔偿。③ 通过退市规制理念的转型,妥善处理退市效率与投资者保护之间的利益冲突,是注册制改革对退市制度提出的必然要求,下文将对此观点进行具体论述。

① 如《上海证券交易所股票上市规则》(2023)第 9.1.14 条规定,公司强制退市后进入退市整理期(交易类退市情形除外),并应在交易所所作出退市决定后,立即安排股票转入全国中小企业股份转让系统等证券交易场所进行股份转让相关事宜,保证公司股票在摘牌之日起 45 个交易日内可以转让。
② 参见张艳:《注册制下科创板退市法律规制模式转型——以投资者妥适保护为核心》,《上海财经大学学报》2021 年第 3 期。
③ 参见张艳:《注册制下科创板退市法律规制模式转型——以投资者妥适保护为核心》,《上海财经大学学报》2021 年第 3 期。

第二章 聚焦于资本市场退出机制：
退市制度概览

　　流水不腐，户枢不蠹。上市公司退市与公司发行上市一样，均是符合逻辑规律与适应资本市场实际需求的正常现象，二者共同构成了资本市场的吐故纳新机制。要想真正形成"有进有出"的优良市场生态，除了让信息披露透明、具有持续成长能力的公司进入资本市场外，还必须形成严格、高效的退市制度，二者缺一不可，否则市场恐将良莠不分。[①] 退市制度作为资本市场两大根基性制度之一，扮演着上市公司精密过滤器的重要一角，是严格的"检视型"出口关卡，对于打造兼具活力与韧性的资本市场意义匪浅。退市制度是资本市场自我发展、自我优化的不可或缺的制度工具，是资本市场发挥优胜劣汰功能的必要关口，如此我国上市公司的总体质量才能得以保证。因此，健全完善退市制度是资本市场制度规范化进程的重要环节和必经道路。[②] 当前，我国股票发行制度已完成从核准制到注册制的巨大跨越，在这场重大变革中，退市制度改革是不可或缺的重要一环。在进一步对我国退市法律规制的理念与路径提出具体完善建议之前，有必要对该制度的历史沿革与思路内容进行回顾与检视。本章共包含两节内容，第一节探讨退市的内涵、外延与法律性质，第二节回溯我国退市制度的历史沿革，并将退市制度改革的主要内容穿插其中。

---

① 参见吴晓求：《中国资本市场：从制度和规则角度的分析》，《财贸经济》2013 年第 1 期。
② 参见邱永红：《我国上市公司退市法律制度的历史变迁与演进实证研究——兼论〈证券法〉相关规定的修改完善》，《证券法苑》2014 年第 2 期。

第一节 退市的内涵、外延与法律性质

自 1990 年 12 月上海证券交易所和深圳证券交易所相继成立至今,中国证券市场已建立 30 余年。循史而溯,随着多层次资本市场的日益完善以及法治化程度的不断增强,[1]我国退市制度历经多次调整与完善,经历了从空泛粗放到专业精细、从单一零散到多元有序、从难以实操到行易有据的演进过程。近年来,在注册制改革这项在资本市场中牵一发而动全身的"牛鼻子"工程的要求与影响下,我国退市制度的改革也一直被同步推进。二者积极配合、良好互动,不仅共同致力于实现我国股票发行常态化、市场化、法治化,而且通过促使不符合上市要求的公司退出市场实现了资源优化配置与市场效率的提高。[2]

一、退市制度的内涵与外延

从字面含义理解,上市公司退市即上市公司退出证券市场不再运作,[3]也即公司股票在证券交易所终止上市交易。上市公司退市可以分为主动退市和强制退市两种类型。[4] 主动退市由上市公司主动发起。当上市公司综合考虑自身的发展战略调整、公司经营稳定性、公司市场估值合理性等方面的因素,判断公司的进一步发展与维持上市地位相违背,可以主动向证券交易所提出退市申请,申请其股票终止交易。强制退市由证券交易所决定,上市公司被动接受。当证券市场中存在符合"股票上市规则"中强制退市情形的上市公司时,例如股票市

---

① 参见丁丁、侯凤坤:《上市公司退市制度改革:问题、政策及展望》,《社会科学》2014 年第 1 期。
② 参见张宗新、杜长春:《完善退市制度 重塑股市生态》,《西南金融》2012 年第 8 期。
③ 参见周正庆主编:《证券知识读本》,北京,中国金融出版社,1998 年,第 211 页。
④ 参见周晓萍等:《我国证券市场退市制度的潜在问题与完善路径研究》,《金融监管研究》2018 年第 4 期。

值过低、交投停滞不活跃、股权分布异常以及涉嫌严重违法违规等情况,证券交易所负有维护证券市场稳定秩序的职责,其应当对这类上市公司的股票实行终止交易,维护流通证券的总体质量,保护广大投资者的合法权益,稳定市场发展的信心。

主动退市主要包括两种类型,一是决议式主动退市,二是私有化退市。决议式主动退市指上市公司股东大会决议主动撤回其股票在交易所的交易,可依公司是否继续在其他板块交易细分为直接退市与转板退市,前者指公司决定不再在交易所任何板块交易,后者指公司转而申请在其他交易场所的其他板块继续交易。对于决议式主动退市来说,各交易所的"股票上市规则"中皆对具体的股东大会决议要求作出了细致规定。以上海证券交易所为例,《上海证券交易所股票上市规则》第9.7.2条规定,上市公司决议式主动退市适用类别决议制度,具体内容为,除股东大会决议之外,退市还须经出席会议的中小股东所持表决权的三分之二以上通过。公司在召开股东大会之前,须严格履行信息披露义务,向公众披露主动退市方案、退市原因、退市后的发展战略、异议股东保护专项说明等信息。与上述信息一同被公开的还有两项特别意见,一是独立董事就公司退市方案是否有利于公司长远发展和全体股东利益充分征询中小股东意见,并在此基础上发表独立意见;二是公司聘请的财务顾问和律师针对主动退市事宜提供的专业财务与法律服务意见。

私有化退市(Going Private)是世界范围内各国退市实践中最为常见的主动退市类型,在我国全面实行注册制后,私有化退市可能成为我国上市公司退市的主要类型。私有化退市可拆分成"私有化"与"退市"两个词语,其中退市是私有化导致的结果。私有化可概括为上市公司的股份大量或全部集中于特定股东手中,即其控股股东或与控股股东具有关联关系的人通过一系列交投行为将上市公司原本分布在公众股东手中的股票收拢,使上市公司的公众股减少甚至完全消除,从而使公司由公众公司变为私人公司,继而退市的过程。[1] 私有化主要分为

---

[1]　参见李文莉:《上市公司私有化的监管逻辑与路径选择》,《中国法学》2016年第1期。

两种类型,一是要约收购型私有化,指上市公司控股股东或其他收购主体通过发出全面收购要约收购其他股东手中的股份;二是吸收合并型私有化,指上市公司控股股东等主体直接吸收合并上市公司,上市公司被吸收合并继而丧失商事主体资格,控股股东作为存续公司继续存在。两种情形的退市原因不同,在要约收购型私有化情形下,退市原因在于要约收购期间届满后,公司股本总额与股权分布发生变化,不再满足交易所的上市要求。① 在吸收合并型私有化情形下,退市原因在于上市公司不再具有独立商事主体资格并被工商注销。

强制退市主要有交易类强制退市、财务类强制退市、规范类强制退市和重大违法类强制退市四种类型。目前,我国资本市场正处于初期发展阶段,与成熟资本市场国家主动退市公司数量占压倒性多数不同,我国资本市场中强制退市公司占比较大。

交易类强制退市的退市指标涉及股票价格、市值、交易量、股东数量等要素,指上市公司股票交易触及规定情形时,经历风险提示公告、停牌、终止上市决定、摘牌后转入股转系统的过程。各交易所均针对交易类强制退市设置了不同的规定,以上海证券交易所为例,包括连续 20个交易日的每日股票收盘价低于人民币 1 元和连续 120 个交易日累计 A股股票成交量低于 500 万股在内的六种情形均将触发交易类强制退市。"1 元退市"与"市值退市"是交易类强制退市中较为重要的类型。"1 元退市"是对"面值退市"规定的具体化,即明确将触发退市的股票面值规定为"1 元"。从投资者的角度来看,"1 元退市"是广大投资者的自主投资决策结果,从市场的角度来看,是市场在注册制下发挥其资源调配、优胜劣汰功能的表现,可见注册制下的市场生态在逐渐恢复。② 市值退市是退市制度改革中新增的交易类强制退市类型,旨在通过设置市

---

① 根据《上海证券交易所股票上市规则》第 15.1 条第 9 项,股权分布不具备上市条件指社会公众股东持有的股份低于公司总股本的 25%,公司股本总额超过 4 亿元的,低于公司总股本的 10%。

② 中国证监会:《退市制度 100 问》,2023 年 2 月 15 日,第 18 页,http://www.csrc.gov.cn/shanghai/c105564/c7112273/content.shtml,2024 年 2 月 21 日。

值门槛,将市值极低的公司强制清出市场。相较其他强制退市类型,交易类强制退市的流程更加精简,不设退市整理期,因而退市进程更加快速。

财务类强制退市涉及净利润、营业收入、期末净资产、财务会计报告等多项指标,指上市公司最近一个会计年度经审计的财务会计报告相关财务指标触及规定情形时,交易所将对上市公司股票实施退市风险警示。若上市公司连续两个会计年度触及财务类强制退市情形,则将导致退市。根据沪、深两地交易所的相关规定,包括上市公司最近一个会计年度经审计的净利润为负值且营业收入低于1亿元在内,共有五种情形将触发财务类强制退市。我国财务类强制退市规定历经由单一的净利润财务指标向扣非净利润[①]加营业收入的"组合类财务指标"的变更。组合类财务指标能够更加精准地反映上市公司的持续经营能力,将不具备持续经营能力的空壳公司清出市场。此外,明确扣非净利润有利于维护退市制度的严肃性,针对性监管有利于解决上市公司以"虚假并购"、出售现有资产、外部资金输入等盈余管理手段强行稳定营业状况、规避退市的问题。[②]

规范类强制退市主要用来规制具有严重违规行为且未在法定期间内改正的上市公司,例如财务会计报告存在重大会计差错或者虚假记载等情形。在规范类强制退市的八种情形中,信息披露或规范运作等方面存在重大缺陷是新增的内容,该新增部分包括公司拒不披露应当披露的重大信息、公司严重扰乱信息披露秩序并造成重大影响、交易所失去公司有效信息来源等情形。这一内容是资本市场违法犯罪行为"零容忍"方针在退市领域的落实,旨在处罚在资本市场上长期违法违规运作、劣迹斑斑,虽未构成重大违法行为但拒不改正、屡教不改的公

[①] 根据《上海证券交易所股票上市规则》第9.3.2条,净利润以扣除非经常性损益前后孰低为准。

[②] 中国证监会:《退市制度100问》,2023年2月15日,第22页,http://www.csrc.gov.cn/shanghai/c105564/c7112273/content.shtml,2024年2月21日。

司,通过增加监管工具以填补之前的规制漏洞,提升监管的威慑力。①

重大违法类强制退市是颇具我国特色的强制退市制度,是我国目前上市公司强制退市的主流形态。据统计,在我国2022年触及退市警戒线的228家上市公司中,逾半数涉及重大违法。② 重大违法行为可分为三种主要类型,一是欺诈发行行为,二是重大信息披露违法行为,三是涉及"五大安全"③的违法行为。欺诈发行行为适用于公司首发上市与重组上市时,其申请或披露的文件存在虚假记载、误导性陈述或重大遗漏的情况,但并非所有的欺诈发行行为都会导致强制退市。重大信息披露违法是新增的情形,具体包括三种类型:一是公司披露的年度报告存在虚假记载、误导性陈述或重大遗漏,导致公司连续会计年度财务类指标已实际触及财务类退市指标;二是退市改革新增的"造假金额+造假比例"的退市标准;三是由交易所根据公司违法行为的事实、性质、情节自由裁量的情形。上市公司涉及五大安全领域的重要违法行为须存在被吊销营业执照、责令关闭或者被撤销、被吊销主营业务资质或继续生产经营资格等情形。确定涉及五大安全的强制退市类型是推进退市制度与时俱进的重要举措,旨在维护市场运行秩序,将投资者保护落到实处。

上市公司退市是覆盖了包括退市条件、退市程序、配套机制等方面内容在内的一系列完整的制度安排和法律规范的总称。④ 上市公司退市制度是股票市场制度的重要组成,它既使上市公司退出资本市场的过程规范、平稳且有序,又兼顾了约束退出过程中各方利益关联主体的行为并能够保障其权益。⑤ 在成熟的资本市场中,既要设置便捷的入

---

① 中国证监会:《退市制度100问》,2023年2月15日,第28页,http://www.csrc.gov.cn/shanghai/c105564/c7112273/content.shtml,2024年2月21日。

② 参见张剑、王颖:《228家上市公司触及退市警戒线,过半涉重大违法》,2022年4月10日,https://new.qq.com/rain/a/20220410A08RNZ00,2024年2月21日。

③ 国家安全、公共安全、生态安全、生产安全和公众健康安全。

④ 参见周晓萍等:《我国证券市场退市制度的潜在问题与完善路径研究》,《金融监管研究》2018年第4期。

⑤ 参见陈见丽:《基于注册制视角的上市公司退市制度改革研究》,《学术交流》2009年第3期。

口上市关卡,又需具备合理的退市出口关卡。上市公司退市制度的有效实施是证券市场现代化的重要标志。[1] 不断优化上市公司退市制度,有利于完善上市公司治理结构、提高上市公司经营效率,构建良好的市场秩序和公平的竞争环境,充分发挥市场在资源配置中的决定性作用,[2]稳步建立"有进有出"的优胜劣汰机制,促成投资理性与合理的价值取向,进而维护投资者的根本利益。

二、退市的法律性质与法律效果

退市的法律性质与法律效果是在法律层面探讨退市制度时无法回避的重要议题。从法律层面进行观察,退市是对上市所创设的发行人与证券交易所之间法律关系的消除,因此探讨退市不可避免地要追溯至与其对应的上市。

(一)上市的法律属性:民事法律关系

上市是发行人的股票依照法定条件与程序在交易所挂牌交易的法律行为,发行人与交易所签订的《上市协议》创设了二者之间的民事法律关系,其中主要有两方面内容。其一,交易所作为市场的运营者为证券集中交易提供场所和设施,发行人支付相应对价,即上市费用。其二,交易所作为自律管理者从公共利益出发履行自律管理职能,发行人须遵守《上市协议》及其引致适用的其他交易所自律规则中的规定。尽管《证券法》第 99 条规定了交易所的自律管理权,但这并非立法授权,而是法律对交易所固有权利的确认。交易所自律管理权的来源是契约约定,各上市公司通过与交易所签订《上市协议》、各会员通过与交易所签署《证券交易所章程》自愿让渡出一部分权利,形成交易所的自律管

---

[1] 参见周晓萍等:《我国证券市场退市制度的潜在问题与完善路径研究》,《金融监管研究》2018 年第 4 期。

[2] 参见方鸣、谢敏:《中国共产党领导下的资本市场发展:历史回溯、理论探索与实践趋向》,《上海经济研究》2021 年第 8 期。

理权。[①] 交易所自律管理权中的上市审核权亦为其固有权利,是基于《上市协议》产生的民事关系向前端的延伸与拓展。[②] 鉴于上市将对公共利益产生影响,上市审核权亦须接受外部制约,例如法律的规制、行政机关的监管以及司法审查。

注册制改革深刻地影响了发行上市审核过程中交易所与证监会之间的"权力"配置,"扩张"的交易所与"回缩"的证监会形成了"权力"配置的新格局。与核准制下发行审核吸收上市审核由证监会负责不同,注册制下上市审核吸收发行审核,由交易所负责实施,证监会仅享有最终的审核与注册权。由交易所额外进行发行审核不会影响上市的民事法律关系属性。首先,发行审核和上市审核是形式上合并,而实质内容与功能相互独立的两个行为。发行审核侧重发行人的组织结构、财务报告及合规状况等基本要求是否达到证监会的发行条件,达到条件意味着股票可以公开发行。上市审核则聚焦财务指标、市场指标、公司治理等细化条件是否满足交易所的上市条件,决定着股票可否在 A 股市场交易。其次,将发行审核亦交由交易所实施并非基于交易所审核权能的考量,而是旨在宣示告别核准制、提高审核效率的实操手段。一方面,由交易所进行审核旨在摒弃核准制下由行政机关为企业"背书"的做法,有利于宣示市场化改革的决心;另一方面,此举有利于充分发挥交易所的资源优势,使证监会集中精力加强事中事后监管。[③] 最后,两种审核行为合二为一不会改变各自的法律属性。如同核准制下发行审核吸收上市审核并未改变上市的民事法律关系属性一样,注册制下上市审核吸收发行审核亦不应影响上市的民事法律关系属性。

---

① 参见卢文道:《证券交易所及其自律管理行为性质的法理分析》,《证券法苑》2011 年第 2 期。

② 参见卢文道、谭婧:《交易所审核新股发行注册是行政许可吗?》,上海证券交易所法律部内部研究报告,2014 年 1 月 23 日。转引自冷静:《注册制下发行审核监管的分权重整》,《法学评论》2016 年第 1 期。

③ 参见肖钢:《中国资本市场变革》,北京:中信出版集团,2020 年,第 56 页。

(二) 退市的法律属性

1. 主动退市的法律属性:协议解除

主动退市指上市公司主动向交易所提出申请,撤回股票在场内市场的交易,交易所根据上市委员会的审核意见作出终止股票上市的决定并对股票予以摘牌。发行人的退市申请与交易所的退市决定是主动退市中的核心行为。退市是对上市所创设的发行人与交易所之间民事法律关系的消除,遵循这一思路,退市申请可视为作为合同当事人的发行人解除合同的意思表示,然而其不属于解除权的概念谱系,因为解除权为形成权,而退市申请须经交易所同意显然并非无需受领的意思表示。因此应在协议解除的背景下理解退市申请和退市决定。退市申请是发行人提出的旨在解除《上市协议》的新要约,交易所以合同相对方的身份受领退市申请。由于退市涉及中小投资者权益等公共利益,在交易所就解除合同的要约作出承诺之前,应当履行作为自律监管者的职责,即通过退市审核保护中小投资者权益。在得出积极的审核意见后,交易所对要约作出承诺,即退市决定。①

2. 强制退市的法律属性:约定解除权

强制退市具有惩戒重大违法行为、促进市场优胜劣汰的重要功能。与主动退市不同,强制退市指无需发行人申请退市,交易所在发行人触发特定退市条件后作出退市决定,强制特定证券退出 A 股市场。依退市条件可将强制退市分为四类,分别为重大违法类强制退市、交易类强制退市、财务类强制退市以及规范类强制退市。强制退市的核心行为是交易所的退市决定,以重大违法类强制退市为例,上市委员会首先根据"股票上市规则"中的标准对是否实施强制退市进行审议并形成审核意见,交易所继而根据审核意见作出是否退市的决定。从强制退市的功能出发,退市决定权无疑属于交易所的自律管理权范畴。同时,强制退市同样将产生解除上市所建立的民事法律关系的效果。与将主动退

---

① 参见张艳:《注册制下科创板退市法律规制模式转型——以投资者妥适保护为核心》,《上海财经大学学报》2021 年第 3 期。

市申请及退市决定定位为协议解除不同,在强制退市情形下交易所向发行人发出的退市决定是约定解除权的行使。鉴于《上市协议》与其所引致适用的交易所自律规则构成了规范双方权利义务关系最核心的法律文件,"股票上市规则"中规定的强制退市的若干触发条件可被视为双方约定的交易所可以行使约定解除权的具体事由。因此强制退市决定权是形成权,退市决定到达发行人处即产生解除合同的法律效果。①

交易所的自律管理者身份使作为解除通知的强制退市决定存在以下特别之处。第一,若上市公司对退市决定有异议,除了法律规定的诉讼、仲裁等救济方式外,交易所还赋予公司申请听证与复核的权利。若复核后交易所仍维持退市决定,则退市的生效时间为退市决定送达之日。第二,尽管《上市协议》已于退市决定到达公司处解除,但是随后公司股票须进入退市整理期交易。退市整理期的法教义学归属为后合同义务,鉴于退市涉及投资者保护等公共利益,合同关系结束后上市公司仍负有相关善后义务。② 第三,在上市公司股票因重大违法情形被强制退市后,若交易所据以作出强制退市决定的行政处罚决定、司法裁判被依法撤销、确认无效或变更的,在上市公司申请还原上市地位与上市公司重新签订《上市协议》之前,须首先申请撤销退市决定。

(三) 退市的法律效果

对发行人来说,随着《上市协议》的解除,发行人与交易所之间因上市而创设的民事法律关系归于消灭。发行人的股票将丧失在场内市场继续交易的可能,发行人也不必再履行交易所自律管理规则中的各项上市后续义务。退市的消除效力仅及于上市,而非股票的公开发行与基于发行的注册。注册制改革创设了统一的发行条件和差异化的上市条件,即各板块的公开发行条件一致,交易所根据各板块的定位设置差异化的上市条件。因此,若科创板退市公司申请在其他交易市场上市,

---

① 参见张艳:《注册制下科创板退市法律规制模式转型——以投资者妥适保护为核心》,《上海财经大学学报》2021 年第 3 期。

② 参见王泽鉴:《债法原理》(第一册),北京:中国政法大学出版社,2001 年,第 46 页。

则只需进行上市审核，无需重复进行发行审核与注册。[①] 同理，退市后公司申请再次上市的，只需由证券交易所进行上市审核。此处存在两个仍需澄清的问题。第一，公司退市后，发行审核与注册是否存在有效期。第二，若公司完全退市，即不在任何交易市场继续交易，公司是否负有义务在合理时间内向证监会申请终止基于发行的注册。法律并未对此作出细化规定，鉴于发行条件包含对公司的持续经营能力、财务情况与合规情况的实质性要求，一次发行审核能够辐射的时间范围有限，故宜为发行注册设置合理的有效期，例如三年。[②] 若企业申请再次上市距离上一次发行审核已逾三年，则需要重新进行发行审核与注册。此外，基于对法律状态确定性的考量，若退市后发行人确无继续公开交易的意图，则应在合理时间内申请终止注册。

对投资者来说，退市将使其持有的股票丧失在场内市场的交易机会。投资者将无法在场内市场继续转让股票，股票因上市而获得的在交易设施与交易机制等方面能够确定股票实际价格的有利条件将悉数归零。[③] 此时应区分投资者作为股东在公司法层面的利益与作为投资者在证券法层面的利益。一方面，退市既不影响投资者的股东身份，也不影响其基于持股而享有的公司法层面的管理权与财产权。另一方面，退市仅影响因上市而获得的股票在证券市场上的高流动性与可交易性，属于附着于股份之上的证券法层面的财产利益范畴。公司从场内市场退市后或降板至股转系统或不在任何市场继续交易，股票的交易条件、定价机制与监管环境与场内市场不可同日而语，退市后的股票一般乏人问津。此外，退市还将导致股票价格的下跌。总体而言，投资者将因公司退市遭受严重的经济损失。

[①] 该结论可通过转板制度得以证明。根据《中国证监会关于全国中小企业股份转让系统挂牌公司转板上市的指导意见》，转板上市不涉及股票公开发行，仅关涉交易场所的变更，故无需经证监会注册。

[②] 《证券法》第 12 条中规定的发行条件中，关于财务报告规范性与发行人合规性要求的期限皆为三年。

[③] 参见张艳：《主动退市中投资者保护模式的反思与重构》，《环球法律评论》2020 年第 6 期。

三、退市制度的重要意义

退市制度是一项基础性制度,在资本市场中发挥着不可替代的重要作用。退市的存在意味着公司所需承担的风险,而任何一个生态健康、富有效率且规范有序的市场都必然存在风险,因为收益与风险是并生共存的。市场的优胜劣汰功能无时无刻不在发挥作用,在充分的市场竞争中,上市公司始终面临发展与萎缩、生存与倒闭的挑战与矛盾,[①]而从市场的总体视角来看,这样的挑战与矛盾从不止歇。纵观资本市场中公司的生存发展过程,其一直处于"进入市场—停留市场—退出市场"的循环往复之中,而公司渴望跟上这样的循环就需不断地发展调整自身的业务,以达到延续公司生存的目的。[②] 因此,上市公司退市是证券市场规范化发展过程中不可回避且十分重要的常态化问题。上市公司退市制度意义重大,主要体现在护航资本市场整体稳善运行、加强证券投资者权益保护、优化上市公司治理结构三个方面。

(一) 护航资本市场整体稳善运行

国内外资本市场的发展经验表明,一个完整且富有韧性的资本市场不仅包含发行、上市和交易制度,还应当涵括退市制度。[③] 事实上,建立常态化退市机制不仅已成为我国资本市场的顶层设计,而且是党中央、国务院高度关注且多次作出重要部署的重大问题。[④]

---

① 参见戈宏、惠佳颖:《从退市标准的差异看完善我国的退市制度》,《金融论坛》2001 年第 7 期。
② 参见陈明森:《企业进入退出:社会资源有效配置的微观机制》,《中国经济问题》2001 年第 3 期。
③ 参见徐良平:《资本市场退市制度创新与实施框架》,《证券市场导报》2004 年第 9 期。
④ 2021 年 1 月,中共中央办公厅、国务院办公厅印发的《建设高标准市场体系行动方案》提出"要建立常态化退市机制"。2021 年 3 月,《中华人民共和国国民经济和社会发展第十四个五年规划和 2035 年远景目标纲要》也明确提出"要建立常态化退市机制,提高上市公司质量"。

首先，退市是上市公司进入市场所必须承担的风险，确立与实施退市制度为上市公司明确了经营不善、被市场淘汰的不利后果，可通过结果导向机制督促上市公司提升经营质量与恪守合规经营。例如，财务类强制退市的财务指标要求可以促使公司自发地进行合规经营与良性竞争，激励上市公司在公司治理、合规经营、科学管理等多方面进行自我革新。退市制度作为一种公司经营不当的不利后果还具有一定的惩治和威慑作用，例如，包括欺诈发行行为在内的重大违法类退市就是针对不法经营公司的惩罚，并对其他潜在的违法违规公司形成威慑。

其次，退市制度能打击过度投机行为。进入资本市场中的上市公司即使濒临退市仍然具有投机的价值，该价值可能来源于政策性扶助，[①]也可能来源于资本市场准入门槛的设置，即"壳资源"的稀缺性。因此，仅剩一具空壳的上市公司的股票反而成为部分投资者的投机工具，通过一系列的交投行为从中获取暴利。而这些股票价值的波动并不真正体现公司的实际价值，只是"数字泡沫"，纵容过度投机行为将削弱资本市场促进资金融通的功能，并架空其支持实体经济的关键作用，严重破坏资本市场的健康生态，长远来看还将损害我国资本市场的有序稳定发展。因此，完善并大力实施退市制度能增加这类投机行为的投资风险，打碎投机造成的虚假泡沫，抑制"炒壳"行为，[②]使投资者修正投资理念，进而推动我国资本市场的可持续发展。

最后，资本市场的充分竞争生态和优胜劣汰选择功能的正常发挥有助于利用市场机制使股票定价回归理性，进一步推动资源的更优配置。实际上，证券的价格机制是资本市场发挥资本配置功能的重要途径，而退出机制则是定价机制的协同设施。如果资本市场缺乏适当的退出机制，那么价格调整将受到限制，产生最低价格刚性，价格机制的僵化意味着其无法真实反映资源的稀缺度和潜在收益能力，进而减损

---

① 如地方政府补助持续亏损的上市公司。
② 参见周晓萍等：《我国证券市场退市制度的潜在问题与完善路径研究》，《金融监管研究》2018年第4期。

市场调度资源配置的效率。[①]

(二)加强证券投资者权益保护

完善的上市公司退市制度可实现良好的投资者保护效果,下文将从约束侵犯投资者权益事项、警示并帮助减少投资风险、增强投资信心三个方面展开论述。

第一,上市公司退市制度对侵犯投资者权益的相关事项具有约束作用。投资者是资本市场运作的真正动力,亦是资本市场的重要主体,维护其权益是资本市场健康发展的绝对重心。因此,资本市场制度的核心内涵是保护投资者的权益,故投资者权益保护的有效性以及是否营造了尊重、敬畏投资者的健康市场生态,是全面注册制改革成功的关键环节。包括退市制度在内的资本市场法中的诸多制度旨在实现全面、完善的投资者保护效果。没有惩治就谈不上保护。在关于退市的诸多制度安排中,侵犯投资者权益的行为是常见的强制退市法定情形,通过惩罚机制的设置,上市公司受到了强有力的约束,从而使投资者的利益得到有效保护。[②]

第二,上市公司退市制度可警示并降低投资风险。一方面,各类型强制退市制度中均包含风险提示与预警制度,通过强调上市公司盈利恶化、经营失败来提醒投资者慎重投资。例如,交易类强制退市中存在首次风险提示与连续风险提示,财务类、重大违法类强制退市中存在退市风险警示与退市风险提示。上述风险提示与预警制度旨在帮助投资者甄别投资对象,理性决策,更好地保护自身利益。另一方面,退市制度将劣质公司逐出市场,在一定程度上保障了在资本市场中交易的股票的"水准",亦是对投资者权益的重要保护。若退市制度缺位,任由经营业绩欠佳或运作不规范的公司股票在资本市场中继续交易,则会不断给市场带来风险,通过积累与互相影响,量变引起质变,最终引发市

---

① 参见周晓萍等:《我国证券市场退市制度的潜在问题与完善路径研究》,《金融监管研究》2018年第4期。

② 参见翟浩:《上市公司退市:理论分析和制度构建》,2012年华东政法大学博士论文。

场系统性风险,而市场的秩序崩坏可能会使投资者蒙受无法挽回的巨大损失。退市制度就像资本市场的自我代谢机制,阻断了市场风险积累和负面影响持续扩大的链条,使资本市场稳定有序运行。

第三,完善的上市公司退市制度可以增强投资者的信心。著名经济学家吴晓求曾表示,要想活跃资本市场,最重要的是提振投资者信心。制定完善的退市制度并严格执行是提振投资者信心的必要路径。在我国全面实行注册制的当下,常态化退市机制的建立是投资者的强心针,否则常态化的 IPO 与非常态化的退市将造成资本市场极大的不平衡,并对投资者的信心产生冲击。在市场化、法治化、常态化的退市制度的保障下,投资者在资本市场上实施投资行为时,内心将充满安全感,此举有利于资本市场的长期稳健可持续发展。由此可见,增强投资者的投资信心、维护投资者利益是资本市场可持续发展的关键。对上市公司而言,建立健全严格有效的退市制度能威慑公司尤其是公司内部的管理层恪守合法合规经营,对市场发展而言,提高对投资者利益的保护力度有利于增强其投资信心,激发市场活力,进而利好资本市场有序健康地可持续发展。

(三) 优化上市公司治理结构

上市公司退市制度会对公司治理起到积极的促进作用。实证研究表明,上市公司治理结构不完善是退市的原因之一。[1] 作为资本市场的核心主体,上市公司可称为资本市场的基石。上市公司在资本市场中的表现和各项数值在一定程度上反映了上市公司的质量和经营水平,而上市公司的质量和经营水平与公司的治理结构是否完善、合理紧密相关。一般而言,公司治理结构不健全、不合理的上市公司将面临较大的退市风险。公司与市场的影响亦是相互作用的,基于共同、共通的经济、政策、环境等外部因素影响,上市公司的治理结构会直接或间接

---

① 参见邱玲玲、金道政:《公司治理对我国上市公司退市的影响研究》,《安徽工业大学学报（社会科学版）》2020 年第 5 期。

地受到退市制度的影响和限制。相应地,上市公司为了维持在资本市场中的表现,免于退市的不利后果,会不断调整、完善、优化公司的治理结构,提升公司经营水平,打造公司良好的社会形象。

一方面,退市制度的明确对上市公司治理结构的完善、调整与优化具有指引作用。上市公司退市的考量因素包括上市公司治理结构的完善与否。从表面来看,退市的原因是经营业绩欠佳,实质上恐怕更能够反映出公司治理结构的不健全。公司治理安排从性质上看仅是一种制度安排,不同于商业模式,其本身并不直接创造经济价值,但是公司治理却通过作用于公司经营管理的方方面面间接地影响公司的经营状况。因此在退市制度中设置与公司治理有关的退市标准,可以给予上市公司对自身治理结构进行完善和优化的明确指引,落脚于公司经营实践,关注中小股东的权益保护,发挥资本市场对实体经济的支持作用,帮助证券交易所有针对性地发现上市公司在公司治理方面存在的不足。

另一方面,退市制度的建立可以反向倒逼上市公司审视自身公司治理的完善程度。如果上市公司的治理结构不完善,随之而来的就是管理层经营管理乏力、公司经营业绩缩水,此时仅仅从公司内部发力,由公司管理层对公司治理结构进行调整是较为困难的,应当与外部的市场压力形成合力共同改进公司的治理结构,提升公司经营能力。退市制度是公司与资本市场交互的重要节点,亦是上市公司经济生态链的底部生态连接点,该制度在"上市公司退市压力→业绩提高→公司治理结构完善"逆向传导约束过程中发挥着重要作用。[1] 这一传导机制说明了退市制度如何以外部压力迫使公司管理层调整经营行为和治理结构,进而削减公司中的代理成本,提升经营效率。

总体而言,上市公司退市制度对于形成优胜劣汰、有进有出的证券市场、优化上市公司治理结构、提升上市公司治理效率、保护投资者的根本利益具有不可忽略的重要意义。

---

[1] 参见李明良:《证券市场热点法律问题研究》,北京:商务印书馆,2004年,第280页。

第二节　退市制度历史沿革

回溯既往，中国证券市场建立 30 余年以来，退市制度历经多次调整与完善，经历了从空泛粗放到专业精细、从单一零散到多元有序、从难以实操到行易有据的演进历程。[①] 近年来，在注册制改革的大力推动与影响下，我国退市制度的改革也在稳步前进。若以演进历程中的标志性事件为重要节点对我国退市制度的历史与现状进行梳理，可以大致划分为以下五个阶段。本节将详细梳理我国退市制度的历史沿络，并对此项制度的演变趋向与特点进行提炼与总结。

一、框架初显，法备而难依（1994—2001）

1990 年 12 月，沪、深证券交易所相继成立，中国资本市场的大幕徐徐开启。证券交易所成立初期，我国上市公司数量较少，各项制度亦不健全，退市制度更是无从谈起。1990 年到 1994 年的四年间是我国资本市场发展初期，公司上市的目的较为单纯，主要定位于为国有大中型企业提供融资渠道和经营机制转换的窗口。鉴于彼时政策由上至下的实施缺乏配套的经济环境，且顶层设计层面对资本市场的功能定位过于单一，故资本市场制度安排中不存在退市制度成长的理论与制度土壤，证券监管机构亦未对退市制度的建设给予关注。因此，在我国资本市场发展初期，退市制度的缺位不难理解。彼时一些上市公司本已触及退市门槛，却因无法可依等原因被改头换面地保留了下来。[②] 1992 年，震惊整个证券市场的"8·10 事件"爆发，为解决蹒跚学步的中

---

① 参见丁丁、侯凤坤：《上市公司退市制度改革：问题、政策及展望》，《社会科学》2014 年第 1 期。

② 参见邱永红：《我国上市公司退市法律制度的历史变迁与演进实证研究——兼论〈证券法〉相关规定的修改完善》，《证券法苑》2014 年第 2 期。

国资本市场的严重腐败问题,1992 年 10 月,国务院证券委员会和中国证券监督管理委员会成立,中国资本市场迈出了法治建设与法治监管的第一步。

随着时间的发展,资本市场实践对退市法制产生了较强的需求,《中华人民共和国公司法》(以下简称《公司法》)和《证券法》的相继出台逐渐改变了退市无法可依的窘境。上市公司退市制度以这两部基础性的法律为基本框架,但是同一阶段相继出台的 ST、PT 等制度却与基本框架的设置龃龉不合,与退市制度的立法初衷相背离,导致在实践中出现了有法却难依的矛盾局面。在这一时期,市场对退市制度的迫切需求与上市、退市制度的政策性属性之间产生了较为严重的冲突。一方面,过度投机的市场秩序亟需整顿,良莠不齐的上市公司质量亟待提高,此时亟需构建立足于我国国情的退市制度。另一方面,对资本市场的功能定位始终囿于为国企现代化改革提供支持,未开发资本市场的更多功能。资本市场资源配置这一首要功能仍让位于为国有大中型企业融资纾困的政策。政策的倾向性、地方政府的阻力与公司退市牵扯的多方利益冲突叠加在一起,使得管理层对退市揣抱如履薄冰之态,谨慎的退市制度与实践也自然随之而生。在整整七年间,我国退市制度虽然初具雏形,但是却不具备正常的市场生态,期间未有任何上市公司退市的情况出现。退市制度停留于纸面,仅在政策的驱动下以非市场化的模式运行,那么必然无法实现其理应发挥之实效。然而,蛰伏是为了下一阶段更好地整装待发,故该阶段在另一意义上亦是新制度的筹备和酝酿期。①

(一) 1993 年《公司法》:为退市制度奠定基础

1993 年 12 月 29 日通过的我国第一部《公司法》不仅标志着我国公司法律制度的正式诞生,而且标志着我国上市公司退市制度的初步

---

① 参见邱永红:《我国上市公司退市法律制度的历史变迁与演进实证研究——兼论〈证券法〉相关规定的修改完善》,《证券法苑》2014 年第 2 期。

确立,在我国退市制度发展史上具有里程碑式的意义。1993 年《公司法》第 157 条[①]和第 158 条分别对上市公司暂停上市与终止上市情形明确作出规定。在公司满足第 157 条所规定的情形之一时,国务院证券管理部门有权决定暂停其股票上市。第 158 条进一步对终止上市作出规定,具体来说,当公司财务造假与重大违法行为导致严重后果,或者当上市公司不满足上市条件或连续亏损的状态在限期内未予消除时,国务院证券管理部门将决定终止其股票上市。可见,在退市制度制定初期,退市决定权属于国务院证券管理部门。

在前述诸多退市条件中,虽然部分表述的内涵和外延较为明确,比如"对财务会计报告作虚假记载""三年连续亏损"等,但同时也存在若干不够明确亟需细化规定之处,例如在对退市标准的规定中,"限期内未能消除"之"限期"的确切期限并未明确,对后果"严重"的判断标准亦未明晰。总体来说,上市公司退市制度的基本框架由 1993 年《公司法》搭建了起来,但是由于前文所述的种种原因,立法者对退市的规定过于笼统,并且也未完善相应的实施规定。因此,既需肯定上市公司退市制度基本确立的重大意义,也必须认识到本阶段退市制度在实施适用方面的显著不足。从实践层面进行观察,我国退市公司数量在 1994—2000 年间也未实现突破,可见《公司法》中的相关规定始终处于悬浮难依的状态。但是,实践中的制度需要是现实且紧迫的,立法上的不足给监管部门的变通执法留下了空间。[②]

(二) 1998 年《证券法》的颁布实施:退市制度的"原地踏步"

在 1993 年《公司法》实施五年后,1998 年 12 月 29 日我国迎来了第一部《证券法》。《证券法》的正式施行对我国资本市场的法治化运行

---

① 1993 年《公司法》第 157 条对暂停上市的四种情况作出规定:"(1)公司股本总额、股权分布等发生变化不再具备上市条件;(2)公司不按规定公开其财务状况,或者对财务会计报告作虚假记载;(3)公司有重大违法行为;(4)公司最近三年连续亏损。"

② 参见邱永红:《我国上市公司退市法律制度的历史变迁与演进实证研究——兼论〈证券法〉相关规定的修改完善》,《证券法苑》2014 年第 2 期。

具有开天辟地的重大意义。作为资本市场中最基础的法律,立法者在《证券法》第 49 条、第 55 条、第 56 条和第 57 条对退市制度进行了规定。从内容上来看,1998 年《证券法》未对上市公司暂停上市和终止上市的条件作出任何新的规定,而是直接援引 1993 年《公司法》的规定,指出上市公司股票依法暂停上市或者终止上市需依据《公司法》的相关规定加以判断,随后分条规定了公司债券暂停上市和终止上市的条件。最后,明确退市决定权的权力来源,指出证券交易所可以根据证监会的授权,依法暂停或者终止股票或者公司债券上市。

从上述内容不难看出,《证券法》的一大进步在于,明确规定了证券交易所可在证监会的授权下依法暂停或者终止股票或债券上市。除此之外的其他内容则主要是对 1993 年《公司法》中关于退市规定的援引,因此其并未构成对退市制度的实质性改进,是我国退市制度的“原地踏步”。

(三) 沪、深交易所“股票上市规则”的颁布实施:退市制度操作细则初见雏形

体系化、多层次的退市法律体系对退市法律规制意义重大,从国际范围进行观察,证券交易所的自律性管理规则中关于退市的规定是直接规制公司退市的“一线”规则。沪、深两地证券交易所于 1998 年 1 月 1 日分别发布实施了第一部“股票上市规则”,并在其中专设一章即第十章对暂停上市和终止上市进行较为详细的规定,并主要呈现出两个特点:第一,证券交易所的权力有限,关于暂停上市、恢复上市和终止上市均无自主决定权,而是执行证监会的有关决定;第二,该规则对于终止上市的规定较为粗泛且单一。① 以《深圳证券交易所股票上市规则》为例,第 10.1 条、第 10.8 条和第 10.11 条分别对暂停上市、恢复上市和终止上市进行了规定。

---

① 参见邱永红:《我国上市公司退市法律制度的历史变迁与演进实证研究——兼论〈证券法〉相关规定的修改完善》,《证券法苑》2014 年第 2 期。

约两年后，沪、深交易所分别对1998年"股票上市规则"进行了第一次修订。本次修订主要作了两大改进和调整：第一，证监会向证券交易所让渡部分自主权，将近三年连续亏损的上市公司的暂停上市决定权交予证券交易所，尽管其他有关终止上市的一系列决定权仍在证监会手中，但是这标志着证券交易所开始逐步取得相关自主权；第二，承接上一修改，进一步将暂停上市的宽限期限明确规定为三年，在此宽限期内，凡公司任何一年经营有盈余均可向证券交易所申请恢复上市，并经法定程序恢复股票交易。因此，一家上市公司从暂停上市到真正退市需要连续六年均处于亏损状态，可见该规则给予了公司充分的自救机会。

总体而言，不论修订前还是修订后的"股票上市规则"均初步展现出退市制度的操作细则。退市制度虽已初见雏形，但基本上仍是对1993年《公司法》有关规定的简单重复，操作性明显不足。

（四）ST、PT制度的推出：退市制度的变通与偏辙

特别处理制度（Special Treatment，简称ST制度），俗称"戴帽"，即上市公司出现财务异常或其他可能致公司退市、投资者无法作出投资决策并利益受损的异常情形，证券交易所将对出现异常情况的上市公司股票进行"特别处理"。如前文所述，这是在退市制度立法框架过于笼统的前提下，规则实施者迫于现实的制度需求作出的变通，沪、深证券交易所1998年"股票上市规则"第九章"上市公司状况异常期间的特殊处理"专门规定了这一类特殊情况的处理方式。根据该规则的内容，可以将ST制度的特征概括如下：第一，被"戴帽"公司的股票报价的日涨跌幅被限制为5%；第二，另行公布在交易所挂牌上市公司的股票以及衍生品种的交易行情；第三，处于实行ST制度期间的公司的中期报告必须被审计。ST制度是退市制度基于彼时境况而萌生的一种变通性质的探索和尝试。ST制度还兼具风险预警的功能，一方面，明确提示投资者注意风险、谨慎投资，另一方面，督促公司关注自身经营状况，积极采取改进措施提升经营水平。

尽管如此,由于当时中国资本市场上上市资格较为稀缺,ST 制度在之后的实施过程中被严重滥用,嬗变为炒作"壳"概念和"重组"的载体,严重偏离了制度设计的初衷。[①]

1999 年,ST 制度已经不足以应对当时愈演愈烈的退市问题,我国又采取了特别转让制度(Particular Transfer,简称 PT 制度),即当上市公司的经营情况呈三年连续亏损时,证券交易所暂停该公司的股票继续上市,并为其提供特别转让的支持。接受特别转让服务的公司简称前将被冠以"PT"。PT 制度是一种过渡性安排,旨在为完整的资本市场退市机制设置更加灵活多样的服务机制。如果公司在规定期限内仍然无法扭亏为盈或者发生实质性改变,那么公司将被退市。

除了上位法律《公司法》和《证券法》,以及发布在前的"股票上市规则",沪、深两大证券交易所分别发布了关于 PT 制度的特别规则,[②]将股票暂停上市的处理和 PT 服务的承接进一步细化。根据相关规则,特别转让服务具有三大特点:第一,PT 股票的特别转让价格的涨跌幅度被限制为 5%[③];第二,成交当日向交易所会员发出成交回报;第三,特别情况特别处理,PT 服务的有关信息既不在交易行情中显示,其股票指数、交易数据也不计入常规的统计指标中。PT 制度是管理层对《公司法》关于退市规定的一种变通执行,其目的类似 ST 制度,既给投资者和上市公司一定的风险示警,又给予公司改善营业状况的机会。ST 制度倾向于公司的自我救助,而 PT 制度发现了现实中公司自救困难的痛点,为其提供 PT 服务,这在一定程度上提高了市场的流动性,

---

① 参见邱永红:《我国上市公司退市法律制度的历史变迁与演进实证研究——兼论〈证券法〉相关规定的修改完善》,《证券法苑》2014 年第 2 期。

② 1999 年 7 月 3 日,上海证券交易所和深圳证券交易所分别发布了《上海证券交易所关于股票暂停上市有关事项的处理规则》和《深圳证券交易所关于上市公司股票暂停上市处理规则》。

③ 2000 年 6 月 17 日,沪、深两地证券交易所宣布 PT 股票特别转让价格正式取消跌幅限制,即涨幅限制仍为 5%,但股票申报价格将不设下限,价格跌幅也没有限制。这是应中国证监会《关于进一步加强公司信息披露监管工作的通知》的要求进行的改变。参见邱永红:《我国上市公司退市法律制度的历史变迁与演进实证研究——兼论〈证券法〉相关规定的修改完善》,《证券法苑》2014 年第 2 期。

给予广大投资者适当的缓冲期,以避免退市给投资者带来的损失与给市场造成的压力。但总体看来,PT 制度的运行效果并不理想,在实践中已导致一系列不良后果。PT 制度实施后,证券市场中 PT 公司有增无减,资本市场只进不出的问题更加严重,资本市场出现了爆炒 PT 股票的投机现象,PT 制度并未取得预期效果。[①]

二、步履实启,转折新起点(2001—2004)

(一) 2001 年《亏损上市公司暂停上市和终止上市实施办法》的颁布与修订:退市制度的实施步履真正启动

伴随着企业现代化转型和新商业浪潮的来袭,在沪、深交易所上市的公司数量逐年攀增,存在亏损情况的上市公司数量也随之累增,上市公司总体质量的良莠不齐、尾大不掉使资本市场对上市公司退市机制的需求日益增强。2001 年 2 月,证监会发布《亏损上市公司暂停上市和终止上市实施办法》(以下简称《实施办法》),首次从操作层面对上市公司退市的标准、程序作出较为详细的规定,形成了我国首份实操性较强的上市公司退市制度。根据《实施办法》,2001 年 4 月 23 日、6 月 15 日,水仙电器(600625.SH)和粤金曼(000588.SZ)两家公司因连续多年亏损被证监会强制退市,分别成为上海证券交易所和深圳证券交易所退市第一股。这也标志着中国上市公司退市制度的法律框架基本建立并开始实质性实施,成为中国证券市场发展的转折点和新起点。[②]

然而,《实施办法》在实施后的短期内虽有成效,但这亦是首份实操层面的退市具体规则,故具有一定的局限性。经过一段时间的检验,《实施办法》逐渐显露出在实操性、透明度等方面的完善空间,实践中遇

---

① 参见邱永红:《我国上市公司退市法律制度的历史变迁与演进实证研究——兼论〈证券法〉相关规定的修改完善》,《证券法苑》2014 年第 2 期。

② 参见丁丁、侯凤坤:《上市公司退市制度改革:问题、政策及展望》,《社会科学》2014 年第 1 期。

到的问题主要包括以下几点：第一，《实施办法》中保留了现有的PT制度，这意味着接受PT服务的公司的股票仍然可继续交易，并可获得交易所的特别支持，且其交易情况无需披露，故有投资者通过炒作PT股票谋取利益，形成过度投机的不良风气。第二，《实施办法》将终止上市的决定权赋予证监会，这意味着交易所无法直接对企业终止上市作出决定，在很大程度上削减了交易所作为自律管理者的力量。第三，《实施办法》未明确规定交易所批准宽限期的具体标准，赋予交易所过多自由裁量空间。可见，《实施办法》并非成熟完善的退市法律规定，尽管其以积极推进退市实践为初衷，然而由于制度运行背景、制度规定有失精细化、合理化等诸多原因，其实际运行效果并不能使人满意。

为克服《实施办法》的现有不足，2001年11月，证监会发布《亏损上市公司暂停上市和终止上市实施办法（修订）》（以下简称《实施办法（修订）》）。《实施办法（修订）》在原《实施办法》的基础之上，在暂停上市和终止上市的批准权限、批准程序、股票交易等方面作出重要修改：第一，证监会将退市决定权完整让与证券交易所。如上文所述，退市是对上市所确立的发行人与交易所之间民事法律关系的消除，即合同解除。其中主动退市的法律属性是协议解除，强制退市则是约定解除权的行使。因此，退市的决定权不宜归为作为监管机构的证监会，而应将该权力赋予作为自律性监管机关的证券交易所。《实施办法（修订）》通过清晰的退市权归属明确了交易所的权力，为退市制度正本清源，可谓一大进步。第二，取消了宽限期制度。《实施办法（修订）》废除了有关宽限期的规定，规定连续三年亏损的上市公司暂停上市。公司股票暂停上市后，满足既定条件的，可在法定期限内提出申请，要求恢复上市。公司未及时进行信息披露，或公司披露后未及时申请恢复上市的，证券交易所都将作出终止上市的决定。可见，《实施办法（修订）》中的规定更加明确清晰，不仅简化了退市程序，而且相关规定更具客观性、公正性与可操作性。第三，取消了PT制度。如前文所述，旨在为投资者创设缓冲期的PT制度不仅未能发挥应有之功能，反而使投资者陷入炒作 PT 股的恶劣环境。《实施办法（修订）》正式取消 PT 制度，公司暂停上市后，证券交易所不再提供转让服务。PT 制度的取消为退市制度的实质化实施扫清了障碍，创造了条件。[①]

（二）2003 年《关于执行〈亏损上市公司暂停上市和终止上市实施办法（修订）〉的补充规定》的颁布实施：退市制度的实施步履向稳发展

我国退市制度的发展进入高速期，实践中的制度需求层出不穷，为提供更好更完善的制度供给，2003 年 3 月，证监会发布了《关于执行〈亏损上市公司暂停上市和终止上市实施办法（修订）〉的补充规定》（以下简称《补充规定》）。《补充规定》是对《实施办法（修订）》的进一步完善，主要包括以下两方面的内容：第一，它补充了退市后公司股票转移到股份代办系统的程序性规定，为更加完善的投资者保护体系添砖加瓦；第二，它还补充了会计师出具非标准无保留审计意见、追溯调整导致连续亏损等情况的有关规定。《补充规定》进一步完善了《实施办法（修订）》，为退市制度的实施步履愈发向稳发展做出贡献。[②]

（三）《关于对存在股票终止上市风险的公司加强风险警示等有关问题的通知》的颁布实施：退市制度的风险警示标

在退市制度运行期间，尽管沪、深两市已相继出现 10 余家退市公司，然而，由于退市风险揭示不充分导致无法实现完善投资者保护的问题浮出水面，因此建立退市风险预警制度被正式列入日程。退市风险预警制度是交易所对既存的 ST 制度的改革，即将"退市风险示警"标志化、规范化，在可能存在退市风险的公司股票简称前添加"＊ST"标记的特别提示。在示警标识存在期间，被标记的股票报价的日涨跌幅限制为 5％。自此，我国资本市场形成两大警示机制，一是 ST，即其他风

---

① 参见邱永红：《我国上市公司退市法律制度的历史变迁与演进实证研究——兼论〈证券法〉相关规定的修改完善》，《证券法苑》2014 年第 2 期。

② 参见邱永红：《我国上市公司退市法律制度的历史变迁与演进实证研究——兼论〈证券法〉相关规定的修改完善》，《证券法苑》2014 年第 2 期。

险警示,二是*ST,即退市风险警示。相较 ST,*ST 意味着公司的退市风险更高,投资的风险更大。

退市风险警示的对象有两类主体。一是警示投资者,即通过特别的股票标识来提示投资者注意该股票存在的退市风险,审慎投资。自我决定和自我负责正是理性的投资者在资本市场上的核心行为指南。如果投资者在明知股票存在退市风险的前提下仍然决定购买购票,那么他必须承担日后因股票退市所导致的一切损失。二是警示上市公司的主要股东和其管理层。显著的股票标识使公司的主要股东和管理层直面来自市场的竞争压力,督促其积极采取开拓新兴业务板块、公司资产重组、注入外来资金等措施提升公司经营能力、改善公司经营现状,以免公司承担退市的不利后果。

退市风险警示制度属于前置机制,《补充规定》属于后端制度安排,二者相互衔接配合,共同搭建起了本阶段的退市制度。相较于前一阶段,本阶段的退市制度吸纳了实践中的宝贵经验,更为完善与合理,成为我国退市制度发展的重要转折点,此时才真正开启了我国退市制度实施适用领域的新阶段。

三、修调移赋,法定且多元(2004—2014)

(一)2005 年《证券法》和 2005 年《公司法》的颁布实施:退市制度的完善

资本市场法与市场主体法总是保持着一致的步调,新修订的《证券法》和《公司法》于 2006 年 1 月 1 日起正式实行。此次修法将退市制度的有关规定从《公司法》平移至《证券法》中。这一做法对我国退市法律规定的体系化构建意义重大。原因在于,从体系解释的维度观察,上市公司退市既不属于公司结构性措施,也不影响投资者的股东身份,故退市并非公司法规制事项。公司退市只会影响投资者在证券市场上因公司上市而获得的利益,故属于资本市场法的调整对象。退市规定从《公司法》平移至《证券法》后,法律中的退市规范将更加凸显体系性,是退市法治的一大进步。应该说，这两部法律的颁布实施标志着我国上市公司退市制度迈向了一个全新的台阶，具体体现在以下四方面。

第一，《证券法》充分吸收了《实施办法（修订）》中的已有规定，在法律层面第一次将包括暂停上市在内的一系列权力赋予证券交易所，不再受证监会的掣肘。将退市决定权赋予交易所不仅在理论上更加契合退市的法律属性，而且在实践中能够更好地发挥证券交易所作为市场一线自律管理者的管理职能。相较于证监会，证券交易所能够更快速、准确地观察与获取上市公司的各项信息，可以对上市公司作出更加直接、准确、快速的处理决定。

第二，补充了救济性的程序规定。承接上一条增设内容，上市公司对于证券交易所作出的暂停上市等决定不服时，可以向证券交易所专设的复核机构申请复核。这是为上市公司设置的救济路径，亦是对于证券交易所权力运行的监督，保护了上市公司的合法权益，展现出立法者的全面思考，使上市公司退市制度更加全面、合理与完整。

第三，规定证券交易所享有一定的退市标准制定权。2005 年《证券法》在第 55 条第 5 款、第 56 条第 5 款安排了兜底性质的授权条款，证券交易所可据此获得一定的退市标准制定权。根据《证券法》的法定授权，证券交易所对于资本市场的实际痛点问题享有了一定的灵活应对空间，契合了资本市场现实情况瞬息万变、复杂多样的特点，提高了制度回应现实需求的效率。

第四，再次调整并明确公司终止上市的负面条件为连续亏损 4 年。在过往的法制环境中，对于连续亏损公司终止上市的期限标准这一问题，经历了"3＋3 年亏损标准→4 年亏损标准→3 年半亏损标准→4 年亏损标准"的变化过程，并有时不时的往复循环，可见法律理解适用之模糊。2005 年《证券法》首次在法律层面对这一模糊不定但又实为关键的问题进行了厘清，明确了连续亏损致使公司退市的期限标准。作为下位规范的"股票上市规则"也作了相应的体系性调整，取消了 3 年半亏损标准，以暂停上市后的首个年度报告作为是否退市的决定参考依据。"股票上市规则"在后续的 2008 年修订时仍然保留延续了这一标准。①

（二）沪、深交易所"股票上市规则"的修订：退市制度操作细则的逐步完善与改进

自 1998 年 1 月 1 日沪、深两地交易所各自发布首部"股票上市规则"以来，至 2008 年 9 月，在十年的探索与不断调整中，两地交易所的"股票上市规则"的修订基本同步进行，历经了五次大范围的修订，而对于退市制度的调整则是每次修订均关注的重要内容。我国退市法律制度体系包括三个层级，一是《公司法》《证券法》等法律对退市制度作出的规定；二是证监会发布的各种行政规章对退市制度的规定；三是各交易所通过"股票上市规则"等自律性管理规则对退市制度作出的规定。第一个层级的法律规定层级最高，具有统摄性的提纲挈领作用；第二个层级的行政规章具有承上启下的重要功能，既要符合上一个层级的法律规定，又要为下一个层级的自律管理规定提供规范供给；第三个层级的自律性管理规则法律层级最低，然而却是能够直接指导实践的一线规则，故对退市实践具有重大的指导意义。仔细观察，"股票上市规则"的历次修订基本上都是为了落实上两个层级的规定。总体而言，沪、深交易所"股票上市规则"的五次修订显现出不断严格与精细明晰化的趋势，是对我国退市制度操作细则的逐步完善与改进，具有不容忽视的实操意义。

（三）创业板先行先试：退市新政的率先推出

2009 年 10 月 23 日，创业板正式设立。《创业板股票上市规则》借鉴中小板的有益经验，对主板退市规则进行了一定程度的革新，例如增加反映公司持续经营能力的指标，推出直接退市和快速退市两种方案。由于创业板是一个崭新的板块，故市场各界对其能够推出更加严格完

---

① 参见邱永红：《我国上市公司退市法律制度的历史变迁与演进实证研究——兼论〈证券法〉相关规定的修改完善》，《证券法苑》2014 年第 2 期。

善的退市制度有较大期待。创业板不负众望,于 2011 年 11 月发布《关于完善创业板退市制度的方案(征求意见稿)》(以下简称《方案》),向社会公开征求意见。相较以往的退市规定,《方案》主要有以下创新,第一,增加连续受到交易所公开谴责和股票成交价格连续低于面值两个退市条件;第二,完善恢复上市审核标准,不支持"借壳"恢复上市;第三,明确暂停上市期间补充材料的时间要求;第四,对净资产为负(资不抵债)的上市公司加快退市速度,缩短退市时间;第五,改进创业板退市风险提示方式,废除"ST""* ST"制度;第六,实施"退市整理期"制度,设立"退市整理板"。①

2012 年 2 月 24 日,深圳证券交易所发布了《〈关于完善创业板退市制度的方案〉征求意见和修改情况的说明》和正式方案,并同步启动了《创业板股票上市规则》的修订工作。2012 年 4 月 20 日,深圳证券交易所正式发布《深圳证券交易所创业板股票上市规则(2012 年修订)》。此次修订主要是将正式方案的内容落实到《创业板股票上市规则》的具体条款之中,故不再赘述。

四、渐臻完善,改革初显效(2014—2019)

(一) 2014 年《关于改革完善并严格实施上市公司退市制度的若干意见》的颁布:退市制度改革提纲挈领的总体要求

2014 年 5 月 8 日,国务院印发《关于进一步促进资本市场健康发展的若干意见》(以下简称《意见》),要求进一步健全符合我国实际并有利于投资者保护的退市制度,并明确指出,要建立进退有序、市场转板顺畅的良性循环机制,细化退市公司重新上市的标准和程序。根据国务院的《意见》,证监会于 2014 年 10 月 15 日颁布了《关于改革完善并严格实施上市公司退市制度的若干意见》(以下简称《退市意见》)。《退

---

① "退市整理期"制度主要借鉴日本东京交易所的相关制度,即由交易所宣布某上市公司将于特定期间后退市,公司被宣布退市至正式退市前在交易所"整理板块"继续交易,整理期满公司退市。

市意见》吸收了《意见》中的指示与精神,成为退市制度改革的提纲挈领性文件,坚定贯彻"市场化、法治化、常态化"的基本原则,并有层次有重点地为我国资本市场退市制度作出了兼具全面和具体、兼得系统和针对、兼顾公司利益和投资者保护的总体性要求。

《退市意见》提出了七个方面的总体要求。

第一,健全上市公司主动退市制度。如前文所述,退市包括主动退市与强制退市两类。长时间以来,主动退市法律规制在我国未得到应有的重视,主要原因在于,核准制下壳资源的稀缺性使申请主动退市的公司数量极少。然而,在成熟资本市场国家,主动退市是最为常见的退市类型。《退市意见》对主动退市制度的完善极具前瞻性与系统性,从以下四个方面为主动退市设计了一整套全面而详尽的制度安排:其一,主动退市的条件与方式;其二,主动退市公司的内部决策程序;其三,主动退市的提出与决定程序;其四,主动退市制度的配套机制。《退市意见》不仅列举了收购、回购、吸收合并等多种主动退市情形,而且对决议式主动退市情形类别决议中的多数决机制进行了明确规定。

第二,明确提出实施重大违法类强制退市制度。随着我国资本市场的高速发展,一些屡屡实施违法乱纪行为的害群之马也渐渐浮出水面。为了使这些上市公司的不法行为得到有效规制,针对欺诈发行、重大信息披露违法等市场反应强烈的两类违法行为,《退市意见》明确规定,宜严格实施重大违法类强制退市制度。首先,应对欺诈发行公司实施暂停上市,使其欺诈行为得到相应惩戒。其次,若因重大信息披露违法招致证监会发布行政处罚,且被认定为构成重大违法行为,证券交易所应当暂停被处罚的公司股票上市。再次,对有重大违法行为并被暂停上市的公司,证券交易所在证监会作出行政处罚决定或移送决定之日起一年内,应当决定将其终止上市。最后,重大违法类强制退市制度有法定的例外情况,即若行政处罚决定被依法撤销或因违法行为性质认定发生根本性变化被依法变更的,被暂停上市的公司可申请恢复上市。

第三,《退市意见》吸收了《证券法》关于交易类强制退市的有关规定,并进一步对现有的交易类退市指标进行细化、整理和举例,为各证券交易所提供了一份实操性强、指示明确的"操作手册"。一方面，《退市意见》为创业板、主板、中小板统一了明确的交易类退市标准，另一方面，《退市意见》又给予了各个证券交易所一定的指标调整空间，并鼓励证券交易所根据各个板块的异质多元特征适当地作出差异化安排。具体来说，对于股票面值过低、股票流动性差、股本总额变化、股权分布不合理等不再符合上市条件的公司，证券交易所应当决定对其强制退市。

第四，严格执行财务类强制退市指标。除前述交易类退市指标之外，《退市意见》还对财务类强制退市制度进行补充和调整，具体包括两个方面的内容。其一，《退市意见》补充了包括公司营业收入、净利润、净资产在内的财务类退市指标。即当上市公司的上述指标因符合退市情形而被证券交易所暂停上市后，证券交易所将根据该公司最近一年的财务会计报告决定是否施以强制退市。其二，《退市意见》补充了未依法披露退市指标的处理，公司若未在规定的期限内依法改正财务会计报告中的隐瞒、重大差错或虚假记载等不合法合规之处，证券交易所应当对其予以强制退市。

第五，完善与退市相关的配套制度安排。退市是一个内涵丰富的制度体系，位于该体系核心的退市制度的高效运转离不开其他配套制度的辅助与保障，故完善的配套制度对于构建完整的退市制度体系具有举足轻重的作用。《退市意见》列举了亟需完善的四项退市配套制度。其一，严格执行恢复上市程序。恢复上市与暂停上市是相互呼应的一组制度，在上市公司被暂停上市后，其可在规定期限内提出恢复上市申请。在制度运行初期，由于恢复上市制度规定不清，审核不严，导致暂停上市制度失去了本应具有的惩戒功能。有鉴于此，证监会提出严格执行恢复上市程序。具言之，交易所应明确恢复上市申请与交易所决定的时限要求，未在规定时间内提出申请或者申请不符合条件的，交易所应予以强制退市。其二，限制相关主体股份减持行为。《退市意见》明确规定，上市公司因 IPO 或信披文件存在虚假记载、误导性陈述或重大遗漏被证监会立案稽查，在形成案件调查结论前，包括上市公司控股股东、实际控制人、董监高在内的人员须暂停转让其持有的股份，交易所应采取措施确保限制减持制度的严格执行。其三,设立"退市整理期"。退市整理期制度旨在为已经被强制退市的公司股票提供一个限时继续交易平台,一般来说,整理期的期限为 30 天。然而,由于强制退市的股票已经被交易所作出负面评价,故股票在退市整理期中的流动性较差,退市整理期制度难以实现预期效果。其四,明确公司退市后的去向及交易安排。《退市意见》分别从主动退市与强制退市两个方面对退市后公司的计划予以明确。

第六,加强退市公司投资者合法权益保护。投资者权益保护是退市法律规制的核心问题,在主动退市情形下,退市是公司经营自由和投资者保护之间的博弈,公司在妥善安排好投资者利益的情况下方可自由退市。在强制退市,尤其是重大违法类强制退市等情形下,公司由于自身违法违规等原因被强制退市,导致投资者遭受重大损失,应对投资者的损失予以弥补。《退市意见》高度重视退市中的投资者保护问题,分四个方面进行了总体部署。首先,明确应认真贯彻执行投资者保护的总体性要求。《退市意见》明确指出,中小投资者权益保护是退市工作的重中之重,应在退市制度的各环节重视投资者保护问题。其次,强化上市公司退市前的信息披露义务。在资本市场上,信息是投资者作出投资决策的重要依据,与退市相关的信息对于投资判断更是尤为关键。有鉴于此,《退市意见》要求公司在退市前及时、准确、完整地持续披露股票可能暂停或终止上市交易的提示性公告。再次,保护异议股东权益,完善主动退市异议股东保护机制。《退市意见》规定,决议式主动退市适用类别决议,并辅以异议股东回购请求权、现金选择权等制度对异议股东的权益进行充分保护。最后,保护投资者权益,明确重大违法公司及相关责任主体的民事赔偿责任。若公司以重大违法事由被强制退市,公司及其董监高、控股股东、实际控制人等相关责任主体对投资者具有相应的民事赔偿责任。这一规定紧贴资本市场实践,针对上市公司重大违法导致投资者遭受巨大损失而后者求偿无门的困境,提出若干可行方案,为投资者保护保驾护航。

第七,进一步落实退市工作责任。在认真做好政策配套和监测应对工作、切实加强退市实施工作的统筹和协调、证券交易所依法履行退市工作职责方面进行较为详尽的规定。

应国务院《意见》和证监会《退市意见》的要求,有关退市规则的体系性建构需证券交易所作出更具体的操作细则,沪、深两地交易所在两份文件的指导下各自修订了其"股票上市规则",遵循《意见》的指示,吸收《退市意见》中的全面安排,对暂停上市、终止上市、恢复上市等各个环节充分细化,从而形成一套具有体系性的、完善的上市公司退市制度。自此,上市公司退市制度形成以强制退市和主动退市作为两个基本退市类型的设置结构,并将欺诈发行行为和重大信息披露违法行为纳入强制退市的法定情形。①

(二)《关于修改〈关于改革完善并严格实施上市公司退市制度的若干意见〉的决定》颁布:退市制度渐臻完善

在《退市意见》运行四年后,针对资本市场退市实践中的新问题,证监会对《退市意见》进行修订并于 2018 年 7 月 27 日发布《关于修改〈关于改革完善并严格实施上市公司退市制度的若干意见〉的决定》(以下简称《退市意见(2018 修正)》)。总体而言,相较《退市意见》,《退市意见(2018 修正)》在总结以往经验的基础上,调整了重大违法类强制退市的内容,强调证券交易所的退市工作主体责任并加大了退市执行力度。

第一,强化沪、深证券交易所对重大违法公司实施强制退市的决策主体责任。《退市意见(2018 修正)》新增一条规定,"上市公司触发重大违法类强制退市的,证券交易所应严格依法作出暂停、终止公司股票上市的决定",进一步明确了证券交易所的退市决策主体责任。第二,在强制退市情形中新增涉及"五大安全"的重大违法行为。将触及"五大安全"的重大违法行为作为强制退市指标是极具我国特色的退市制度,世界范围内并无先例。原因在于,欧美资本市场相对成熟,机构投

---

① 参见陈见丽:《基于注册制视角的上市公司退市制度改革研究》,《学术交流》2019 年第 3 期。

资者占多数,不设涨停板制度且存在做空机构。若公司出现重大违法行为,投资者将会用脚投票导致公司股价暴跌,最终公司将因不符合交易指标而被退市。可见,欧美遵循的是市场化的退市路径。① 反观我国,A 股市场仍以散户为主,投资者理性程度不高且投机心理较重,故有必要引入违反"五大安全"的违法行为这一强制退市触发因素。第三,对新老划断作出安排,明确分别适用新旧《退市意见》的具体情形。第四,根据现实需求修改、增删了一些具体的表述与内容,比如将"借壳上市"修改为"重组上市",增加"明确强制退市公司相关责任主体的工作要求……"等内容。

其后,沪、深证券交易所根据《退市意见(2018 修正)》修订更新了各自的"股票上市规则"。2018 年 11 月 16 日,沪、深交易所分别发布《上市公司重大违法强制退市实施办法》,将"五大安全"相关内容纳入其中,并对重大违法类强制退市的实施依据、实施标准、实施主体、实施程序以及配套机制方面作出具体规定。将"五大安全"相关内容引入我国退市法律规制体系具有重要意义。第一,顺应市场发展需求,促进市场"正本清源";第二,提高风险意识,保护投资者权益;第三,进一步明确市场预期,2019 年 1 月,深圳证券交易所对长生生物作出重大违法类强制退市的决定。2019 年 11 月,长生生物成为我国首家因触及五大安全领域重大违法情形被强制退市的公司。从以上变化可以窥见,我国退市制度已进入日臻完善的进化阶段。

五、锐意革新,适配注册制(2019 至今)

(一) 2019 年新《证券法》全面实施:退市制度对注册制理念的适配与契合

随着资本市场改革逐渐进入深水区以及注册制的稳步推进,对退

---

① 参见蔡情:《退市规则细化 涉"五个安全"领域重大违法可强制退市》,2018 年 7 月 30日,http://finance. ce. cn/stock/gsgdbd/201807/30/t20180730_29889271. shtml,2024年 3 月 6 日。

市制度大刀阔斧的全新改革时机也日益成熟。2019 年 12 月 28 日,新《证券法》通过,原《证券法》第 55 条和第 56 条分别规定的股票暂停上市和终止上市规则被相应废除,并新增第 48 条将有关退市标准的制定权赋予证券交易所。新《证券法》优化了有关上市公司退市情形的规定,取消了对退市的具体要求,将退市标准交由交易所制定,新的退市机制应运而生。这是对新《证券法》注册制理念的适配与契合,体现了对市场与规则的尊重。同年 12 月 31 日,沪、深交易所发布了新修订的退市相关规则,[①]又称"退市新规"。该新规充分总结提炼了在科创板、创业板前期制度试点的探索经验,使退市指标更为合理、退市流程更为简化、退市更为高效。

(二)《退市意见(2018 修正)》被废止:退市制度步入常态化

2021 年 1 月 15 日,证监会公布实施《中国证券监督管理委员会关于修改、废止部分证券期货规章的决定(2021)》。该决定废止了《退市意见(2018 修正)》这一重要规章。该决定的附件 2 指出:"根据新《证券法》第 48 条,上市交易的证券,有证券交易所规定的终止上市情形,由证券交易所按照业务规则终止其上市交易的规定,退市情形应规定在交易所规则中。落实上述规定,按照退市改革安排,对《退市意见》予以废止。"这意味着证监会认为随着证券交易所退市相关规则的不断自我迭代与更新完善,[②]该意见所代表的过渡期的终结时机已然来临,故选择让其"寿终正寝"。此后,建立常态化退市机制成为我国证券市场的顶层设计。

---

① 具体包括《上海证券交易所股票上市规则》《深圳证券交易所股票上市规则》以及《上海证券交易所科创板股票上市规则》等。

② 截至 2023 年 10 月 30 日,上海证券交易所和深圳证券交易所已对各自的股票上市规则进行数次修订:(1)《上海证券交易所股票上市规则》自 1988 年 1 月实施以来,已历经 16次修订,第 16 次修订时间为 2023 年 2 月;(2)《深圳证券交易所股票上市规则》自 1988年 1 月实施以来,已历经 13 次修订,第 13 次修订时间为 2023 年 2 月;(3)《深圳证券交易所创业板股票上市规则》自 2009 年 7 月实施以来,已历经 7 次修订,第 7 次修订时间为 2023 年 2 月。

(三)《健全上市公司退市机制实施方案》:开启新一轮退市制度改革

2020 年 3 月,新《证券法》正式施行。同年 10 月 9 日,国务院印发《国务院关于进一步提高上市公司质量的意见》,随后 11 月,中央深改委审议通过《健全上市公司退市机制实施方案》。两份文件均强调健全上市公司退出机制对全面深化资本市场改革的重大意义,要坚持贯彻市场化、法治化的改革方向,简化退市程序、提升退市效率,加大退市监管力度。[①] 同年 12 月 14 日与 12 月 31 日,沪、深两地证券交易所先后开启落实贯彻《健全上市公司退市机制实施方案》的相关工作,着手对"股票上市规则"进行修订。至此,新一轮退市改革的大幕已徐徐拉开。

新一轮退市制度改革坚持市场化、法治化、常态化基本原则,本轮改革的重点领域是强制退市。在本轮改革中,沪、深两地证券交易所全面修订了财务类、交易类、规范类和重大违法类强制退市标准。新一轮退市制度改革主要包括以下四大内容。

第一,坚持市场化方向,契合注册制改革理念。市场化原则不仅是注册制改革的重中之重,而且是新一轮退市改革的核心。注册制改革的本质是处理好政府与市场的关系,把选择权交给市场。落实到退市领域,应着重发挥市场的优胜劣汰功能。退市不再具有以往浓重的政策性气息,不再由监管机关来决定上市公司在证券交易市场的去留,而是通过市场来遴选优质的具备持续上市能力的公司,通过投资者用脚投票来驱除不再具备上市能力的劣质公司。因此,新一轮退市改革通过完善"1 元退市"指标、新增市值退市指标等手段力求实现市场在退市中的主导性作用。同时需要注意,市场化原则并不意味着一放了之,市场化原则对整个退市制度体系与负责退市管理事宜的证券交易所的管理能力提出了更高的要求。证券交易所不仅要制定科学、系统、完备

---

① 参见张歆、姜楠:《沪深交易所就退市新规征求意见:优化退市指标 加大出清力度》,2020 年 12 月 15 日,https://finance. sina. cn/2020-12-15/detail-iiznctke6518657. d. html,2024 年 2 月 27 日。

的退市制度,对各类型退市的触发条件与退市程序进行明确规定,而且还必须就退市监管制度进行系统优化与安排。

第二,完善财务类退市标准,力求出清壳公司。财务类退市指标的完善是本轮退市制度改革的一大特色,具体而言,财务类退市指标由单一指标转变为组合指标,原有的营业收入、净利润等单一指标被删除,新增了扣非前后净利润为负且营业收入低于人民币 1 亿元的组合财务指标,同时对实施退市风险警示后的下一年度财务指标进行交叉适用。财务类退市标准由单一指标变革为组合类指标的主要原因在于,伴随着注册制改革的深化,对上市公司质量考察的标准不复单一化,僵化的"净利润"单一指标不足以全面评价上市公司的表现,无法精准识别市场上的壳公司。本次退市制度改革通过充分的实证调研发现,净利润与营业收入的组合类财务指标能从多个维度评价公司的实际表现,使壳公司更易暴露于退市监管的视野下。诚如上海证券交易所有关人士在就退市制度修订答记者问时所阐述的,新一轮退市制度改革后,一些长期处于非正常营业状态,依赖政策补贴或出售剩余资产等手段来维持上市地位的公司被识别出来,将面临退市的风险;相反,一些投入周期较长的公司,例如正常营业但尚未进入盈利期的科技型企业,或因为行业周期等原因而近年呈亏损状态的企业将继续保有上市地位,不再面临退市风险。[1] 可见,财务类退市标准的完善旨在以更为实质性的标准筛选不具备持续经营能力的公司,可谓退市制度的一大进步。上市公司的退市标准设计应当是多维度的,需综合考量法律、财务、市场交易等多个方面,一个全面、多元、高效、严谨的退市机制是保证上市公司总体质量的关键工具,也是资本市场维持活性、自我更新的重要保障,这既能提升市场的投资价值,又能有力保护投资者的合法权益。[2]

---

[1]　上海证券交易所:《上海证券交易所就退市制度修订答记者问》,2020 年 12 月 14 日,http://www. sse. com. cn/aboutus/mediacenter/hotandd/c/c _ 20201214 _ 5279592. shtml,2024 年 2 月 27 日。

[2]　参见吴晓求:《中国资本市场:从制度和规则角度的分析》,《财贸经济》2013 年第 1 期。

第三,严格退市执行,压缩规避空间。科学完备的退市制度有赖于严格的执行方能发挥制度功能。在核准制时代,壳资源的稀缺性导致上市公司发展出了旨在规避退市的五花八门的"招数"。在全面实行注册制的当下,退市制度改革的一项主要内容就是通过严格执行退市规则来压缩不法规避空间。本次退市制度改革不仅在交易类、财务类、规范类以及重大违法类退市指标的制定方面凸显出规则的专业严肃性,而且在执行方面,特别是通过财务类指标的全面交叉适用充分彰显出监管的严格性。具体来说,执行方面的改革主要有以下内容。其一,针对重大违法行为对公共利益的严重负面影响,在重大违法类退市领域新增具体可执行的量化标准,将实施重大财务造假的上市公司逐出市场。其二,因财务类指标被实施退市风险警示的上市公司,第二年财务指标和审计意见类型指标交叉适用。其三,关于财务类组合指标的计算,需对营业收入的统计进一步"脱水",将与主营业务无关的收入和不具备商业实质的关联交易的收入从营业总额中扣除。①

第四,简化退市流程,提高退市效率。简单可操作的退市流程是提高退市效率的重要基础。在退市制度改革的新阶段,退市流程被进一步精简。其一,退市环节简化、流程缩短。各个证券交易所将暂停上市与恢复上市的环节同步取消,各类退市流程被大大缩短。其二,优化重大违法类强制退市流程,一方面,为进一步释放风险,保护投资者交易权,将重大违法类强制退市的停牌时点从"知悉行政处罚事先告知书或人民法院作出司法裁判"后移至"收到行政处罚决定书或人民法院司法裁判生效";另一方面,结合停牌时点后移优化公司股票交易安排。其三,完善退市整理期制度。将退市整理期交易时长从 30 个交易日缩短至 15 个交易日,避免投资者的投机炒作行为。取消交易类退市情形的退市整理期,原因在于,在该类型退市情形下,投资者已有充分时间退

---

① 上海证券交易所:《上海证券交易所就退市制度修订答记者问》,2020 年 12 月 14 日,http://www. sse. com. cn/aboutus/mediacenter/hotandd/c/c _ 20201214 _ 5279592. shtml,2024 年 2 月 27 日。

出，无需另行设置退市整理期。①

（四）《关于严格执行退市制度的意见》：进一步深化退市制度改革

2024 年 4 月 12 日，为进一步深化退市制度改革，实现进退有序、及时出清的健康资本市场新陈代谢格局，证监会发布《关于严格执行退市制度的意见》。该文件的主要目标有三项，一是突出上市公司投资价值，设置更加严格的退市标准，更加精准地实现"应退尽退"。二是畅通多元化退市渠道，严格执行各类型强制退市。三是加大对投资者的保护力度，加强对因违法事由强制退市的公司及其董事、高管、控股股东、实际控制人等有关责任主体的惩戒力度。

《关于严格执行退市制度的意见》主要包括五个方面的内容，第一，制定更加严格的强制退市标准。对于重大违法类强制退市来说，增加一年严重造假、多年连续造假等退市情形；就规范类强制退市而言，增加多个与公司内部控制相关的退市情形，包括连续多年内控非标意见、投资者因控制权争夺无法获取公司有效信息、大股东占用公司大额资金且不整改等情形。此外，还对绩差公司加大了清退力度。第二，逐步拓宽多元化退市渠道。除强制退市之外，证监会高度重视主动退市对于多元退市体系的重要作用。具体来说，以优质头部公司为主力军推动上市公司之间的吸收合并，以产业并购为主线支持非同一控制下上市公司之间实施同行业、上下游市场化吸收合并。此外，在私有化退市、决议式退市情形下，提供异议股东现金选择权等专项保护。第三，大力削减"壳"资源价值。通过加强重组与并购事务的监管力度，增加"炒壳"投机的风险，严厉打击市场操纵、内幕交易等违法违规行为，从而杜绝不具备重整价值的公司在市场停留。第四，切实加强监管执法工作。强化信息披露监管，压实会计师事务所责任，做到"违法必究"，加大对包括退市公司及其控股股东、实际控制人等相关责任主体的追

---

① 上海证券交易所、深圳证券交易所：《沪深交易所就退市相关业务规则发布答记者问摘选》，2021 年 1 月 27 日，http://www.csrc.gov.cn/csrc/c100210/c1498835/content.shtml，2024 年 2 月 27 日。

责力度。第五,切实关注投资者权益保护,严格落实投资者赔偿救济。证券投资者保护机构应发挥应有的引导辅助作用,引导辅助投资者保护自身权益、积极维权。此外,针对重大违法类强制退市,以先行赔付、代表人诉讼、专门调解等环节为主要内容的联动机制应当有秩序、有针对性地帮助投资者减少损失,向相关责任主体及时、有力追责,维护投资者的权益。①

回溯至此,适配全面注册制背景的最新退市制度体系已臻完善。纵观退市制度改革的过程,退市制度的安排需要结合市场环境、投资者认知等多方面综合考虑,并兼顾保护投资者合法权利与合理市场出清,是一个艰难曲折的改革过程。可以期待的是,退市制度在未来将继续得到完善,退市标准将更加多元化,执行力度和投资者保护力度也将进一步加大。

---

① 参见彭江:《证监会发布〈关于严格执行退市制度的意见〉——完善资本市场应退尽退制度》,《经济日报》2024 年 4 月 16 日,第 3 版。

第三章 实证分析:退市数据与典型案例

"纸上得来终觉浅,绝知此事要躬行。"调研退市制度在资本市场中的运行实践与典型案例是完善我国退市规制的重要前提。本章以实证方法搜集并分析 2018 年至 2023 年我国的退市数据,得出历年退市公司数量变化趋势、退市类型分布等实证数据,挖掘数据背后隐含的问题并对相关原因进行深入分析。此外,本章还对各类型主动退市与强制退市中的典型案例进行研讨,在总结本土经验的基础上发现问题并在退市投资者保护方面提出若干启示。

第一节 退市数据分析

一、A 股上市公司退市情况概述

(一)上市公司退市数量与趋势

上市公司退市是证券市场动态运作的重要一环,随着我国资本市场逐渐趋向成熟、常态化退市机制不断落实,现阶段我国退市制度改革已初见成效。A 股退市公司的数量呈现逐年增加之势,由 2018 年的 5 家,2019 年的 10 家,2020 年的 16 家,增加至 2021 年的 20 家与 2022 年的 43 家。截至 2023 年 6 月,A 股市场已退市公司(17 家)与锁定退市公司已超过 40 家,预计将创造史上 A 股退市公司数量的最高记录(详见图 3)。

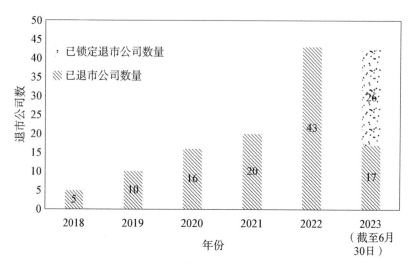

图3　2018—2023年A股退市公司数量

自2021年起,退市公司数量增长幅度明显加大,主要原因有三个。

第一,从宏观维度观察,注册制改革使我国资本市场逐渐形成有效的优胜劣汰机制。注册制改革旨在大力推进发行机制的市场化,确立市场机制对配置市场资源的基础性地位。2019年,我国注册制试点正式于上海证券交易所科创板启动。此后,注册制试点分别于2020年与2021年推广至深圳证券交易所创业板与北交所,并于2023年2月全面施行。注册制下行政权力逐渐放权于市场,促进了市场资源配置效率的提高,资本市场中的资金自发地转向更具潜力、竞争力和盈利能力的企业,从而加速了有进有出、优胜劣汰的市场运转体系的形成。此外,全面实施股票发行注册制有助于引入更多优质公司,加快出清劣质企业,故注册制将导致退市常态化。在新发展格局下,越来越多的上市公司凸显出较强的科创属性,而科创企业技术革新快、业绩波动大,企业若无法在激烈的市场竞争中胜出即面临退市境地,故可以预见,退市公司数量恐在近年持续增长。

第二,从中观维度观察,监管重心向事中事后监管的转向导致“漏网之鱼”逐渐趋零。受股票核准制的影响,过去我国的监管重心一直放在上市审核和批准上,对于企业上市后的监管较为宽松。受监管不力和退市制度不完善的影响,有部分实际已不再具备上市经营能力的企业依然活跃于资本市场,大大降低了资源配置的效率。2014年,证监会发布《退市意见》,提出按照"市场化、法治化、常态化"的基本原则严格规制退市。随着注册制试点的逐步推进,继续强调事前监管将与注册制改革的基本逻辑产生冲突。注册制改革旨在调动市场活力、激发市场主体的创新性和能动性,强调重视过程性与常态性的事中和事后监管。注册制改革以来,监管部门的监管导向逐渐转变,作为资本市场重要出口的退市制度成为监管工作重点,导致退市数量的增加。

第三,从微观维度观察,交易所退市规则的完善与细化进一步提高了对上市公司的要求,导致退市公司数量逐年上升。上海证券交易所和深圳证券交易所于2020年年底发布的"退市新规"是导致退市公司数量激增最直接的原因。"退市新规"下四类强制退市指标呈现多元化、精确化和严格化的特点,考虑到原来单一的净利润指标无法全面反映上市公司的持续经营能力,新规将财务、持续经营能力、市值、面值、审计意见、与公司治理和内部控制有关的规范内容全部列入退市标准。不少原本处于安全线内的上市公司被划入退市行列,直接导致退市公司数量激增。由于退市相关政策和规则的变化从落地到实践存在一定的时间差,退市公司数量增幅在2022年得以集中体现,相较上一年,增幅达到115%。

(二)退市公司挂牌情况

从退市公司的挂牌情况来看,上海证券交易所主板的退市公司数量最多,占46.84%,其次是深圳证券交易所的中小板(20.72%)、深圳证券交易所主板(17.12%)和创业板(15.32%)(见图4)。

注册制最早在上海证券交易所科创板进行试点,自2019年6月科创板拉开帷幕以来,*ST紫晶、*ST泽达成为科创板首批强制退市公司。*ST紫晶、*ST泽达涉及欺诈发行、信息披露等重大违法行为,证

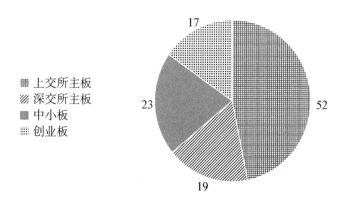

17

上交所主板
深交所主板
中小板
创业板

23

52

19

图4 2018—2023年A股退市公司各板块挂牌比例

监会对公司和相关责任人员作出严厉行政处罚。[①] 作为全面注册制实施以来强制退市的标志性事件，*ST紫晶、*ST泽达实施的违法行为将导致监管力度再度加强，预计将有更多更为严格的退市制度落地，以落实我国证券监管对于证券犯罪零容忍的基本方针。

二、A股上市公司退市类型梳理与比较

（一）退市类型梳理与比较：强制退市远多于主动退市

过去六年中，相较主动退市，A股市场上触发强制退市的企业占压倒性的多数，共102家，占比91.89%。2021年是我国历史上主动退市公司数量最多的一年，但也仅有4家，占当年退市公司总数的20%（详见图5）。这与发达经济体的退市实践特征截然相反。例如，美国的纳斯达克证券交易所中，退市公司中约有50%的公司为主动退市，在纽约证券交易所中，这个比例更是超过60%。由此可见，不同于发达经济体的商业实践，我国主动退市的情形较为少见，以强制退市为主流退市类型。

---

① 参见《中国证监会行政处罚决定书（泽达易盛及相关责任人员）》（〔2023〕29号）；《中国证监会行政处罚决定书（紫晶存储及相关责任人员）》（〔2023〕30号）。

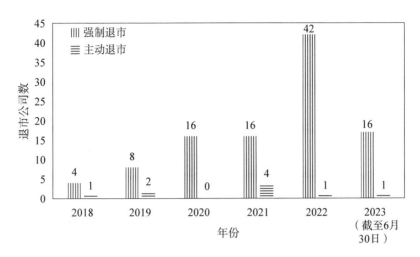

图 5 2018—2023 年上市公司退市类型

造成上述现象的原因主要有三个方面。

其一,"壳资源"的高价值使企业缺乏主动退市动机。在核准制背景下,上市不仅是一种融资渠道,上市公司这一身份还被寄予了不恰当的价值期待。需要认识到,进入资本市场上市本身需要高昂的成本,而"壳资源"可为其他欲利用上市公司地位的主体节省这一成本。这使得"壳"本身具有稀缺性,有稀缺性即意味着具有价值。故壳公司纵使已经无法维持正常经营,但是能通过壳进行价值交换,出于自身或其他想要借壳获利的主体的意愿继续停留于资本市场中。但是,伴随着注册制改革的全面深化与推进,市场进入渠道将更加高效畅通,良币将驱逐劣币,壳资源的价值优势将逐渐丧失。

其二,场外市场的欠发达与场外融资渠道的匮乏在一定程度上构成企业退市阻碍。发行股票的根本目的是融资,公司融资不仅促进了现代金融市场的产生与发展,而且具有制度性的建构力量。[1] 作为新兴市场国家,我国场外市场的欠发达与融资渠道的匮乏在相当程度上阻碍了企业的主动退市决定。首先,目前我国多层次资本市场的向下

---

① 参见缪若冰:《中国公司法的制度建构要素分析》,北京:中国社会科学出版社,2022 年,第 109 页。

渠道畅通,向上渠道障碍较多,即股转系统与创业板、中小板和主板市场之间是一个近乎单向的通道,退市公司降板转入股转系统中后难以回到原有市场板块。其次,场外交易市场的融资功能有限。一方面,我国的场外交易市场是在政府主导下发展起来的,场外交易市场的价格形成、交易条件等要素受到过多的干预或控制,市场功能得不到正常发挥。另一方面,在我国场外市场挂牌上市的公司通常为初创公司,这类公司具有规模小、风险高的特点,同时场外市场又有信息披露制度不完善、交易种类较少等缺陷,削弱了投资者的投资意愿,进而导致整个市场的交投行为不甚活跃,股权的流动性不足。相关数据显示,截至2018年年底,场外市场融资仅占场内市场的79%,但企业数量却远多于场内市场。① 最后,传统的股权融资和债权融资模式在现行《公司法》框架下往往面临较大的法律障碍和现实约束,②例如实践中常见的对赌协议的效力认定以及对赌失败后的协议履行将受到公司减资程序的限制,这些都将给企业融资带来不便。因此,企业一旦退市,其融资压力和成本将大大增加,考虑其未来的成本和收益,上市公司往往不愿主动退市。

其三,主动退市制度的不完善使企业缺乏相关制度保障。相较于强制退市,我国主动退市制度的发展较为滞后,难以与现实的制度需求达到供求平衡。横向比较域外经验,域外的资本市场发展时间更长、探索经验更丰富,因此司法框架相对更为成熟完备,域外重视证券行政监管的作用并将其最大化,另配有集团诉讼、并购制度、信息披露制度等一套完备协同的制度安排,而我国在这方面的建设进程未达到同等水平。③ 尤其值得注意的是,根据我国证券交易所现行的上市交易规则,我国主动退市规制路径有异化为公司退市阻碍机制的可能:一是类别

---

① 参见国信证券股份有限公司广西大学联合课题组、卢宗辉:《场外市场在多层次资本市场中的地位和作用研究》,安青松编:《创新与发展:中国证券业2020年论文集》,北京:中国财政经济出版社,2021年,第451页。
② 参见缪若冰:《中国公司法的制度建构要素分析》,北京:中国社会科学出版社,2022年,第132—133页。
③ 参见李文莉:《上市公司私有化的监管逻辑与路径选择》,《中国法学》2016年第1期。

决议的设置使中小投资者成为主动退市的实际决策者,上市公司难以根据自身经营发展作出合理决策;二是异议股东回购制度不适当地缩小了应受保护的投资者的范围,容易引发投资者对主动退市的抵触与对抗,阻碍主动退市进行。①

(二)强制退市原因梳理与比较

1. 财务类强制退市指标的完善已初见成效

从强制退市类型逐年分布情况来看,除 2022 年外,触发财务类强制退市和交易类强制退市的公司数量相对持平。2022 年共计 41 家强制退市公司触及财务类强制退市指标,占该年强制退市总数的 97.62%。其中单纯触发财务类强制退市的公司数量为 40 家,唯一因重大违法被强制退市的*ST 新亿的违法行为系虚增营业收入,财务数据更正后亦触及财务类强制退市指标(详见图 6)。②

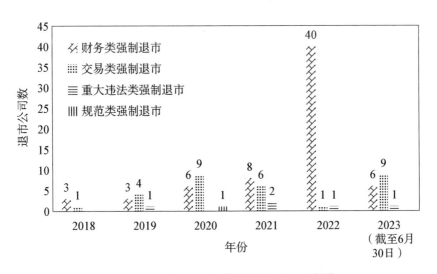

图 6 2018—2023 年各类型强制退市公司数量

① 参见张艳:《主动退市规制的德国经验与启示》,《南大法学》2021 年第 4 期。
② 参见《关于新疆亿路万源实业控股股份有限公司股票终止上市的决定》(上海证券交易所自律监管决定书〔2022〕80 号)。

2022 年数据的特殊性主要受交易所对财务类强制退市指标进行大幅修改所影响。2020 年,上海证券交易所和深圳证券交易所重点对财务类指标进行了修改与优化。以上海证券交易所为例,财务指标新增"扣非净利润＋营业收入"组合指标以替换原来的单一类型指标,辅以各个财务类指标在次年的交叉适用,加大各类不符合在市要求的公司的清退力度,杜绝公司以调整财务会计报告指标的方式规避退市后果。① 由此可知,财务类强制退市需连续两个会计年度公司的财务会计报告中的有关指标触及法定的退市红线。因此,对退市指标的完善将体现在两年后,即 2022 年的数据中。

2. 重大违法类强制退市公司数量较少

在过去六年时间里,重大违法和规范类强制退市公司数量仅占退市公司总数的 5.88%,触及重大违法类强制退市的公司只有 5 家,且其中 4 家公司的违法行为系虚构财务数据、虚增营业额等财务行为,数据更正后亦触及财务类强制退市指标(见图 7)。

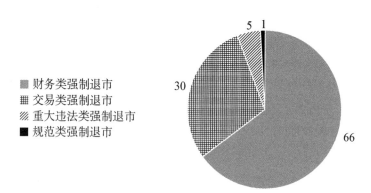

图 7　2018—2023 年各类型强制退市公司比例

重大违法行为在我国证券市场实践中并不少见,但从交易所决定公司退市的依据来看,重大违法类强制退市适用较少,原因主要有两个。一是违法确认程序冗长。触及重大违法类强制退市需以证监会或

①　参见《上海证券交易所股票上市规则》(2020 年 12 月修订)修订说明。

司法机关确认违法为前置程序，但调查取证往往需要花费较长时间，在此过程中上市公司可能已经触及交易类或财务类指标而强制退市。二是违法认定超出交易所履行管理职能的范围。交易所并非认定违法的主体，适用重大违法类强制退市指标需要等待行政或司法部门进行违法行为确认。为了能够更加及时、高效和灵活地履行自律管理职能，交易所自然更倾向于使用已经量化的财务类强制退市和交易类强制退市指标。

3. 规范类强制退市公司数量较少

近六年来，触及规范类强制退市的只有暴风集团一家公司，原因是暂停上市后一年度未披露年度报告。[①]

规范类强制退市公司数量少的主要原因是规范类强制退市规则相对宽松。目前我国大多规范类强制退市事由为"未在法定期限/责令修改期限内改正/披露"，上市公司只要及时改正、披露即可避免退市。换言之，交易所对于上市公司信息披露等事项的质量并未作出强制要求，亦未制定严格的评价标准和体系，上市公司只要具备形式完备的信息披露文件即可避免规范类强制退市。相较于被强制退市而失去在股票市场融资的机会，上市公司有充足的动力履行交易所要求的整改、披露义务，较少有公司会真正触及规范类强制退市指标。

鉴于全面实施注册制背景下合规要求将愈发严格，预计规范类强制退市公司数量在未来将大幅增多。一方面，信息披露是注册制的核心，注册制下信息披露要求将全面化和严格化，相应的规范类强制退市的规则将日臻完善，上市公司规避规则的难度加大。另一方面，我国对企业的合规要求也在不断加强。2022年8月，国资委发布《中央企业合规管理办法》，强调中央企业应该建立健全符合企业实际的合规管理体系，合规将融入中国企业监管框架，预示着中国大合规时代正式到来。作为我国金融市场中最为重要的一部分，上市公司必将成为监管部门和交易所加大监管力度的重点领域，不符合规范的公司将被及时

---

① 参见《关于暴风集团股份有限公司股票终止上市的决定》（深证上〔2020〕777号）。

清理出证券市场。

(三) 主动退市原因梳理与比较

主动退市比强制退市更能够体现证券市场的退市制度之成熟。因为,强制退市离不开行政力量的助力,行政权力的介入对于高度成熟的市场而言是一种外部干扰,主动退市是市场自我优胜劣汰功能的结果,是市场化程度更高级阶段的表现,这正契合了退市制度的立法初衷。[①]

主动退市在我国可细分为决议式主动退市与私有化退市两种类型。如上文所述,我国主动退市公司数量较少。在主动退市的两种类型中,选择决议式主动退市的公司更为少见(见图 8)。

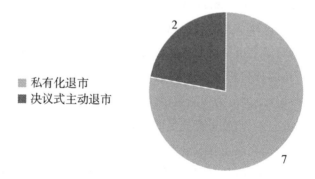

图 8 2018—2023 年各类型主动退市公司数量

1. 决议式主动退市

决议式主动退市又称主动撤回上市,指上市公司股东大会决议主动终止在证券市场的交易。国机重型装备集团股份有限公司(*ST二重)是我国资本市场首家决议式主动退市企业,于 2015 年退市。过去六年仅有 *ST 上普和 *ST 航通两家公司选择决议式主动退市。然而,尽管三家退市公司均经过股东大会决议而主动撤回上市,但其

---

① 参见冯科、李钊:《中外退市制度比较分析》,《首都师范大学学报(社会科学版)》2014 年版第 5 期。

并非基于自身经营决策而主动退市,而是为了规避强制退市造成更大的损失。

值得注意的是,三家主动撤回上市的公司均为国有企业,未出现为避免强制退市而选择主动退市的民营企业,这与我国国有企业在市场中的特殊角色有关。一方面,国有企业具有主动退市的底气。受股票发行核准制的影响,国有企业在上市方面具有天然优势,即便选择主动撤回上市,凭借雄厚的国家资本的扶持,国有企业重新上市的难度也显著低于民营企业。另一方面,国有企业承载着示范主动退市的"使命"。在国有企业和政府的互动中,蕴含着一种超越法律之外的利益和资源交换过程。① 国有企业在一定程度上向市场传递着国家政策讯息、发挥着引导市场的作用。国有企业通过采取主动退市的方式规避强制退市以避免更大的损失,对中小投资者权益作出妥善安排,向市场传递正向的讯息。

随着注册制的全面实行,行政力量将逐渐让步于市场力量,公司上市融资的门槛和难度将不断降低,在"入口"与"出口"通畅的情况下,撤回上市的"勇气"将不再是国有企业的"专利",预计将会有更多民营企业结合自身的发展战略选择主动撤回上市。

2. 私有化退市

上市公司私有化退市是我国最常见的主动退市类型,其中换股吸收合并是我国企业较为常见的私有化退市形式。一方公司发起合并行为,将自身发行的新股作为对价,与合并目标公司协商交换两家公司的股票价格和比例,以达成与目标公司合并的目的。以王府井集团股份有限公司(以下简称"王府井股份")换股吸收合并北京首商集团股份有限公司(以下简称"首商股份")为例,换股标准是每 1 股首商股份股票换得 0.3058 股王府井股份股票。换股吸收合并本质上亦是公司合并的一种,被合并的公司即首商股份在合并完成后注销法人资格,其上市

---

① 参见缪若冰:《中国公司法的制度建构要素分析》,北京:中国社会科学出版社,2022 年,第 15 页。

资格也相应丧失,而王府井股份继承首商股份的一切权利义务。[①] 在私有化退市情形下,在退市前需要进行一系列上市公司合并、收购、资产销售等多种类型的交易。

第二节　典型退市案例分析

一、主动退市典型案例分析

如前文所述,主动退市包括决议式主动退市与私有化退市两种类型,在我国,*ST航通案例和小天鹅换股合并案分别是上述两类主动退市的代表性案例,下文将对两个案例进行分析,重点关注退市程序的履行与中小投资者权益保护问题。

(一) 决议式主动退市典型案例: *ST 航通

*ST 航通是我国 2020 年"最严退市新规"落地后的首个主动退市的上市公司,也是继*ST 二重和*ST 上普之后第三家为规避强制退市而选择主动退市的上市公司。在我国资本市场主动退市实践仍处于起步阶段的背景下,关注最新的决议式主动退市案例并进行反思将有助于深化对主动退市制度的理解,亦可更好地完善主动退市中的中小投资者保护制度。

1. *ST 航通退市原因

航天通信控股集团股份有限公司(以下简称"航通公司")是一家国营企业,经过 1987 年的股份制改组于同年 1 月及 1992 年 12 月两次公开发行股票并上市。因企业主营业务转型和外部市场变化,自 2012 年起航通公司的营收情况不断恶化,于 2015 年实施并购重组。该次收购

----

① 参见《关于北京首商集团股份有限公司股票终止上市的决定》(上海证券交易所自律监管决定书〔2001〕409 号)。

为﹡ST航通退市的导火索,受其子公司智慧海派财务造假的影响,2019年10月31日﹡ST航通涉嫌违规披露遭到证监会立案调查,最终于2021年3月18日终止上市并摘牌。

2.﹡ST航通退市程序

在上市公司主动退市过程中,上市公司公告是中小投资者获取公司信息的主要乃至唯一途径,信息披露的质量和充分性不仅关涉公司退市决议的顺利通过,而且是中小投资者权益保护的重要一环。我国证券交易所规定了主动退市的规则和流程,下表对﹡ST航通主动退市过程中的公告进行了梳理,以分析其信息披露情况。

表5　﹡ST航通退市公告发布情况①

发布时间	公告内容
2021.01.09	关于撤回公司股票在上海证券交易所交易的方案
	关于航天通信主动退市的财务顾问意见
	公司章程修订稿全文
	航天通信关于以股东大会方式主动终止公司股票上市的公告
	航天通信2021年第一次临时股东大会会议资料
	航天通信八届三十次董事会决议公告
	航天通信独立董事事前认可意见
	航天通信独立董事意见
	以股东大会方式终止上市的法律意见书
	关于召开以股东大会方式主动终止公司股票上市事项网络沟通会的公告
	关于异议股东保护的专项说明
	关于修订公司章程的公告
2021.01.14	关于公司股票可能被终止上市的风险提示公告

---

① 根据﹡ST航通公告整理。

续　表

发布时间	公告内容
2021.01.15	关于以股东大会方式主动终止公司股票上市事项网络沟通会召开情况的公告
	关于主动退市涉及融资融券信用证券账户现金选择权申报的提示性公告
2021.01.20	关于智慧海派科技有限公司破产清算的进展公告
	关于董事会、监事会延期换届选举的提示性公告
2021.01.26	2021 年第一次临时股东大会决议公告
	2021 年第一次临时股东大会法律意见书
	以股东大会方式终止上市的补充法律意见书
2021.01.29	*ST 航通主动终止公司股票上市现金选择权申报公告
	关于主动退市现金选择权股权登记日变更的提示性公告
2021.02.04/08	关于主动终止公司股票上市现金选择权申报的提示性公告
2021.02.18	关于主动终止公司股票上市现金选择权申报结果的公告
2021.02.20	关于股票在上海证券交易所终止上市后去向安排的说明
	中信建投证券股份有限公司关于航天通信主动退市的财务顾问意见
2021.02.25	关于主动终止公司股票上市现金选择权股份清算与交割结果的公告
2021.03.11	关于航天通信控股集团股份有限公司股票终止上市的公告
2021.03.12	关于股票摘牌后转入股转系统相关事项的公告

从 *ST 航通主动退市过程中信息披露的数量和频率来看,其信息披露较为充分,提示性公告及专业意见书的公告次数较多。除了满足上海证券交易所规定的披露内容之外,*ST 航通还主动召开了网络沟通会回应投资者关注的问题,及时反馈子公司破产清算进展。除上述公告之外,*ST 航通在子公司出现问题后于 2019 年年底及时发布公告回应社会关切,体现了公司积极消除信息壁垒并寻求共赢

之策的态度和决心。因此,在信息披露方面,*ST航通的表现可圈可点。

3. *ST航通案例对中小投资者保护的启示

"股东大会决议"在决议式主动退市程序中起到举足轻重的作用。与修改公司章程、增加或者减少注册资本等公司重大事项相同,主动退市亦属于公司的重大经营决策,需要股东大会进行决议。决议是集体意思形成的一般性制度,[①]决议过程中会存在分歧,在尊重"资本多数决"的基础上给予异议股东恰当且公平的退出途径是维护异议股东利益的必然要求,也有利于防止控股股东利用其决策优势侵害小股东权益。然而,在决议式主动退市中,股东大会决议的重要性被高估,现行规则未对中小投资者提供充分保护。

(1) 决议退市中双重表决机制未能实际发挥效用

目前上海证券交易所和深圳证券交易所的"股票上市规则"均规定主动退市需要经过股东大会"双三分之二"表决通过。主动退市不仅需要经出席会议的全体股东所持有效表决权的三分之二以上通过,还需要出席会议的除公司董监高和单独或者合计持有上市公司5%以上股份的股东以外的中小股东所持有效表决权的三分之二以上通过,前"三分之二"是对资本多数决的尊重,后"三分之二"则体现了对中小投资者的保护。双重表决权机制旨在从制度设计上约束控股股东,从而实现少数股东与控股股东利益的平衡。[②] 然而,这种制度安排实质上突破了公司法的规定,给股东大会决议附加了额外生效条件,在缺乏上位法依据的情况下,证券交易所制定的规则是否超出了其被授权的范围值得商榷。

除了合法性问题,双重表决机制的实践效果亦不理想。尽管相较*ST二重和*ST上普,*ST航通股东大会决议情形中小股东出席

---

① 参见陈醇:《意思形成与意思表示的区别:决议的独立性初探》,《比较法研究》2008年第6期。

② 参见刘辅华、李敏:《论资本多数决原则——对股东大会决议规则的反思》,《法学杂志》2008年第1期。

率和通过率都要高出许多,然而从全体中小股东的投票情况来看,只有21.14%的中小股东表示赞成,这意味着绝大多数的中小股东都未行使表决权,显然为保护中小股东利益而设置的表决机制未能实现其初衷(见表6)。

表6 *ST二重、*ST上普、*ST航通决议通过情况①

	*ST二重	*ST上普	*ST航通
中小股东出席率(%)	9.62	13.64	21.45
出席会议的中小股东赞成率(%)	77.02	89.18	98.55
全体中小股东赞成率(%)	7.41	12.17	21.14

结合上市公司中小股东在证券市场中的双重身份,与其说双重表决机制未能发挥实际作用,不如说在退市决议中设置双重表决机制以期达到保护中小股东的利益本身就是"不切实际的幻想"。中小股东不仅是上市公司的股东,更是证券市场的投资者,绝大多数中小投资者购入股票的目的就是利用股票的涨幅获利,决议"是否主动退市"并不是他们关心的事项,尤其是在为规避强制退市而主动退市的情形下,中小股东的决策不过是对"退市方式"的选择。就退市方式而言,中小股东和控股股东的利益本质上是一致的,核心利益冲突并非中小股东与控股股东博弈作出决策,而是中小股东能否得到期望的现金补偿。

因此,在决议式主动退市中,合理的现金补偿才是保护中小股东权益的关键。从溢价和最终赞成率的对比可知,*ST航通提供的现金选择权的溢价最高,赞成率也是最高,社会效果较好,被众多媒体誉为"良心企业"(见表7)。可见现金选择权的定价不仅是退市决议的关键,从长远来看也在无形中为公司重新上市奠定基础。

---

① 根据Wind数据整理。

表 7 ＊ST 二重、＊ST 上普、＊ST 航通现金选择权价格①

	＊ST 二重	＊ST 上普	＊ST 航通
现金选择权价格(A 股)(元/股)	2.49	6.74	4.18
停牌前最后一个交易日的收盘价(元)	2.35	7.69	3.01
溢价比例(%)	5.96	−12.35	38.87

(2) 以现金选择权代替异议股东回购请求权

学理上,当公司股东大会基于多数决就有关公司合并、分立等公司重大事项作出决议时,持异议的少数股东享有要求公司对其所持股份的价值进行评估并以公平价格予以收购的权利,这种权利被称为异议股东回购请求权。② 上市公司主动退市属于公司重大事项,异议股东享有回购请求权,但现行《公司法》对该项权利的规定并不完善,导致权利行使受到较大限制。一是适用范围限制,只有在公司发生合并、分立时,异议股东才能要求公司回购其股份;二是股东需要对公司决议持异议(就"异议"而言,最狭义的理解是需要作出反对的意思表示,未出席会议与弃权是否属于异议仍有待商榷)。

在＊ST 航通案例中,＊ST 航通未对异议股东提供回购请求权,而是由其控股股东航天科工为包括异议股东(在股东大会上对《关于以股东大会方式主动终止公司股票上市事项的议案》投反对票的股东)在内的除限售股股东以外的公司全体股东提供现金选择权。

相较异议股东回购请求权,现金选择权扩大了可获得现金赔偿的投资者范围,故能够更好地保护投资者权益。③ 其一,异议股东回购请求权的义务主体一般为上市公司本身,回购股票需要大量现金流,对于触及财务类退市指标的＊ST 航通来说,公司并无进行回购的能力。在

---

① 根据 Wind 数据整理。
② 参见高永深:《论异议股东股份回购请求权》,《河北法学》2008 年第 4 期。
③ 参见《航天通信控股集团股份有限公司董事会关于以股东大会方式主动终止公司股票上市的公告》(临 2021−004)。

现金选择权情形下,提供资金的主体不限于上市公司自身。以＊ST 航通为例,现金选择权的资金来源是上市公司的控股股东航天科工,其具有雄厚的资本与现金提供能力。其二,若只通过异议股东回购请求权对异议股东提供补偿,则将无法补偿其他投资者的损失。主动退市将使公司股票丧失在证券市场上的交易机会,会给全体中小投资者造成经济损失。在此情况下,仅补偿异议股东经济损失的方案既不公平,又不合理。通过现金选择权为全体中小投资者提供公平的补偿机会方为上策。其三,异议股东回购请求权是典型的公司法制度,旨在赋予异议股东退出公司的权利。而公司主动退市是资本市场法行为,投资者因公司退市而遭受的损失亦是投资者在资本市场上的经济损失。公司法工具箱中的以决议内容为内核的公司法工具无法解决资本市场法中的经济补偿问题,故应适用资本市场法的典型工具现金选择权来解决退市投资者保护问题。

在我国全面推行注册制的背景下,可以预见,将有越来越多的公司践行主动退市。弥补投资者损失是主动退市的规制核心,应借鉴＊ST 航通的有益经验,在主动退市投资者保护领域引入现金选择权,为除控股股东之外的所有股东提供现金选择权。

(二) 私有化退市典型案例:小天鹅

私有化退市是主动退市的主流类型,其中换股吸收合并案例在我国最为常见。换股吸收合并意味着,上市公司被控股股东吸收合并,丧失商事主体地位继而退市。投资者持有的上市公司股票按照计算后的比例被更换为存续公司的股份,投资者成为存续公司的股东。无锡小天鹅股份有限公司(以下简称"小天鹅")主动退市案例是典型的换股吸收合并型私有化退市案例,小天鹅被控股股东美的集团换股吸收合并,因双方知名度较高,小天鹅私有化退市引起了社会各界的广泛关注。

1. 小天鹅退市原因

小天鹅曾是我国家喻户晓的洗衣机品牌,其发展史可谓中国洗衣机产业发展史的缩影。2008 年,美的电器收购了小天鹅 24.01% 的股权,成为其控股股东;2013 年,美的集团通过换股合并的方式将美的电器合并,美的集团整体上市成功,并取代美的电器成为小天鹅的控股股东。① 之后的数年间,美的集团仍在继续提高直接或间接持有的小天鹅股份。随着国家政策支持逐渐向智能家电产业倾斜②以及市场竞争日益激烈,小天鹅的单品竞争模式呈现出衰退迹象。为了谋求企业更好的发展,美的集团与小天鹅共同决定,以美的集团发行 A 股的方式换股吸收合并小天鹅,小天鹅于 2019 年 6 月 21 日终止上市并摘牌。

2. 小天鹅退市程序

小天鹅退市的过程亦是美的集团增发新股的过程,涉及两家公司信息披露程序的履行,在这方面,深圳证券交易所与上海证券交易所对于主动退市信息披露的要求基本一致。

与*ST 航通的退市程序履行情况相比,小天鹅与美的集团在信息披露方面的主动性和积极性不高,仅在形式上完成了证券交易所的强制性要求。双方不仅未召开换股吸收合并相关事项的网络沟通会以充分吸取投资者的建议,也未对公众关注的换股吸收合并的理由和企业后续发展动向进行详细披露。企业已经披露的相关公告中多用"综合考虑"等较为模糊与高度抽象的表述,并没有为投资者的决策提供充分的信息基础。

3. 小天鹅案例对中小投资者保护的启示

控股股东吸收合并 A 股上市公司属于利益冲突较为严重的交易,③控股股东掌握交易的时机和条件、中小股东的低介入机会和议价能力使得此种交易具有强制性和强迫性。④ 在小天鹅私有化退市案例中,定价机制本质上由美的集团决定,尽管小天鹅的管理层和投行财务顾问亦介入其中,然而鉴于其均缺乏独立性,故欠缺维护中小股东权益

① 参见万宇、陈澄:《美的集团筹划换股吸收合并小天鹅》,《中国证券报》2018 年 10 月 24 日,第 A09 版。
② 参见《中国制造 2025》、国务院于 2016 年发布的《关于深化制造业与互联网融合发展的指导意见》。
③ 参见沈朝晖:《上市公司私有化退市的"安全港"制度研究》,《法学家》2018 年第 4 期。
④ 参见李文莉:《上市公司私有化的监管逻辑与路径选择》,《中国法学》2016 年第 1 期。

的议价能力和动力。

对于小天鹅的投资者来说,在此次并购交易中,现金选择权的价格明显低于换股价格和收盘价格:换股价格是以定价基准日前20个交易日的交易均价为基础,并给予了10%的溢价率,而现金选择权的价格是定价基准日前一个交易日收盘价的90%。[1] 此种定价方式有非常明显的引导投资者选择换股方案的倾向。同时,美的集团赋予异议股东回购请求权,回购价格为美的集团定价基准日前一个交易日收盘价的90%,但并未披露具体依据。[2]

表8 小天鹅换股价格和现金选择权价格

	A 股	B 股
换股价格	50.91 元/股	42.07 元/股
现金选择权价格	41.85 元/股	28.29 元/股

从法律规制的视角来看,关键不在于从财务角度判断中小股东是否得到了公允的补偿,而是现行法律规范是否制定了符合程序正义的定价机制。[3] 具体来说,鉴于控股股东吸收合并上市公司属于具有自我交易风险的交易,故如何通过程序上的公平价格保障机制使价格条款能够符合双方利益,是亟需解决的问题。鉴于上市公司的董事会已实际处于受控股股东控制的状态,欠缺独立性,故无法独立代表上市公司的利益与控股股东就一系列交易条件进行磋商。美国的相关制度可为我国私有化退市中的定价方案提供可资借鉴的思路。建议我国在上市公司内部设立由独立董事组成的董事会特别委员会,代表中小投资

---

① 参见《美的集团股份有限公司发行 A 股股份换股吸收合并无锡小天鹅股份有限公司暨关联交易预案》,2018 年 10 月,http://www.szse.cn/disclosure/listed/bulletinDetail/index.html? ca9f656e-f5fc-4bf3-a06a-3fb853d79dd3,2022 年 9 月 9 日。

② 参见《美的集团股份有限公司发行 A 股股份换股吸收合并无锡小天鹅股份有限公司暨关联交易预案》,2018 年 10 月,http://www.szse.cn/disclosure/listed/bulletinDetail/index.html? ca9f656e-f5fc-4bf3-a06a-3fb853d79dd3,2022 年 9 月 9 日。

③ 参见沈朝晖:《上市公司私有化退市的"安全港"制度研究》,《法学家》2018 年第 4 期。

者与控股股东就私有化退市的定价方案进行磋商。关于这一内容的具体论述详见本书第五章。

二、强制退市典型案例分析

强制退市旨在清退不再符合上市要求和不再具有上市能力的公司,以提高上市公司的质量并优化市场生态。对于上市公司来说,触及强制退市指标将招致负面甚至违法性评价,然而强制退市制度更应着眼于对投资者的保护。[①] 鉴于强制退市将给中小投资者权益造成重大损害,故我国在不断精确退市指标与拓宽多元退出渠道的同时应加快制定相关投资者保护制度。下文将结合不同强制退市情形的典型案例,从法律层面分析我国强制退市情形中小投资者保护这一重要问题。

(一)交易类强制退市典型案例:东方金钰案例

面值退市是我国资本市场中最常见的交易类强制退市情形,其设置初衷是清退那些绩效较差的公司与盲目扩张公司股本导致经营基本面落后从而缺乏投资价值的公司。然而,在实践中影响股票价格的因素众多,并非均是投资者"用脚投票"的结果,亦有公司系受行政处罚的负面影响后股价下跌最终导致面值退市。东方金钰即为典型代表。东方金钰所涉及的证券虚假陈述诉讼也是全国首例判决实际控制人作为第一责任主体的证券虚假陈述案件,为我国中小投资者提供了维权的有益借鉴,也有助于推动我国证券虚假陈述案件裁判规则的适用与完善。

1. 东方金钰退市程序履行情况

东方金钰全称东方金钰股份有限公司,是一家翡翠玉石上市公司,1997 年于上海证券交易所主板上市。2019 年 1 月,因涉嫌信息披露违法行为,证监会决定对其进行立案调查。2020 年 9 月 9 日,证监会出

---

① 参见李新天、王宬鸿:《强制退市中投资者保护的法律调整——以中证投服持股行权为中心展开》,《北京科技大学学报(社会科学版)》2021 年第 5 期。

具行政处罚决定书,认定其虚构销售和采购交易、虚假记载年度报告的事实并对相关人员进行行政处罚。① 后因该公司股票连续 20 个交易日收盘价均低于 1 元,经上海证券交易所决定,于 2021 年 3 月 17 日正式退市。②

东方金钰退市时适用的是 2019 年 4 月版的《上海证券交易所股票上市规则》。根据上海证券交易所的要求,在连续十个交易日股票收盘价均低于 1 元后,东方金钰开始连续发布《东方金钰股份有限公司关于公司股票可能将被终止上市的风险提示性公告》,以提示投资者注意投资风险,理性投资。随后公司进入退市整理期,为投资者提供最后的交易机会,退市整理期结束后公司股票进入股转系统挂牌转让。

与其他强制退市类型的退市程序相比,交易类强制退市的风险警示程度更弱:一是不适用*ST 制度,不强制更改股票名称以警示风险,仅由上市公司(而非交易所)发布风险提示性公告;二是根据上海证券交易所"退市新规",交易类强制退市不再进入退市整理期。这一改革在加快退市流程、提高退市效率的同时,亦不当减弱了对中小投资者的保护力度。为平衡效率与安全,建议相应加大投资者保护力度,例如适当提早风险警示时间节点,在股价为 1.1 元时就要求公司进行风险提示,为投资者预留更多决策时间。

2. 东方金钰案例对中小投资者保护的启示

(1)侵权认定:因果关系的认定

在股票市场中,上市公司的股价波动属于正常投资风险。诚然,面值退市在很大程度上能够反映出公司经营状况不佳,是投资者"用脚投票"的结果。但不可否认,在部分上市公司因股价下跌导致退市的情形下,发行人或管理层的违法行为才是根本原因。在上市公司存在过错的情况下,中小投资者可以积极维权,主张损害赔偿。

---

① 参见《中国证监会行政处罚决定书(东方金钰股份有限公司、赵宁等 20 名责任人员)》(〔2020〕62 号)。

② 参见《关于终止东方金钰股份有限公司股票上市的公告》(上证公告(股退)〔2021〕006 号)。

一般来说,虚假陈述行为被揭露后会引发市场的强烈反应,股票价格急剧下跌,向真实价值回归,以消除虚假陈述对市场的扭曲效应,但东方金钰股票价格在短时间内并未出现急剧下跌的情况。因此,在东方金钰虚假陈述诉讼中,要证明证券虚假陈述和投资者的投资损失是否以及在多大程度上存在因果关系是一大难点。

针对证券市场虚假陈述情形的侵权损害赔偿责任确定,我国《新虚假陈述司法解释》创设了二维因果关系论证体系,将因果关系构成要件细分为"交易因果关系"与"损失因果关系"。前者指虚假陈述违法行为影响了投资者的交易决定,属于虚假陈述侵权行为构成要件上的因果关系。后者则是确定虚假陈述和损失结果之间的因果关系,属于确定赔偿责任和赔偿范围或比例的因果关系(详见表9)。

表9 交易因果关系与损失因果关系对比

	交易因果关系	损失因果关系
证明目的	是否受虚假陈述影响买卖相关证券	投资损失是否由虚假陈述造成
认定标准	法律拟制	综合查明
	交易发生时间在虚假陈述实施日至虚假陈述揭露日/更正日之间的,推定交易因果关系成立	综合查明造成投资者损失的其他原因、各项原因对最终损失结果的作用力大小等事实,以确定结果因果关系的大小/比例
抗辩事由	证明交易时间不在受影响时段内、交易时明知、存在介入因素、存在违规交易等法定例外情形,可以否定交易因果关系成立	证明投资损失部分或全部是由于虚假陈述行为以外的其他风险所导致,可以相应减轻或者免除其责任

在东方金钰案中,由于购入时间和认定标准通常较为明确,故交易因果关系的认定往往不存在障碍,较为困难的是损失因果关系的认定。认定证券市场的系统风险一直以来都是证券虚假陈述案件的难点,尤

其在东方金钰案件中虚假陈述揭露和股价下跌之间存在较长的时间差。一、二审法院均认同采取"同步指数对比法"①得出证券市场风险比例,认定扣除证券市场风险之后的损失与东方金钰公司虚假陈述之间存在直接的损失因果关系,在扣除证券市场系统风险后,东方金钰应当对损失承担全部的赔偿责任。②

本质上,系统风险的测算不仅是一个法律问题,更是一个涉及数学、金融学和计算机编程等多个学科和领域的技术性问题,面对一个"开放的、边界不清晰、大规模人群互动的"交易市场,只有通过建模、参数赋权、回归分析等专业路径及测算技术进行核定才能实现系统性风险扣除的准确性和科学性。就投资者保护而言,将法院自由裁量权和金融机构的专业意见相结合来确定系统风险能够在发挥面值退市制度"过滤器"作用的同时,实现投资者合法权益的保护。

（2）责任承担:实际控制人作为第一责任主体

尽管公司具有虚拟法律人格,然而上市公司的虚假陈述行为总是由特定个人决策与执行。若放任实际行为人躲在公司躯壳之下,则将不利于惩戒违法者,无法发挥侵权责任法预防侵权行为的作用。③ 根据侵权法中的自己责任原则,应由具体行为人承担侵权责任。

例如,在东方金钰案件中,该公司的董事长、总裁、控股股东为同一人赵某,赵某授意、指挥、指使公司的其他员工实施虚假陈述的违法违规行为,致使东方金钰的股票价格虚高,投资者在高位买入后蒙受巨大损失,广东省高院贯彻"一追到底"的精神,最终判决赵某作为第一责任主体赔偿投资者的损失,成为具有示范作用的典型案例。④ 只有严惩证券虚假陈述行为的主谋,才能实现预防虚假陈述侵权的目标,推动上

---

① 同步指数对比法是指将发行人个股涨跌幅均值与能够对其产生影响的同期指数涨跌幅均值进行紧密的贴合比对,并将不同交易时点的股票交易数量纳入考量因素,以反映在投资者不同持股期间市场风险因素对股价的具体影响程度。
② 参见（2022）粤民终 2092 号。
③ 参见程啸:《侵权责任法》(第三版),北京:法律出版社,2021 年,第 35 页。
④ 《中国证监会行政处罚决定书(东方金钰股份有限公司、赵宁等 20 名责任人员)》(〔2020〕62 号)。

市公司治理结构的完善,保护投资者的合法权益。

我国以往的证券立法侧重于构建以发行人为第一责任主体的法律责任模式,控股股东、实际控制人的虚假陈述民事责任经历了从无到有、由宽至严的演变历程。2022年《新虚假陈述司法解释》的出台使证券虚假陈述诉讼制度进入新的发展阶段。该解释穿透公司的法人面纱,将控股股东、实际控制人拉入承担虚假陈述赔偿责任的第一责任梯队。这不仅是对控股股东、实际控制人的虚假陈述民事责任的强调,而且赋予了原告直接追究"首恶"侵权责任的诉讼权利。此外,该司法解释第20条第2款明确了控股股东、实际控制人是最终的责任承担者。控股股东、实际控制人组织、指使发行人实施虚假陈述的,发行人在承担赔偿责任后可以向其追偿。实践中,这种强调追究组织、策划、指使虚假陈述行为的主体的法律责任的行为被形象地称为"追首恶"。

在证券虚假陈述所致民事责任情形下,相关法律制度主要服务于填补投资者损失和惩戒阻却违法者两个目标,需注意,对前一目标的追求不应不当凌驾于后一目标之上。[①] 我国以往践行的投资者损害赔偿方案既不符合侵权法法理,也未能实现优先保护中小投资者合法权益的效果。原因在于,控制权集中是我国上市公司的股权分布常态,公司的行为往往不受中小股东左右,即公司的证券违法行为多为公司的控股股东或实际控制人授意、主导,以公司作为第一责任主体必然有损公司的财富,亦有损全体股东的利益,意味着中小股东需为自己无法控制甚至反对的行为买单,中小股东被"二次伤害"过高地加重了其投资的风险,这一结果不仅与民事责任的归责理念相背离,亦会打击潜在投资者的积极性。东方金钰案件"追首恶"的责任追究方案能够对上市公司的实际控制人和控股股东起到震慑作用,有助于遏制违法侵权行为,维护投资者权益。

---

① 参见郭雳:《证券欺诈法律责任的边界——新近美国最高法院虚假陈述判例研究》,《中外法学》2010年第4期。

（二）重大违法类强制退市典型案例：欣泰电气

我国可能触及重大违法类强制退市的行为主要分为两类：一是包括欺诈发行、重大信息披露违法在内的严重损害证券市场秩序的行为；二是涉及"五大安全"等领域的违法行为。下文选取触及第一类退市的"欺诈退市第一股"欣泰电气进行分析，着重探究如何通过先行赔付制度和欺诈发行责令回购制度更好地保护中小投资者权益。

1. 欣泰电气退市程序履行情况

2014年1月27日，丹东欣泰电气股份有限公司在深圳证券交易所创业板挂牌上市。仅一年半后，公司因欺诈发行、虚假陈述于2016年7月5日受到证监会行政处罚，深圳证券交易所决定，公司股票自2016年9月6日起暂停上市，于2017年8月28日终止上市并摘牌。

欣泰电气在欺诈发行发生后积极履行风险提示义务。欣泰电气退市时适用的交易所规则是《深圳证券交易所创业板股票上市规则（2014年修订）》，根据上述规则，因涉嫌欺诈发行或涉嫌重大信息披露违法被证监会立案稽查的，公司应当每月披露一次风险提示公告。实践中，欣泰电气为了更好地提醒投资者注意投资风险，改为每十五日披露一次风险提示公告；自欣泰电气收到行政处罚告知书后改为每五个交易日发布风险提示公告；在被行政处罚后，欣泰电气股票名称被冠以"＊ST"标识。

在重大违法类强制退市情况下，发布提示性公告仅起到提示投资者关注投资风险的作用，即便投资者及时抛售股份以减少损失，也不能改变上市公司的欺诈行为已经对中小投资者权益造成损害的事实。在重大违法类强制退市情形下，对中小投资者权益保护的重点需要落在退市后的相关制度安排上。

2. 欣泰电气案例对中小投资者保护的启示

（1）先行赔付制度的完善

在2019年《证券法》修订之前，虽然先行赔付制度并未入法，但实务界一直在进行探索。欣泰电气案例中，欣泰电气的保荐机构兴业证券设立了先行赔付专项基金赔偿适格投资者的损失。截至2017年10月，接受和解的适格投资者占总人数的95.16%，实际赔付金额为

241,981,273 元,占应赔付总金额的 99.46％,[1]先行赔付制度实施效果良好。

　　站在投资者的视角,先行赔付通过暂时搁置争议,低成本且高效地解决了争议,是一种极具优势的纠纷化解方式。原本可能要由弱势方耗费大量人力、物力才能完成的损害赔偿救济过程,转由财务能力更加雄厚的市场主体通过后续追偿来实现,[2]从而使证券投资者的权益得到及时维护并快速实现证券市场的安定。

　　虽然目前我国《证券法》已经从法律层面对先行赔付制度作出规定,但其法律效力仍然有待研究:先行赔付协议是否具有强制执行力?投资者一旦接受先行赔付是否等于放弃了通过司法途径进行索赔的权利? 上述问题对于投资者权益保护来说至关重要,先行赔付机构也注意到了这一点,根据《兴业证券股份有限公司关于设立欣泰电气欺诈发行先行赔付专项基金的公告》的表述[3],先行赔付协议仅是一种诉讼外和解形式,其本质上仍是民事合同,不具备司法强制执行力。将来我国立法者需要明确该协议与司法的关系,或赋予协议强制执行效力,或将先行赔付协议纳入诉调对接机制,适用司法确认制度,这样才能更好地保障投资者的权益。

　　同时,考虑到先行赔付方案的制定方往往是先行赔付主体,在欣泰电气案中先行赔付方案即是由证券承销商兴业证券单方面作出,其中并没有独立公正的第三方参与,难以确定其赔偿标准的制定以及赔偿方案的执行是否公正透明。保障先行赔付方案制定过程的程序正义是实现投资者权益保护的关键,[4]故先行赔付方案的制定程序亦有待完

① 参见江聃:《欣泰电气欺诈发行赔付 95％适格投资者达成和解》,2017 年 11 月 9 日,https://baijiahao.baidu.com/s?id=1583562985457427339&wfr=spider&for=pc,2023 年 7 月 10 日。
② 参见赵吟:《证券市场先行赔付的理论疏解与规则进路》,《中南大学学报(社会科学版)》2018 年第 3 期。
③ "因欣泰电气欺诈发行而遭受投资损失的适格投资者,如果接受赔付,则表明其愿意与基金出资人达成和解,自愿将对欣泰电气的控股股东辽宁欣泰股份有限公司要求虚假陈述损失赔偿的权利转让给基金出资人,自身不再向欣泰电气欺诈发行事件的责任方索赔。"
④ 参见陈洁:《证券市场先期赔付制度的引入及适用》,《法律适用》2015 年第 8 期。

善。关于先行赔付制度的详细内容将在本书第六章进行细致论述。

（2）责令回购制度的完善

除先行赔付制度之外，责令回购制度也是我国欺诈发行案例中重要的投资者保护制度，两种制度的实质都是为受欺诈发行损害的投资者提供简便、快捷的救济途径。

与先行赔付的区别在于，责令回购针对的是欺诈发行的发行人及其相关人员，通过公权力强制要求股票发行人或其他责任主体如控股股东回购已发行的股份。这一制度是在承诺回购制度的基础上发展而来的。[①] 在欣泰电气一案中，欣泰电气在其"招股说明书"中也作出了类似的回购承诺，[②]但在证监会确定了欣泰电气的欺诈行为后，欣泰电气并未兑现其承诺，表示公司没有足够的现金流支撑回购承诺，最终由保荐机构进行了先行赔付，这使得"招股说明书"中的回购承诺成为一纸空文，无法发挥任何保护和惩戒作用。

因此，兼具保护投资者和惩戒欺诈发行行为双重功能的责令回购制度呼之欲出，以有效剥夺欺诈发行人及其他责任方的非法利益。[③] 之后，证监会于 2019 年 3 月发布了《科创板首次公开发行股票注册管理办法（试行）》，对科创板上市欺诈发行责令回购问题进行了规定，2019 年新《证券法》又以民事赔偿责任为基础创立了"欺诈发行上市责令回购制度"。为了明确该制度的适用条件，证监会于 2023 年 2 月发布了《欺诈发行上市股票责令回购实施办法（试行）》。

我国责令回购制度的起步较晚，虽然我国目前尚无责令回购的实

---

① "证监会于 2013 年在《中国证监会关于进一步推进新股发行体制改革的意见》中规定，发行人及其控股股东应在招股说明书中承诺，若存在严重欺诈发行情形，发行人将自愿回购全部公开发行的股票，控股股东则应自愿回购已转让的原限售股。"参见彭雨晨：《欺诈发行责令回购制度的法理误区与制度构建》，《证券法苑》2020 年第 3 期。

② 根据欣泰电气"招股说明书"，若发行申请文件中存在欺诈发行行为，则将依法以二级市场价格回购新股。其控股股东辽宁欣泰同样承诺在前述事实下将召开股东大会并投票同意履行回购承诺的决议，且将自身原已转让的限售股股予以回购。参见梁俊凯：《证券欺诈发行中的责令回购制度研究》，《上海法学研究》2021 年第 22 卷。

③ 参见郭锋等：《中华人民共和国证券法制度精义与条文评注》，北京：中国法制出版社，2020 年，第 198 页。

践案例,但已有不少学者对该制度的设立初衷和预期效果进行分析,认为责令回购制度背后的恢复原状法理和充分赔偿投资者损失之间存在根本差别,①最终将陷入适用困境。在全面推行注册制的背景下,亟需对责令回购制度背后的法理与中国化改造进行更为深入的研究,而不仅仅流于口号式的保护和美好的幻想。

(三) 规范类强制退市典型案例:暴风集团案例

如果认为重大违法类强制退市是上市公司实施的"积极的恶",规范类强制退市在一定程度上则是上市公司消极懈怠的结果。暴风集团是我国目前为数不多的触及规范类退市指标而被强制退市的企业,其不充分的信息披露严重损害了投资者权益。

1. 暴风集团退市程序履行情况

暴风集团股份有限公司(以下简称"暴风集团")曾是我国著名的互联网视频播放平台,于 2015 年 3 月在创业板上市,发展态势良好。因 2016 年收购 MPS 股权的重大决策失误以及公司治理缺陷,暴风集团公告称公司存在经审计后 2019 年年末归属于上市公司股东的净资产为负的风险,并且尚未聘请到首席财务官和审计机构,未能在法定期限内披露 2019 年年度报告。② 由于被暂停上市后一个月内,暴风集团仍未能披露相关年度报告或者半年度报告,公司于 2020 年 8 月 28 日被深圳证券交易所决定终止上市。

与重大违法类强制退市程序相类似,暴风集团退市程序主要是发布公告进行风险提示。然而股价暴跌已成定局,投资者权益已遭受重大损失。经计算,同期局部性系统风险只有 2.3‰,退市事件是造成投资者投资损失最主要的原因,③鉴于我国退市投资者保护在司法实践

---

① 参见彭雨晨:《欺诈发行责令回购制度的法理误区与制度构建》,《证券法苑》2020 年第 3 期。

② 参见《暴风集团股份有限公司:关于股票存在被暂停上市风险的提示性公告》(2020 - 042)。

③ 参见投服中心:《暴风集团退市案例解析》,《投服中心》微信公众号,2021 年 5 月 19 日。

层面主要围绕虚假诉讼展开,在暴风集团案件中,投资者较难进行事后维权,最终只能"自负"损失。

2. 暴风集团案例对中小投资者保护的启示

(1)填补信息披露制度漏洞

目前我国上市公司信息披露制度并不完善。在暴风集团收购MPS公司案例中,因《上市公司信息披露管理办法》的规定有失全面性与明确性,暴风集团未充分披露收购协议中承诺的兜底条款与所涉金额等重大风险事项,也未对 MPS 股权交割后发生的一系列重大事项进行跟踪披露。然而实际上,此次收购具有高杠杆特征,收购失败将导致暴风集团为各参与方损失全额"兜底",但投资者对此并不知情。

强制信息披露规则的可规避性使广大投资者处于信息高度不对称的弱势地位,投资者既无法参与治理决策,又无从进行交易决策。建议适当扩大证券交易所的权力,使其得以主动向投资者公布可能影响上市公司股票价格或者经营发展的重要信息,尽可能消弭投资者与上市公司之间的信息鸿沟。[1] 亦可考虑构建差异化的信息披露制度,区分不同市场、不同行业、不同风险评级的上市公司,制定更为符合上市公司特点和投资者需求的信息披露标准,从而提高信息披露质量,以适应注册制时代的新要求。[2]

(2)取消虚假陈述侵权赔偿诉讼前置程序

暴风集团退市后,证监会于 2021 年 9 月 2 日作出行政处罚决定,认定暴风集团存在未按规定披露商誉减值测试假设,未计提商誉减值准备,虚增利润及资产以及未披露《回购协议》与相关进展情况的违法事实。[3] 在暴风集团退市一年后,证监会才作出行政处罚决定书,在这一年间未有投资者提起诉讼要求暴风集团赔偿相应的经济损失,直到

---

① 参见张子学:《公众公司应如何披露政府调查事项》,《证券法苑》2017 年第 4 期。

② 参见杨淦:《上市公司差异化信息披露的逻辑理路与制度展开》,《证券市场导报》2016 年第 1 期;张文瑾:《注册制改革背景下上市公司差异化信息披露制度探究》,《中国应用法学》2020 年第 1 期。

③ 参见《中国证监会行政处罚决定书(暴风集团股份有限公司、冯鑫、张丽娜、康茜)》(〔2021〕68 号)。

2022年才出现相关诉讼。^①上述索赔"滞后性"部分归因于我国长期实行的证券民事诉讼前置程序（以下简称"前置程序"）。尽管最高法院在2015年12月24日发布的《关于当前商事审判工作的若干具体问题》以及2020年7月15日发布的《全国法院审理债券纠纷案件座谈会纪要》中均提及需要放松甚至取消前置程序，然而直到2022年其才在《新虚假陈述司法解释》中得以落实。取消前置程序尚需一系列配套制度的保障。

一方面，取消前置程序需要更完善的司法配套制度。必须承认，前置程序的存在有其正当性，该项制度在避免滥诉、解决投资者举证难等方面的确发挥了较大功效。取消前置程序必将产生辐射效应，从而引发一系列问题，^②因此应在制度保障方面为其匹配相应的司法配套制度。具体来说，诉讼时效的起算、揭露日的认定、重大性的认定、原告举证能力的补强、防范滥诉、民事诉讼与行政执法的协同等都是亟待解决的问题。^③

另一方面，取消前置程序对法院审查提出了更高的要求。《新虚假陈述司法解释》第10条全面重构了虚假陈述"重大性"的认定标准，法院需对证券侵权行为要件进行独立审查。因此，在暴风集团案件中，若法院认定公司的信息披露规避行为构成"重大性"标准，则投资者将存在获赔的可能性。反之，若上市公司的虚假陈述行为不构成"重大性"标准，则其无需承担民事责任。证券虚假陈述行为的"重大性"标准是公司承担虚假陈述民事赔偿责任的构成要件，在一定程度上体现了权益保护和行为自由之间的博弈。^④一旦发生争议，法院将发挥决定性

---

① 参见(2022)京74民初2156号、(2022)京74民初2216号、(2022)京74民初2155号等民事裁定书，北京金融法院裁定上述案件均并入(2022)京74民初2031号案审理，上述案件均系2022年之后立案且案由系证券虚假陈述责任纠纷。
② 参见丁宇翔：《证券虚假陈述前置程序取消的辐散效应及其处理》，《财经法学》2021年第5期。
③ 参见陈洁：《证券民事赔偿诉讼取消前置程序的司法应对——以虚假陈述民事赔偿为视角》，《证券市场导报》2021年第5期。
④ 参见王泽鉴：《侵权行为》，北京：北京大学出版社，2016年，第7页。

作用。

　　总而言之,取消诉讼前置程序对我国证券虚假陈述诉讼制度的发展具有里程碑式的意义,唯有配套更加完备的司法制度和与时俱进的司法审查能力才能使取消前置程序实质性落地,从而更好地维护投资者的权益。

第四章　类型化规制之一:决议式主动退市

　　决议式主动退市指上市公司在股东大会通过退市决议后,主动向证券交易所提出申请,撤回股票在特定市场的交易,交易所根据上市委员会的审核意见作出终止股票上市的决定并对股票予以摘牌。主动退市的法律实质是协议解除与自律管理的叠加。具言之,上市公司向交易所发出旨在解除《上市协议》的新要约,交易所在受领要约后以自律管理者身份重点从中小投资者保护角度对退市申请进行审查,并在得出积极结论后对要约作出承诺,即退市决定。

　　法律是利益平衡的艺术,决议式主动退市法律规制的核心在于妥适平衡公司利益与投资者利益,为投资者提供适切的保护是重中之重。退市将使投资者丧失股票在特定市场的交易机会,为保护投资者权益,证监会采取了投资者赋权型规制理念,[1]并分别得到沪、深交易所在各自"股票上市规则"中的落实。具体而言,投资者可通过类别决议[2]阻止公司退市,从而继续保有交易机会;若未能成功,则异议股东可享有退出权。赋权型规制理念揭示出证监会对主动退市投资者保护问题的基本立场:通过强化投资者在退市决议中的表决权实现投资者保护。上述立场是否合理,取决于对以下三个问题的回答:第一,投资者在退市情形的受保护需求是什么? 第二,如何平衡主动退市规制中公司自

---

[1]　参见 2018 年 7 月 27 日发布的《关于改革完善并严格实施上市公司退市制度的若干意见》。

[2]　依《关于改革完善并严格实施上市公司退市制度的若干意见》,除股东大会决议,主动退市还须经出席会议的中小股东所持表决权的三分之二以上通过。

治与投资者保护之间的利益冲突？第三,可否通过公司法中的股东保护机制来解决证券法中的投资者保护问题？在此基础上,赋权型规制理念面临的进一步疑问在于,此种重表决、轻补偿的退市规制模式是否符合我国资本市场的发展实际,能否满足注册制对更加完善的退市制度的功能期待？

第一节　规制理念转型

在我国规制决议式主动退市之初,主要在证监会部门规章与证券交易所自律规则两个层级进行规制。"股票上市规则"延续了《退市意见》中的投资者赋权型规制理念,以股东大会决议、类别决议与异议股东退出权作为主要规制手段。[①] 具言之,除了参与股东大会并行使表决权外,投资者还被赋予额外的类别表决权,即股东大会的主动退市决议须经投资者群体的同意后才能生效。[②] 此外,不同意退市的投资者可要求公司回购股份从而退出公司。鉴于投资者赋权型规制理念存在诸多弊端,决议式主动退市规制理念亟需转向投资者补偿型规制理念。

一、投资者赋权型规制理念的弊端

主动退市规制的重心在于妥善安置投资者利益。赋权型理念的规制逻辑如下:鉴于退市将严重损害投资者权益,且投资者因持股数量有

---

① 尽管异议股东退出权最终体现为经济补偿,但补偿的前提是股东对相关决议的否定性表决,因此该制度仍属于"赋权型"规制范畴。

② 依《上海证券交易所股票上市规则》第 9.7.2 条,除股东大会决议,主动退市还须经出席会议的中小股东所持表决权的三分之二以上通过。在类别决议作出之前,股东大会决议处于效力待定的状态。只有当退市类别决议获得通过时,股东大会退市决议方生效;若前者未获通过,则后者将最终无效。Vgl. Uwe Hüffer/Jens Koch, Aktiengesetz, C. H. Beck 2020, §138, Rn.7.

限无法对股东大会的退市决议施加实质性影响，故应将退市事宜交由投资者决定。赋权型理念的初衷是解决大股东主导退市导致的大股东独裁问题，却矫枉过正地陷入"投资者控制"，而后者的弊端不亚于前者。一方面，投资者并无同意公司主动退市的动机，将退市的最终决定权赋予投资者将产生阻碍退市的后果。另一方面，主动退市渠道的不畅通将影响证券市场正常的新陈代谢与可持续发展，进而减损注册制改革的成效。可见在赋权型规制理念的影响下，投资者保护异化为投资者控制，主动退市规制沦为退市阻碍制度。

（一）赋权型规制理念的误用

1. 类别决议的误用

证监会在设置退市投资者保护制度时应用了类别决议制度，《退市意见》明确规定，除股东大会决议，主动退市还须经出席会议的中小股东所持表决权的三分之二以上通过。类别决议是一种资本多数决矫正机制，旨在保护类别股股东的特别权利不受股东大会决议的侵害，其根植于以下民法基本理论：社团成员的特权未经其同意不得以社团全体成员大会决议加以侵害。[①] 由于逐个获取类别股股东的个别同意较难操作且将极大损害公司自治，[②]因此以其集团性意思决定取而代之以实现团体性保护，即特定情况下股东大会决议需要经过类别股股东群体的同意。[③] 一般来说类别决议与股东大会决议适用相同的多数决规则。

类别决议可由两种方式作出，一是类别股东会议，二是类别表决。出于成本考虑，后者更加常见，即类别股股东在股东大会中或者紧随股东大会进行表决，《退市意见》亦采纳此种方式。尽管如此，类别决议并

---

① Vgl. Michael Arnold, in Wulf Goette/Mathias Habersack/Susanne Kalss（Hrsg.）, Münchener Kommentar zum Aktiengesetz, 4. Aufl., 2018, § 138 AktG, Rn.2.

② Vgl. Michael Arnold, in Wulf Goette/Mathias Habersack/Susanne Kalss（Hrsg.）, Münchener Kommentar zum Aktiengesetz, 4. Aufl., 2018, § 138 AktG, Rn.2.

③ 参见朱慈蕴、神作裕之：《差异化表决权制度的引入与控制权约束机制的创新——以中日差异化表决权实践为视角》，《清华法学》2019 年第 2 期。

非股东大会决议的一部分,而是独立的法律行为。① 《退市意见》并未明确类别决议与股东大会退市决议的关系,根据类别决议制度的基本理论,类别决议是股东大会决议的额外生效条件,其实质为投资者群体的退市同意权。② 在类别决议作出之前,股东大会决议处于效力待定的状态。只有当退市类别决议获得通过时,股东大会退市决议方生效;若前者未获通过,则后者将最终无效。③

将类别决议制度应用于退市投资者保护领域是对该制度的滥用。类别决议的适用条件是类别股股东的特别权利被股东大会决议侵害,而主动退市情形并不满足这一条件。

首先,类别决议以类别股的存在为前提。类别股与普通股相对应,指股东权利在财产收益或者表决控制方面有所扩张或者限制的股份类型。④ 具有相同权利的股票构成一个类别(德国《股份法》第11条),而上市公司中投资者所持的股票并不包含任何异于普通股的特别权利,持股数量的多寡并不是构成类别股的原因。

其次,类别决议以股东大会决议直接侵害或者在法定情形间接侵害类别股股东利益为前提。直接侵害指股东大会决议以侵害特定类别股为主要目的,例如一项废止或者限制类别股特别权利的决议,此时应设置类别决议。⑤ 若股东大会决议并非以侵害类别股为主要目的,只是导致了类别股在经济上或者事实上受损的结果,则属于间接侵害,此时以不设置类别决议为原则,而以在少数特定情形设置类别决议为例外。⑥ 退

---

① Vgl. Oliver Rieckers, in Gerald Spindler/Eberhard Stilz, Kommentar zum Aktiengesetz, 4. Aufl., 2019, §138 AktG, Rn.3.
② 该同意既可为事前准许,亦可为事后追认。Vgl. Michael Arnold, in Wulf Goette/Mathias Habersack/Susanne Kalss (Hrsg.), Münchener Kommentar zum Aktiengesetz, 4. Aufl., 2018, §138 AktG, Rn.4.
③ 如果在召开下一次股东大会时,退市特别决议仍未获得通过,那么股东大会将最终无效。Vgl. Uwe Hüffer/Jens Koch, Aktiengesetz, C.H. Beck 2020, §138, Rn.7.
④ 参见朱慈蕴、沈朝晖:《类别股与中国公司法的演进》,《中国社会科学》2013年第9期。
⑤ 德国《股份法》第141条第1款规定,废止或者限制优先利益的决议须经优先股股东同意后生效。
⑥ Vgl. Michael Arnold, in Wulf Goette/Mathias Habersack/Susanne Kalss (Hrsg.), Münchener Kommentar zum Aktiengesetz, 4. Aufl., 2018, §138 AktG, Rn.2.

市决议给投资者群体带来的损失显然属于间接侵害范畴,因为其旨在实施公司的商业决定,属公司自治范畴,只是将导致投资者利益受损的法律效果。退市决议是否属于应设置类别决议的少数情形? 答案是否定的。鉴于类别决议可能产生否决股东大会决议的法律效果,法律一般以终局性规定严格限制其在间接侵害型股东大会决议中的适用,并以基于股东忠实义务(Treuepflicht)产生的类别股股东同意义务限制相关股东在类别决议中滥用表决权。① 例如德国《股份法》就对三种间接侵害情形下的类别决议作出明确规定:1. 存在不同类别股情况下关于资本措施②的股东大会决议;2. 存在不同类别股情况下关于企业变更③的股东大会决议;3. 存在外部股东情况下旨在变更关系企业合同的股东大会决议④。

可见立法者将间接侵害情形下类别决议的适用范围严格限制于将对类别股股东的特别权利产生影响的股东大会决议,毕竟特别权利是类别股存在的前提。以企业变更为例,设置类别决议旨在使企业变更尽可能不影响股东的特别权利,并将其全部转让至受让公司中。⑤ 退市决议显然不在此列,因为退市仅导致投资者丧失股票在特定市场的流动性,对股票中可能附着的特别权利并不产生影响。德国学者曾以优先股为例论证退市决议情形无需设置类别决议的原因:退市决议仅限制优先股的流动性,并不影响优先权本身。⑥

最后,退市类别决议是证监会在突破公司法强制性规定后的法律

---

① 类别股股东在类别决议中的同意义务仅在极为严格的条件下存在,例如若其否定股东大会决议,公司的存续将遭受威胁。Vgl. Andreas Fuchs, Aktiengattungen, Sonderbeschlüsse und gesellschaftsrechtliche Treupflicht, FS Immenga, 2004, S. 603.

② 例如企业增资(《股份法》第182条第2款)与减资(《股份法》第222条第2款)决议。

③ 例如企业的合并(《企业变更法》第65条第2款)、分立(《企业变更法》第135条第1款)与公司组织形式的转变(《企业变更法》第233条第2款)。

④ 参见德国《股份法》第295条第2款。

⑤ 参见[德]托马斯·莱塞尔、吕迪格·法伊尔:《德国资合公司法》(下册),高旭军等译,上海:上海人民出版社,2019年,第999页。

⑥ Vgl. Michael Arnold, in Wulf Goette/Mathias Habersack/Susanne Kalss (Hrsg.), Münchener Kommentar zum Aktiengesetz, 4. Aufl., 2018, §138 AktG, Rn. 8.

续造,在无上位法授权的情况下,其正当性存疑。此外,赋予投资者类别表决权不仅与公司法的体系性不兼容,亦有悖于证券法中的投资者保护逻辑。尽管类别决议曾昙花一现于2004年证监会发布的《关于加强社会公众股股东权益保护的若干规定》(以下简称《保护规定》)①中,但其已被国务院发布的《关于进一步加强资本市场中小投资者合法权益保护工作的意见》中的单独计票机制所取代,后者亦已被《上市公司股东大会规则》所采纳。② 可见规则制定者在进行充分的学理探究、实证调研和利益衡量后修正了激进的保护思路,采纳保护强度和效果皆羸弱的单独计票机制意味着类别决议并非适切的中小投资者保护机制。

2. 异议股东退出制度之误用

除设置类别决议以外,现行规则欲通过异议股东保护制度对否决退市的投资者提供进一步保护。依沪、深两市"股票上市规则",上市公司应在提出退市申请时提交"异议股东保护的专项说明",上市委员会在退市审查时将对其进行重点审议。异议股东保护制度以异议股东回购请求权为主要内容,其法理基础为衡平理论,即在公司发生重大结构性措施时赋予异议股东在获得合理补偿后退出公司的权利。作为资本多数决规则的矫正机制,回购请求权具有衡平法上的紧急救助功能,即给予对股东大会决议持反对意见的股东获得公平补偿,进而从非自愿的公司重大变化中及时撤回投资的机会。③ 我国《公司法》第89条(有限责任公司)与第161条(股份有限公司)对异议股东回购请求权作出

---

① 《保护规定》第1项即为试行公司重大事项社会公众股股东表决制度,在增发新股等5项对公众股股东利益有重大影响的事项中赋予公众股股东类别表决权。上述决议除经股东大会决议通过,还须经参加表决的社会公众股股东所持表决权的半数以上通过。上述保护机制系在股权分置改革背景下作为多数股东控制权的制约机制提出,具有极强的政策性、宣示性以及过渡性。

② 依2016年9月30日发布的《上市公司股东大会规则》第31条第2款,上市公司股东大会审议影响中小投资者利益的重大事项,对中小投资者表决应当单独计票。单独计票结果应当及时公开披露,并报送证券监管部门。

③ 参见袁碧华:《异议股东股权回购请求权适用范围探讨》,《广东行政学院学报》2014年第5期。

规定。两类公司股权流动性的差异导致回购请求权在股份公司中的适用范围远小于有限责任公司,仅适用于公司合并与分立这两类决议。在德国,立法者将该制度的适用范围限缩于更加狭窄的范围内,仅适用于公司形式变更与特定类型的合并、分立情形。①

主动退市投资者保护领域并不存在适用异议股东退出权的空间。该制度的正当性基础在于公司的重大结构性措施将严重损害股东的成员权,例如在合并时,出让公司的股东将成为另一个公司的股东;而在特定分立情形下,公司股东将失去对被剥离业务的重大经营决策的参与权。② 异议股东退出权的法律实质为选择权,即将上述结构性措施给股东带来的影响交由股东自己判断:若其愿意接受上述变化,则可选择留下;反之则可选择在获得补偿的条件下退出公司。③ 可见异议股东得以退出的根本原因在于公司结构的变更将导致股东成员权的丧失或者重大变更,④退市显然无法与上述措施相提并论。一方面,退市不属于公司的结构性措施,其既不改变公司的内部结构,亦不直接影响公司的股权结构。另一方面,退市并不影响股东身份与相应的成员权。如同上市从投资者成员资格的角度理解只是"外界附加的额外的东西"⑤,并非成员资格的一部分,退市仅导致股东丧失上市给股票带来的高流动性,而非其股东身份。退市后股东仍为股份持有人,其成员权及由此享有的管理权与财产权皆不受影响。综上,退市并不满足适用异议股东回购请求权的基础条件。

① 异议股东退出权被规定于德国《企业变更法》中,参见该法第 29 条、第 125 条及第 207 条。
② 参见[德]托马斯·莱塞尔、吕迪格·法伊尔:《德国资合公司法》(下册),高旭军等译,上海:上海人民出版社 2019 年,第 995 页。
③ Vgl. Michael Winter, in Joachim Schmitt/Robert Hörtnagl/Rolf-Christian Stratz, Umwandlungsgesetz Umwandlungssteuergesetz, 8. Aufl., 2018, § 29 UmwG, Rn. 3.
④ Vgl. Carl C. H. Sanders, Anlegerschutz bei Delisting zwischen Kapitalmarkt- und Gesellschaftsrecht, Duncker & Humblot, 2017, S. 95.
⑤ Vgl. Peter O. Mülbert, Grundsatz- und Praxisprobleme der Entwicklung des Art. 14 GG auf das Aktienrecht, FS Hopt, 2010, S. 1054.

（二）赋权型规制理念的弊端

1. 类别决议之弊端

类别决议易滋生公司腐败且使投资者保护制度嬗变为"阻碍退市制度"。鉴于退市将严重影响投资者利益，投资者并无同意退市的动机。[1] 为获取投资者的赞成票，公司或控股股东极有可能与持股较多的投资者进行私下利益勾兑，在滋生公司腐败的同时将严重损害小投资者的利益。更加令人担忧的是，类别决议将退市生杀大权赋予利益将因退市严重受损的投资者，其实质为赋予投资者退市否决权，投资者"保护"异化为投资者"控制"，无疑将导致阻碍退市的后果。

需知"退市否决权"的出身即蕴含着"以保护投资者之名行阻止退市之实"的内涵。1939 年，加拿大公司"Dominion Stores"申请从纽约证券交易所（以下简称"纽交所"）主动退市，彼时纽交所尚未制定任何能够阻止公司退市的制度。事后纽交所当年即推出一统该所退市制度近 60 年的 Rule 500，据此主动退市须经持三分之二以上表决权的股东同意且否定票不得超过 10%。Rule 500 一经公布便因退市标准过于严苛在业界引起轩然大波，美国证券交易商协会（NASD）批评纽交所制定该规则的本意就是阻止退市。随着纳斯达克（NASDQ）等证券交易市场的兴盛，美国证券交易委员会（SEC）认为 Rule 500 已非必要的投资者保护制度，而俨然成为限制公司退市、阻止国内证券交易场所公平竞争的阻碍机制。实证研究亦贡献了颇具说服力的数据：在 Rule 500 适用后的近 60 年时间内仅有一家公司于纽交所成功退市；而仅在 1998 年便有 66 家公司从纳斯达克退市。[2] 在诸多压力下纽交所最终放弃了 Rule 500 中严苛的退市条件，目前从纽交所主动退市仅需上市公司董事会决议通过。鉴于主动退市将损害交易所的利益，因此应避

① See Christian Leuz et al., "Why Do Firms Go Dark? Causes and Economic Consequences of Voluntary SEC Deregistrations", *Journal of Accounting and Economics*, vol. 45, no. 2-3 (August 2008), p.185.

② 参见 Julia Khort, "Protection of Investors in Voluntary Delisting on the U. S. Stock Market", working paper 2014:4, p. 22, https://www.jur.uu.se/digitalAssets/585/c_585476-l_3-k_wps2014-4.pdf，2021 年 3 月 17 日。

免交易所将自身利益掺杂进公司与投资者之间的利益冲突，从而以投资者保护的名义不当提高退市门槛，使交易所成为蟑螂陷阱（Roach Motel）——交易所如同诱捕蟑螂的捕虫器，上市公司虽然可以进入，但是交易所不会准许其离开。[①]

2. 异议股东退出制度之弊端

与类别决议搭配使用的异议股东退出权彻底瓦解了投资者赞成退市的动机。现行规则依表决内容将投资者划分为两类：同意退市的投资者与异议投资者。前者赞成退市，却将丧失交易机会而得不到任何补偿；后者反对退市，却会在获得补偿后成功退出公司。不当的差异化处理无疑将进一步阻碍投资者在类别决议中投出赞成票，从而使现行法中的投资者保护制度彻底沦为阻碍退市制度。

此外，异议股东退出权在根本上混淆了投资者在退市情形下的受保护原因，错误地将退市投资者保护问题与表决权绑定，且狭隘地将退市投资者保护的因果关系限定为"异议—退出"，从而不当缩小了受保护投资者的范围，导致大量投资者未能获得妥善保护。退市投资者保护问题与投资者在退市决议中的表决内容无关，其受保护的原因在于其因退市遭受了损失，而非反对退市，因此同意退市的投资者亦应有机会获得补偿。由于异议股东退出权无法有针对性地满足退市投资者的受保护需求，其在实践中已被弃用。在《退市意见》发布后的退市案例中，*ST 二重与*ST 上普均未将接受补偿的主体限定于异议股东，而是扩大为公司登记在册的所有股东。[②]

需要注意的是，虽然异议股东退出权不适用于主动退市，但是其在重组类退市（Kaltes Delisting）中拥有广阔的适用空间。重组类退市又

[①] See Jeffrey Harris, "Why Rule 500 Should be Repealed", *NASDAQ International Magazine 44* (September/October 2003), pp.54 – 55.

[②] 参见《二重集团(德阳)重型装备股份有限公司关于异议股东保护的专项说明》，2015 年 4 月 23 日，http://static.cninfo.com.cn/finalpage/2015-04-24/1200900262.PDF，2020 年 4 月 9 日；《上海普天邮通科技股份有限公司关于异议股东保护的专项说明》，2019 年 3 月 21 日，http://static.cninfo.com.cn/finalpage/2019-03-22/1205925409.PDF，2020 年 4 月 9 日。

称不真正退市、冷退市，指公司在实施特定公司法上的结构性措施时导致公司无法满足上市条件，因而产生退市的后果，[①]例如上市公司并入非上市公司或者分立为多个非上市公司。由于退市仅为公司相关决议所导致的后果，因此此类退市的规制重点是对公司法层面的公司行为本身的规制。对由合并、分立导致的重组类退市而言，异议股东退出权是主要的投资者保护手段，即反对重组的投资者可获得退出公司的权利。[②]

二、投资者补偿型规制理念的正当性

反思是部门法哲学的重要研究方法，在转型前应追问导致现行规制模式陷入功能性障碍的深层次原因，否则转型后的规制模式仍有南辕北辙之虞。仔细审视，赋权型规制理念的主要缺陷在于未能合理平衡公司自治与投资者保护之间的利益冲突。它以零和博弈的思路观察二者之间的关系，赋予投资者退市否决权试图将退市决议扼杀于摇篮，实际上是以牺牲公司退市自由的方式实现投资者保护。

在决议式主动退市情形下，公司自治与投资者保护之间的确存在着紧张关系，但二者不是非此即彼，而是目的与手段的关系。投资者保护制度的目的并非阻止公司退市，而是通过妥善安置投资者的利益以保障公司的退市自由。在此意义上，投资者补偿型理念能够克服赋权型理念的弊端，更均衡地处理公司自治与投资者保护之间的利益冲突，使公司与投资者各取所需。一方面，补偿型理念不限制上市公司的退市自由。退市是上市公司基于自身利益考量的商业决定，由股东大会决策并无不妥，不存在将其交由投资者决策的正当性基础。[③] 另一方

---

① Vgl. Peter O. Mülbert, Rechtsprobleme des Delisting, ZHR 165(2001), S. 105.

② 德国《企业变更法》第 29 条第 1 款亦对此进行规定。

③ 主动退市情形不适用类别决议的原因在于，一方面，投资者所持有的股份不包含任何特别权利故而并非类别股。另一方面，退市决议既非直接侵害型亦非可设置类别决议的间接侵害型股东大会决议。参见张艳：《主动退市中投资者保护模式的反思与重构》，《环球法律评论》2020 年第 6 期。

面,补偿型理念以经济补偿实现退市投资者保护的目标。如前文所述,退市对投资者的影响主要体现为财产损失,因此经济补偿能够更有针对性地满足投资者的受保护需求。投资者保护的目标宜通过经济补偿,而非赋予投资者退市决策权来实现。

(一) 受保护需求之精准满足

赋权型规制理念更加关注投资者在退市决议中受到压制的表决权,进而将表决权的强化作为主要的投资者保护手段。此种模式混淆了投资者在退市中的受保护需求,形成错位式保护。为了构建有针对性的规制模式,亟需澄清投资者在退市情形的受保护需求,相关论述将围绕投资者在上市公司中的利益格局、在退市中的损失类型以及受保护需求这三个问题渐次展开。

1. 投资者在上市公司中的利益格局:财产性利益

投资者持有的股权可细分为管理权与财产权两个层面,前者指表决权、抗辩权等管理性权利,后者包括参与利润分配等财产性权利。[①] 绝大多数情况下,投资者因持股数量有限不具备影响上市公司经营的现实可能性,其更加重视股票的高流动性赋予其在经济上的自主决定空间,即依其意愿随时买进卖出股票从而实现盈利的可能性。[②] 尽管投资者亦因持股成为上市公司的小股东,然而人们鲜少从社团成员的角度对其进行观察,而主要将其视为追求投资收益的主体。可以说投资者在上市公司中的利益格局主要体现为财产性利益,具有纯粹的投资属性。[③]

2. 投资者在退市情形的损失类型:财产损失

退市不影响投资者的股东资格。一方面,退市并不影响股权中的管理权因素,因为管理权的存在以及由此衍生而来的其他权利均不会因退市受到波及。另一方面,退市亦不影响股权中的财产权因素,退市

---

① BverfG, NJW 2001, 279, 279.

② BverfG, NJW 1999, 3769, 3771.

③ BverfG, NJW 1962, 1667, 1668.

后投资者仍可基于股东身份享有分红权等财产性权利。[①] 退市意味着投资者无法在挂牌市场继续转让股份,将使股份丧失因上市而在信息披露、监管环境等方面获得的有利交易条件,故股份因上市而获得的强流动性将受到严重限制。

股份在特定挂牌市场上的可交易性应被归为何种利益? 对此,德国联邦宪法法院曾在著名的 MVS/Lindner 判决中以该利益是否属于所有权基本权的保护范围为切口展开探讨,并对股份"法律上的流动性"与"事实上的流动性"两个概念作出界分。前者指股份在法律上的可转让性,其并非基于上市获得,非上市公司的股份亦具备此功能;后者指股份基于上市而获得的高流动性,属于股份在特定市场上的单纯的盈利与交易机会,仅为股份的"价值构成要素",是投资者在资本市场上获得股份的伴生风险。[②] 可见德国司法界将股票因上市而获得的高流动性视为能够确定股份价值的要素。该认知对我国亦富有启发,股份在特定挂牌市场上的流动性是因上市而获得的在交易设施与交易机制等方面能够确定股份实际价值的有利条件,属于附着于股份之上的财产利益范畴。此外,退市还将导致股票挂牌价格的降低。实证研究表明,退市信息的披露将导致股票挂牌价格出现 5%—12% 的跌幅,[③]此亦属于财产利益范畴。可见,退市主要对股票在资本市场上的流动性与交易价值产生影响,此皆属于财产利益范畴。

3. 投资者在退市情形的受保护需求:对财产损失的补偿

结合投资者在上市公司中的利益格局与在退市中的损失类型,其在退市情形的受保护需求已呼之欲出,即对财产损失的补偿。因此退市投资者保护问题的核心是财产保护,而非对表决权等管理性权利的强化或者股东资格的存续保护。故退市投资者保护问题应通过补偿财

---

① BVerfGE 132,99,121.

② BVerfGE 132,99,121 f.

③ See Gary C. Sanger, James D. Peterson, "An Empirical Analysis of Common Stock Delistings", *The Journal of Financial and Quantitative Analysis*, vol.25, no.2 (June 1990), p.265.

产损失，而非借助强化表决权的方式来解决。实际上，鉴于投资者在公司中轻管理、重投资的利益格局，财产补偿早已成为主流的投资者保护思路，并在众多投资者保护领域中得以应用。财产补偿相对于管理权甚至股东资格的超然地位早已得到较为充分的论证，正如德国联邦宪法法院在具有里程碑意义的"Moto Meter"案中所指出的，投资者的股东资格或者管理性权利应让位于经济补偿，只要能够给予投资者与其股权价值相当的经济补偿，就可以认为其利益并未遭受较大程度的损害，甚至成员资格的丧失亦可接受，因为投资者一定可以在获得补偿后在同类企业中找到替代性的投资机会。[①] 鉴于此，退市情形不应被例外对待，投资者因退市而遭受经济损失，其受保护需求集中体现为对经济损失的弥补。因此应秉持补偿型理念及时且足额补偿投资者的损失。

（二）利益冲突之均衡处理

主动退市法律规制是公司自治与投资者保护之间的利益平衡，亦即效率与公平的博弈。现行赋权型规制理念不仅压制了上市公司正常的退市需求，而且长此以往将对整个资本市场的可持续发展产生不利影响，因此应以均衡的全局思路考察退市中的投资者保护问题。

1. 制度利益之正本清源：效率指导下的公平

赋权型规制理念将退市的最终决定权赋予投资者，从中可以解读出证监会对退市中利益衡量的基本立场：投资者保护可压制公司自治。此种利益衡量的结果因对制度利益存在误解而表现出极大的恣意性，因此有必要对退市规制的制度利益予以澄清。

在利益的层次结构中，处于中心地位的制度利益指法律制度所固有的根本性利益。[②] 从内部观察，退市规制法律制度的核心利益在于均衡地处理投资者保护与公司自治之间的关系，使其各安其位，各取所需，从而相互协调地促进退市制度的健康发展。因此退市规制制度的

---

① BverfG, NJW 2001, 279, 280.

② 参见梁上上：《利益的层次结构与利益衡量的展开》，《法学研究》2002 年第 1 期。

目的绝非阻止退市,而是通过使投资者获得妥善保护减少退市的负外部性,最终保障公司的退市自由。从外部观察,与社会公共利益相协调是衡量制度利益的基准,[1]退市投资者保护制度除了承载着保障投资者合法权益的使命外,还关涉多层次资本市场的可持续健康发展,而后者作为经济秩序的一部分属于公共利益的当然内容。以赋予投资者退市否决权为内容的赋权型规制理念失当地将投资者的个体利益凌驾于公共利益之上,此时制度利益不仅无法与公共利益相协调,甚至可能阻碍公共利益的实现,应予修正。从制度利益与公共利益出发,不应以公平不当压制效率,而应追求效率指导下的公平。

2. “容忍与补偿”原则的引入

“效率指导下的公平”是在宏观层面对退市投资者保护制度进行利益衡量所得出的结论,针对该理念在解决利益冲突时的具体落实,宜在退市投资者保护领域引入“容忍与补偿”原则。[2]

1962 年德国联邦宪法法院在 Feldmühle 案中首次将“容忍与补偿”原则引入投资者保护领域,在该案中持有公司 75% 以上股份的大股东通过股东大会决议将公司的全部资产转移给自己,同时少数股东退出公司并以合理金额获得补偿。法院在进行利益衡量时认为,资本多数决规则下小股东只能承担股权可能被股东大会决议侵害的不利后果,基于重要的公共利益理由小股东具有投资属性的利益应劣后于企业集团自由开展经营的利益。原因在于,小股东所持股份具有纯粹的投资属性,其利益可通过足额经济补偿得以保障。[3] 可见“容忍与补偿”原则在投资者保护领域的内涵是:鉴于投资者持股数量极为有限故股权中的管理权功能微弱,其股权在根本上属于资产投资,[4]因此投资

---

① 参见梁上上:《制度利益衡量的逻辑》,《中国法学》2012 年第 4 期。

② 该原则于 1895 年被德国行政法学之父梅耶(Otto Mayer)引入行政法,用于描述市民相对于强权国家的法律地位。梅耶指出,由于市民无力对抗国家,除了向国库依法缴税外别无他法,因此在警察国家中市民自由的保障就只能依赖“容忍与补偿”原则。Vgl. Otto Mayer, Deutsches Verwaltungsrecht, Band 1, Duncker & Humblot, 1895, S. 52.

③ NJW 1962, 1667, 1668.

④ 参见陈霄:《德国宪法上的财产权保障与股东权利》,《华东政法大学学报》2016 年第 1 期。

者不具备影响公司决策的可能性,只能"容忍"股东大会决议给其造成的损害,但可就其损失获得足额经济补偿。

"容忍与补偿"原则可谓投资者保护领域中"效率指导下的公平"理念的完美注脚,亟需被引入退市投资者保护领域。一方面,持股数量有限的投资者需要容忍股东大会退市决议的生效。从风险的角度来看,主动退市是投资者在购买股票时应当预见到的风险,正如美国证券交易委员会所言:投资者必须清楚,上市许可并非一项不会终止的既得权利。[①] 退市是上市公司基于自身利益考量的商业决策,且符合公共利益,任何公司皆有在未来主动退市的可能,投资者无权阻止。另一方面,退市投资者保护问题应交由补偿机制解决。退市给投资者造成的损失主要体现为财产利益损失,足额的经济补偿能够弥补投资者的损失。只要上市公司做好补偿投资者的准备并具备补偿能力,法律就不应阻止退市。

(三) 法教义学归属之妥适定位

赋权型规制理念无视退市的证券法属性将其与其他公司结构性措施混为一谈,将证券市场中的投资者视为与大股东相对立的小股东并强化其表决权,是僵化地依循公司法中的少数股东保护理念理解投资者保护的产物。虽然投资者因持股成为股东从而同时受到公司法与证券法的保护,但两法在保护的层次与功能上存在区别。

第一,保护层次不同。首先,对于上市公司的投资者而言,公司法所提供的是基于持股而享有的"最低程度"的保护,例如表决权、分红权等。上述权利与公司是否上市无关,即便公司退市投资者亦可基于持股享有公司法层面统一的股东保护。其次,投资者亦因公司上市获得证券法层面的保护,例如包括信息披露义务与行为义务在内的上市后续义务。此类保护与公司的上市状态息息相关,退市后投资者将无法享受此类保护。

---

① See SEC Release No. 34 - 5359, File No. 1 - 689, 1 - 816, 37 SEC 362, 365.

第二，保护功能不同。公司法属于社团法范畴，以为公司内部事务设立组织与行为规则为主要内容，[1]核心理念是将作为社员的股东联合起来，通过行使共同管理权追求公司目标。[2] 证券法属于市场监管法范畴，以证券的发行与交易为主要调整对象，旨在通过一系列监管规则保障证券市场的有序运行与投资者的合法权益。[3] 公司法与证券法的不同属性赋予其不同的保护功能。具体而言，公司法主要将股东视为股权的"所有者"进行保护，着眼于股东对股权的"持有"进而保护成员权中的管理权与财产权，而证券法主要将投资者视为股权的"交易者"进行保护，以股权在证券市场上的交易为核心，旨在提供公平的交易价格与公正透明的交易环境。[4]

赋权型规制理念错误地将退市投资者保护问题的法教义学归属确定为公司法，从公司法的工具箱中选取类别决议与异议股东退出权两项股东保护制度，试图强化投资者的表决权以对抗公司退市。公司法中的股东保护思路不仅无法解开证券法中的退市投资者保护难题，而且严重损害了法律的体系性与内在逻辑的一致性。退市是典型的证券法行为，退市后投资者仍为公司股东，只是将丧失股票在特定证券市场中的可交易性。从保护层次的角度来看，退市仅影响投资者在证券法层面因上市而获得的利益，而非投资者基于持股而享有的公司法层面的保护。从保护功能的角度来看，退市影响股票在挂牌市场的可交易性，属于作为股权交易者的投资者的交易性利益，而非作为股权所有者的股东的持有性利益。因此退市法律规制问题的法教义学归属是证券法，该问题宜通过证券法中的补偿机制来解决。

---

[1] Vgl. Marcus Lutter/Walter Bayer/Jessica Schmidt, Europäisches Unternehmens- und Kapitalmarktrecht, De Gruyter, 2012, S. 244.

[2] Vgl. Peter O. Mülbert, Aktiengesellschaft, Unternehmensgruppe und Kapitalmarkt, C. H. Beck, 1996, S. 150.

[3] Vgl. Petra Buck-Heeb, Kapitalmarktrecht, C. F. Müller, 2013, S. 3.

[4] See Jame J. Park, "Reassessing the Distinction between Corporate and Securities Law", *UCLA Law Review*, vol. 64, no. 1 (January 2017), p. 121.

（四）注册制理念之高度契合

补偿型规制理念高度契合注册制理念，可以说注册制的全面实行为退市制度改革提供了空前的历史机遇。作为"入口"的上市与作为"出口"的退市是资本市场中的两个关键环节，股票的发行上市与退市制度亦为资本市场中重要的基础性制度，二者不可割裂且相互作用与影响。一方面，失当的上市制度无法滋养出成熟的退市实践。以我国为例，与成熟资本市场主动退市比例较高不同，我国的主动退市实践寥寥无几，A股市场仅有 *ST二重（2015年）与 *ST上普（2019年）等"非典型"[1]决议式主动退市案例。究其根源，核准制下壳资源的稀缺性使我国股市陷入"上市难、退市更难"的窘境，严重阻碍了市场的出入自由，扭曲了股市的供需平衡，亦使主动退市制度形同虚设。另一方面，有缺陷的退市制度同样会反噬上市制度改革为资本市场建设所付出的努力。尽管注册制改革与新《证券法》的正式实施已为资本市场通畅了"入口"，但如果作为"出口"的退市制度不随之改革，那么我国股市将罹患只进不出的疾病，从而极大减损注册制改革的成效。上市与退市是有机统一体，注册制改革须与退市制度配套改革方可实现良性互动的制度协同效应。[2]

随着注册制改革的有序开展，一个进出更自由、主体责任更明晰、投资者得到更适当保护的健康运转的多层次资本市场已初见雏形。照此趋势，主动退市有望回归商业决定的本质，即上市公司通过上市获取的利益已与上市的负担不成比例。注册制时代市场化、常态化的主动退市实践已经呼之欲出，而赋权型规制理念主导下的现行退市投资者保护制度显然无法与之相匹配。

补偿型规制理念是注册制改革背景下退市规制理念的应然选择。注册制改革要求退市制度应充分体现市场化、法治化的要求，良性循环

---

[1] 非典型的原因在于两家公司皆因连续三年亏损被暂停上市，主动退市是公司为避免被交易所强制退市采取的权宜之计，在此情况下主动退市符合公司所有股东的利益，因此不存在一般主动退市中的利益冲突。

[2] 参见董登新：《A股退市中的政府角色》，《中国金融》2016年第12期。

的资本市场要有进有出且遵循正常的新陈代谢规律,唯此方可充分发挥资本市场的资源配置作用。在法政策层面,在"充分发挥市场在资源配置中的决定性作用"的新时代,补偿型规制理念既能妥善安置投资者在退市中的利益,又无碍市场化退市中市场要素的自由流动与要素配置效率。落实到法技术层面,补偿型规制理念能够切断投资者对退市决定的控制权,将退市投资者保护问题聚焦于经济补偿,通过退市投资者保护制度的供给侧改革保障注册制改革下主动退市制度的顺畅运行。

第二节　德国经验的展开与借鉴

在铺设决议型主动退市规制路径方面,德国法学人的相关探索对同属大陆法系的我国充满启发。1994 年著名企业巴斯夫向交易所提出退市申请拉开了德国规制主动退市之幕[①],在此后的二十余年间,德国立法界、司法界、学界与实务界对主动退市规制开展了深入的理论探讨与精彩实践,共同书写了一部跌宕起伏的主动退市规制史。与最终的规制方案相比,探索过程更加值得关注。德国法学人对很多决定着规制路径走向的基础性问题进行了全面且深入的探讨,例如退市的法律属性、退市给投资者造成的损失类型、退市规制的部门法归属等,而对这些基础性问题的忽视或者认识偏差正是导致我国主动退市规制效果不佳的原因之一。因此,对德国法学人探寻主动退市规制路径的过程进行深入的学理研究尤具学术价值,甚至连他们曾经误入的"歧途"都富含学术营养,因为正是一次次的论战与纠偏才使我们越来越接近并最终确定主动退市的法律本质、其在法律体系中的准确定位及其法律规制的核心。德国对主动退市规制路径的认识过程主要由司法推动,为更直观地反映这一过程,本部分将选取最具影响力与推动力的三

---

① Vgl. Eberhard Schwark/Frank Geiser, Delisting, ZHR 161(1997), S.739.

个经典判决(Macrotron 判决、MVS/Lindner 判决与 Frosta 判决)展开深入剖析。

一、联邦最高法院的 Macrotron 判决：基于宪法基本权的裁判

(一) 地方法院的判决：基于"Holzmüller 学说"的裁判

1. 股东大会退市决议：基于退市对股东成员权的影响

自 1997 年德国《交易所法》对主动退市作出规定以来，Macrotron 案是德国法院审判的首个与主动退市相关的案件。1999 年，Macrotron 公司股东大会作出决议，授权董事会向交易所提出退市申请。随后大股东发布公告称，将发出收购要约以特定价格收购少数股东的股票。同年，部分少数股东向慕尼黑地方法院(LG)提起撤销股东大会决议之诉，理由是退市将严重影响少数股东的权利。在地方法院驳回起诉①后，原告在上诉程序中主张以裁决程序(Spruchverfahren)②审查收购要约定价的合理性，该请求同样被高等地方法院(OLG)驳回。③ 地方法院与高等地方法院皆认为，主动退市需经股东大会决议通过，且皆将"Holzmüller 学说"视为其裁判依据。

"Holzmüller 学说"源于联邦最高法院于 1982 年就 Holzmüller 案件作出的著名判决：未被公司法规定或者被公司章程记载的本不属于股东大会决议范围的事项，若属于将对股东成员权产生特别重大影响的经营管理措施，则董事会有义务将其提交股东大会决议。④ 可见司法机关认为退市将对股东的成员权产生重大影响，但学者却持反对意见，因为退

---

① LG München I, Urt. V.4.11.1999, ZIP 1999, 2017 ff.
② 裁决程序是德国公司法中的一种程序，少数股可请求法院审查结构性措施中的补偿额度是否合理。该程序通过将赔偿额度之诉与结构性措施的效力脱钩，从而避免前者拖延后者的实施。该程序的特殊之处在于，法院裁决的结果适用于涉案结构性措施涉及的所有股东，甚至包括已经退出的异议股东。裁决程序被规定于 2003 年生效的《裁决程序法》中。Vgl. Matthias Schüppen, in Münchener Anwaltshandbuch Aktienrecht, 3. Aufl., 2018, § 40 Rn.1 ff.
③ OLG München, Urt. V.14.02.2001, ZIP 2001, 700, 700 f.
④ BGHZ 83, 22, 131.

市既不影响股东的管理权（例如投票权），也不影响其财产权（例如分红权、优先购买权等），所以无法得出其将严重影响成员权的结论。[①]

尽管学者并不赞同将"Holzmüller 学说"作为退市股东大会决议的正当性基础，然而仍认为股东大会决议是必要的，主要原因如下：(1)既然从公司结构变化与保护股东的角度考量，上市需要股东大会决议通过，那么与其相反的退市就应被同等对待。[②] 该观点并不具有说服力，一方面，退市不会导致公司结构的变化，只将导致公司与股东不再受资本市场行为规范的约束，公司内部组织法层面的因素并不受影响。另一方面，退市将使股东从严苛的上市后续义务中解脱出来，因此股东保护并非有说服力的理由。[③] (2)退市应类推适用"股票限制转让"与"少数股东挤出"情形下的股东大会决议制度。[④] 此观点同样无法使人赞同，主动退市与上述两种情况不具有可比性，因为此二者皆直接影响股东的成员权，而主动退市却不属此列。(3)鉴于退市将导致资本市场法层面的合规行为与披露义务的消灭，将对股东的投资者身份产生不利影响，因此应通过股东大会决议对投资者实施保护。[⑤] 反对观点从主流观点所遵循的对社团法与资本市场法的严格界分作出回应，认为纯粹的社团法只关注股东的管理权与财产权，而非其在资本市场中随时将股票转让变现的利益。社团法的核心理念是将股东联合起来，通过行使共同管理权共同追求公司目标，[⑥]因此不存在为保护被退市影响的投资者利益而创建股东大会决议的正当性。[⑦]

---

① Vgl. Perter O. Mülbert, Rechtsprobleme des Delisting, ZHR 165(2001), S. 129; Lars Klöhn, Delisting-Zehn Jahre Später, NZG 2012, S. 1045.

② Vgl. Marcus Lutter, Gesellschaftsrecht und Kapitalmarkt, FS-Zöllner, 1999, S. 380; Klaus J. Hopt, Das Dritte Finanzmarktförderungsgesetz, FS-Drobnig, 1998, S. 537.

③ Vgl. Perter O. Mülbert, Aktiengesellschaft, Unternehmensgruppe und Kapitalmarkt, 2. Aufl., 1996, S. 129 f.

④ Vgl. Hartwin Bungert, Delisting und Hauptversammlung, BB 2000, S. 55.

⑤ Vgl. Detlef Kleindiek, "Going Private" und Anlegerschutz, FS-Bezzenberger, 2000, S. 653 ff.

⑥ Vgl. Perter O. Mülbert, Aktiengesellschaft, Unternehmensgruppe und Kapitalmarkt, C. H. Beck, 1996, S. 232 ff.

⑦ Vgl. Perter O. Mülbert, Rechtsprobleme des Delisting, ZHR 165(2001), S. 132.

2. 投资者补偿：基于体系性解释未予支持

与对股东大会决议的肯定态度不同，地方法院与高等地方法院皆不赞成对股东进行补偿以及通过裁决程序确定赔偿金额的合理性。高等地方法院从整个《股份法》与《企业变更法》的体系性角度进行观察，认为在退市情形并不存在类推适用股东补偿规定的法律漏洞（Reglungslücke）。[①] 通览《股份法》可知，股东只能在三种特定情形获得补偿，分别是并入康采恩（Eingliederung）时退出股东的一次性补偿（《股份法》第 320b 条）、存在控制合同与盈余转让合同时对外部股东的一次性补偿（《股份法》第 305 条）以及少数股东挤出情况下的一次性补偿（《股份法》第 327a 条）。可见，补偿皆以对股东成员权的严重影响乃至剥夺为前提。纵观《企业变更法》可知，尽管第 207 条规定了企业转型情况下异议股东的现金补偿制度，但却在第 250 条排除了由股份公司（AG）向股份两合公司（KGaA）转型情况下的补偿，理由是从成员权角度进行观察，股东的法律地位并无变化。可见补偿的前提是转型导致股东的法律地位发生了变化，而退市显然不符合该条件。上法第 29 条第 1 款排除了保持原形式的公司合并情形下的补偿请求权，并为转让限制设置了例外规定。退市并不改变公司形式，仅意味着股东无法在特定交易市场继续转让股份。鉴于退市不限制股份的转让，故退市并不符合公司法中补偿制度的适用条件。鉴于此，有学者认为《股份法》与《企业变更法》的立法者已经坚定地排除了股东补偿制度在退市情形的适用。[②]

（二）联邦最高法院的判决：基于所有权基本权的裁判

1. 股东大会退市决议：基于退市对所有权基本权的侵害

承前所述，在联邦最高法院作出最终判决前，高等地方法院的基本立场如下：基于"Holzmüller 学说"，主动退市应经股东大会决议通过，

---

① OLG München, Urt. V. 14.02.2001, ZIP 2001, S. 705.

② Vgl. Perter O. Mülbert, Rechtsprobleme des Delisting, ZHR 165(2001), S. 137 f.

但从体系性解释出发,现行法中的股东补偿制度并不适用于退市。2002年,联邦最高法院对Macrotron案作出终审判决。其首先否定了高等地方法院将退市等同于"Holzmüller学说"中的公司结构性措施的观点,因为退市并未改变公司的内部结构,但其认为股东大会退市决议仍属必要。令人始料未及的是,联邦最高法院并未在一般法律(einfaches Recht)中寻求裁判依据,而是选择直接援引《基本法》第14条中的所有权基本权作为裁判基础。联邦最高法院认为,退市需要经过股东大会简单多数通过,因为退市将严重侵害股份的流动性,进而侵害股东受《基本法》第14条保护的股权所有权。保护社团成员财产利益的权利应被赋予股东,而非经营管理层,鉴于退市将对少数股东所持股份的流动性与交易价值产生侵害,应由股东大会,而非董事会来决定是否退市。[①]在论证股份流动性属于所有权范畴时,联邦最高法院援引了联邦宪法法院的DAT/Altama判决[②]与Moto meter[③]判决,认为股份的交易价值和随时变现的可能性具有股份所有权的特质,因此应与股份所有权一样受《基本法》第14条的保护。此外,联邦最高法院认为,股东大会的退市决议无需根据实质性证明(sachliche Rechtfertigung)标准进行审查[④],因为退市决议具有"经营特性"(unternehmerischer Charakter),已由大多数股东来决定退市措施是否契合公司利益以及是否必要,且少数股东的财产损失已通过强制要约与相应的裁决程序得到足额补偿。[⑤]

2. 投资者补偿:向少数股东发出收购要约

联邦最高法院进一步认为,股东大会决议并不足以实现对少数股

---

① BGHZ 153, 47, 55; Carl C. H. Sanders, Anlegerschutz bei Delisting zwischen Kapitalmarkt- und Gesellschaftsrecht, Duncker & Humblot, 2017, S.57.

② BVerfGE 100, 289 ff.

③ ZIP 2000, 1670 ff.

④ "Kali und Salz"判决是在《股份法》中的股东优先购买权排除领域的一个著名判决,据此公司排除特定股东优先购买权的决议可由法院对其实质正当性进行审查,即该决议必须服务于公司利益,且须适当、必要以及合乎比例。BGHZ 71, 40, 40 f.

⑤ NJW 2003, 1032, 1035.

东的充分保护,原因在于现行法中的少数股东保护方案过于宽松。《交易所法》第 43 条第 4 款仅包含以下原则性规定:退市不得与投资者保护相违背。虽然立法者已授权各交易所自行设定更为细化的保护方案,但是保护效果并不乐观。以《法兰克福交易所规则》为例,在原有公开收购要约的基础上,2002 年交易所在主动退市条件中增加了为期六个月的等待期制度,旨在使投资者在公告退市后仍有充足的时间继续在交易所市场转让股票。上市公司在申请退市时可以任选其一,即要么通过收购要约对投资者进行补偿,要么推迟摘牌时间以赋予投资者充分的时间与即将退市的股票相分割。不过等待期制度的保护功能有限,因为实证研究表明,股价在发布退市公告后通常已经崩溃。① 此外,各《交易所规则》中收购要约价格的确定方式亦被联邦最高法院诟病,因为按照规定参考价格是退市公告发布前六个月交易所的最高挂牌价格,而非股票的真实价值。鉴于交易所的最高挂牌价有可能低于股票的真实价值,故联邦最高法院认为上述规定并不能完全弥补少数股东的财产损失。

联邦最高法院在援引联邦宪法法院的 DAT/Altama 判决和 Motometer 判决后主张,既然联邦宪法法院的判例已有通过裁决程序审查补偿金额从而使投资者获得足额补偿的先例,那么退市环节就应当类推适用上述规定。原因在于,与撤销股东大会决议相比,上述方法更有效率且能够更合理地平衡各方利益。联邦最高法院认为,只有由公司或者大股东向少数股东提出收购要约才能对少数股东提供充分的保护,该要约须与股份的全部价值相符,且定价的合理性可诉诸裁决程序加以判断。② 虽然退市并不属于《裁判程序法》第 1 条的适用范围,但是该条款的适用范围并不是终局性的,因此存在将其类推适用于退市的空间。③

---

① BGHZ 153,47,56 f.
② BGHZ 153,47 ff.
③ BGHZ 153,47,56 f.

（三）对 Macrotron 判决的批判

Macrotron 判决是联邦最高法院对法律的续造，Macrotron 案的裁判结果得到了学界与实务界的支持，但将所有权基本权和宪法法院判例作为裁判基础并未获得广泛认可。在此后的判决中，虽然地方法院与高等地方法院作出的相关判决通常与 Macrotron 判决的结果相同，但却基本都是基于其他依据作出。例如巴伐利亚州高等法院认为补偿请求权应类推适用《企业变更法》第 207 条的规定。[①] 再如，尽管之前的讨论已经基本排除了将《股份法》中的少数股东补偿制度作为退市补偿的依据，但柏林高等法院仍作出类推适用的判决。[②] 司法机关对将《基本法》第 14 条作为退市案件裁判依据的抗拒可见一斑。此外，Macrotron 判决对若干细节问题的忽视亦使其推广成为难题，例如不存在强制收购要约的案例应如何处理，少数股东可继续请求补偿抑或股东大会决议将因此无效。[③] 悬而未决的还有赔偿请求权的起诉权和应诉权问题，就前者而言，尚未澄清的问题是，权利人的范围包括全部少数股东还是仅为异议股东；对后者来说，需要回答的是，哪个主体可作为除公司之外的大股东进行应诉。[④]

尽管联邦最高法院在 Macrotron 判决中明确表示，股份进入"自由市场"（Freiverkehr）[⑤]交易无法弥补投资者因退市遭受的损失，即降板退市与完全退市应适用相同的条件。这种绝对化的做法已随着 Lindner 判决的出现在一定程度上被放弃。2006 年，在慕尼黑交易所上市的 Lindner 公司申请降板至高级自由市场"m: access"，退市仅由公司董事会决议通过且公司或大股东未对少数股东进行补偿。部分少

---

① BayObLG, NZG 2005, 312, 315 f.

② KG, ZIP 2007, 2352, 2353.

③ Vgl. Johannes Adolf, Johannes Tieves, Über den rechten Umgang mit einem Entschlusslosen Gesetzgeber: Die aktienrechtliche Lösung des BGH von der Börse, BB 2003, S. 801 ff.

④ Vgl. Jochen Hoffman, in Gerald Spindler/Eberhard Stilz（Hrgs.）, Kommentar zum Aktiengesetz, 2. Aufl., 2010, § 119 Rn. 42.

⑤ 自由市场是德国多层次资本市场的重要组成部分，与受规制市场由公法规制不同，其主要由私法，尤其是一般交易条款（AGB）规制。

数股东基于 Macrotron 判决向慕尼黑地方法院提起诉讼，主张通过裁决程序确定合理的现金补偿数额。在法院驳回起诉后不久，上诉亦被慕尼黑高等地方法院驳回。一审与二审法院皆认为，降板至高级自由市场不适用 Macrotron 判决中的退市生效要件，因为"m：access"在定价、透明度和披露义务方面与主板市场相近，因而可以排除退市对定价的消极影响。① 可见法院已经认识到，僵化地适用 Macrotron 判决而不关注退市导致的实际损失是不合理的。该判决提醒人们，在判断股票流动性时，重要的不是抽象的、法律上的、与特定交易板块一一对应的僵化标准，而是股票实际的流动性。实际流动性遵循市场经济运作规律，与交易场所的板块设置之间不存在绝对关联。②

Macrotron 判决在退市规制路径的部门法归属方面遭到学界质疑。有学者认为，此项判决导致了主动退市规制层面公司法与资本市场法的重叠。甚至可以说，该判决使主动退市的部门法归属发生了从资本市场法向公司法的转移。③ 退市属于资本市场法事项，由《交易所法》规制。其既不属于公司结构性措施，也不会损害股东在公司法框架内的成员地位。尽管人们已经就此达成共识，但联邦最高法院仍基于其对宪法法院 DAT/Altama 判决的理解将股票在资本市场中的流动性归于《基本法》第 14 条所有权基本权的范畴，进而为主动退市规制增加了旨在规制公司结构性措施的公司法规制手段。Macrotron 判决对投资者保护问题产生了重大影响，联邦最高法院引入大股东概念将其与中小股东概念相对立，可以说从法技术上讲，此案所涉及的已不是资本市场法上的投资者保护，而是公司法上的少数股东保护。④

有学者从 Macrotron 判决与公司法规范体系的兼容性出发展开批判，认为判决结果与现行公司法规范相冲突，例如判决中引入的股东大

---

① ZIP 2007,2143 ff.；ZIP 2008,1137 ff.
② Vgl. Marietta Auer, Der Rückzug von der Börse als Methodeproblem, JZ 2015, S. 72.
③ Vgl. Michael Brellochs, Der Rückzug von der Börse nach "Frosta", AG 2014, S. 635.
④ Vgl. Carl C. H. Sanders, Anlegerschutz bei Delisting zwischen Kapitalmarkt- und Gesellschaftsrecht, Duncker & Humblot, 2017, S. 61.

会简单多数同意不符合"Holzmüller 学说"中的"未规定的股东大会决议范围"的适用条件,因为后者要求股东大会决议所审议的事项必须深入地介入公司结构。[1] 此外,Macrotron 判决中的股东大会决议既无需董事会报告又无需实质性证明,而仅需简单多数同意,不由使人怀疑股东大会决议缺乏实际意义,只是为了后续裁决程序的进行而事先铺垫的形式上的法律行为。[2] 除股东大会决议外,Macrotron 判决中的要约义务亦与公司法中的其他少数股东补偿案例不相符。

二、联邦宪法法院的 MVS/Lindner 判决:对 Macrotron 判决裁判基础的抽离

(一) MVS/Lindner 判决:退市不侵害所有权基本权

Macrotron 判决是联邦最高法院就主动退市作出的开创性判决,其另辟蹊径地将《基本法》中的所有权基本权作为裁判依据,并推动了主动退市规制的部门法归属由资本市场法转向公司法。虽然该判决在发布后引发诸多探讨乃至批判,但是真正具有实质性意义的挑战是十年后由联邦宪法法院作出的具有釜底抽薪效果的 MVS/Lindner 判决。该判决基于两个不同的宪法诉愿(Verfassungsbeschwerde)作出,一是 Lindner 降板案例中的一个投资者认为高等地方法院的判决对其基本权造成侵害;二是 MVS 公司的大股东针对 Macrotron 判决提出宪法诉愿,认为降板情况下收购要约的定价不应适用裁决程序。宪法法院驳回了两个诉愿,理由是降板退市与完全退市均不侵害《基本法》第 14 条中的股东所有权这一基本权。[3]

宪法法院首先对《基本法》所保护的股份所有权与其保护范围之外

---

① Vgl. Marietta Auer, Der Rückzug von der Börse als Methodeproblem, JZ 2015, S. 72; Jens Ekkenga, Macrotron und das Grundrecht auf Aktieneigentum, ZGR 2003, S. 883; Lars Klöhn, Delisting-Zehn Jahre Später, NZG 2012, S. 1043 f.

② Vgl. Michael Brellochs, Der Rückzug von der Börse nach "Frosta", AG 2014, S. 635.

③ BVerfGE 132, 99, 119.

的股份的价值形成因素进行区分。其指出,《基本法》只保护股份所有权中的成员权和财产权。就退市而言,一方面,退市并不影响股份所有权中的成员权因素,因为成员权的存在、从中衍生出来的参与权以及公司的内部结构均不会因退市受到影响。另一方面,退市亦不影响股份所有权中的财产权因素。虽然在受规制市场中的交易会提高股份事实上的流动性,但是《基本法》第 14 条仅保护股权在法律上的流动性,亦即随时转让的能力,其与上市无关,因为非上市公司的股份亦具有可转让性。鉴于退市并不影响股权的成员权与财产权因素,因此退市不会侵害《基本法》中的所有权基本权。① 那么退市给投资者造成的损失应如何定性呢? 宪法法院认为,退市仅导致股票丧失因上市而获得的高流动性,此为股份的价值形成因素,属于《基本法》保护范围之外的市场中单纯的收益与交易机会。② 尽管如此,宪法法院仍然认为 Macrotron 判决并不违宪,因为法官并未突破宪法赋予其进行法律续造的边界,甚至地方法院在适用补偿义务时对若干公司法条文的类推适用亦无可指摘,因为从宪法角度看,尽管其并非必要,但却是被允许的。③

(二) 法律效果:Macrotron 判决裁判基础的丧失

学界对宪法法院的判决表示赞同,认为 Macrotron 判决的确错误地理解并应用了宪法法院的 DAT/Altama 判决。DAT/Altama 判决传递的信息是,只有在小股东获得足额补偿的前提下,才可以为多数股东利益剥夺小股东在公司法上的身份,且在确定补偿数额时不能忽视交易所的挂牌价格。④ 而联邦最高法院在作出 Macrotron 判决时无疑对其进行了过于宽泛的解释,从考虑交易所价格这一单纯义务引申出宪法对交易所报价的保护,继而认为在受规制市场上的高流动性是《基本法》第 14 条的保护范围,从而把股份在交易所市场所

---

① BVerfGE 132, 99, 121.

② BVerfGE 132, 99, 121 f.

③ BVerfGE 132, 99, 133.

④ BVerfGE 100, 289, 307 f.

获得的高流动性提升为宪法保护的内容,这明显在所有权教义学上站不住脚。[1]

MVS/Lindner 判决除了将退市完全排除出《基本法》第 14 条所有权基本权的保护范围之外,还第一次从宪法法院的视角出发对社团法与市场规制法进行了区分。在社团法层面,如果股东丧失了成员地位或者其地位被结构性措施所限制,那么宪法应该对其损失进行全额赔偿。然而宪法的保护范围并不包括市场规制法,而退市显然属于此列。如同宪法法院在判决中所指出的,"宪法对所有权的保护基本不包括《股份法》和《交易所法》中的市场规制相关条款"。[2] 上市许可从成员资格角度理解只是一个"外界附加的额外的东西",并非股东成员资格的组成部分。如同退市是上市伴随的风险,宪法不保护股份现实中的流动性风险,也就是说,宪法不关心投资者的投资是否遭受损失或者是否能够随时变现,故投资者在投资前要自行衡量股票的流动性风险。[3] 宪法法院的上述判决对 Macrotron 判决最大的影响在于直接抽离了后者的裁判基础,导致 Macrotron 判决成为空中楼阁,其要么重建根基,要么倾塌。尽管宪法法院指出 Macrotron 判决的结果并不违宪,但在学界和实务界几乎已对所有可能的类推适用情形逐一讨论并予以排除后,很难得出 Macrotron 判决的结果仍将继续适用的乐观结论,毕竟皮之不存,毛将焉附。

三、联邦最高法院的 Frosta 判决:基于体系性解释的裁判

2011 年,Frosta 公司从柏林证交所受规制市场降板至法兰克福交易所初级市场(自由市场),降板退市未经股东大会决议通过且未对少数股东进行补偿。异议股东请求通过裁决程序确定合理的补偿金额,

---

[1] Vgl. Marietta Auer, Der Rückzug von der Börse als Methodeproblem, JZ 2015, S. 73.
[2] Vgl. Michael Brellochs, Der Rückzug von der Börse nach "Frosta", AG 2014, S. 635.
[3] Vgl. Carl C. H. Sanders, Anlegerschutz bei Delisting zwischen Kapitalmarkt- und Gesellschaftsrecht, Duncker & Humblot, 2017, S. 70.

一审法院不来梅地方法院与二审法院不来梅高等地方法院均驳回起诉。2013 年，联邦最高法院对 Frosta 案件作出终审判决。其认为，根据宪法法院的 MVS/Lindner 判决，退市并不侵害《基本法》第 14 条所保护的所有权基本权，因为该条款仅保护股份在法律上的流动性，而事实上的流动性只是单纯的盈利和交易机会。鉴于 Macrotron 判决的裁判基础已被抽离，故退市既无需股东大会决议通过，也不必对投资者进行补偿，遑论以裁决程序审查补偿金额的合理性。[①]

Frosta 判决是德国主动退市司法实践中最具里程碑意义的判决之一，标志着德国主动退市规制的部门法归属由公司法转回资本市场法。对我国来说该判决极具研究价值，因为我国目前的主动退市规制模式主要由证监会的法律续造引领且遵循着公司法路径，现行规制形态与德国 Frosta 判例被作出之前的阶段较为相似。在此背景下，观察德国退市规制部门法归属转换的动因及效果自然颇具启发意义。

（一）董事会退市决议

联邦最高法院排除了股东大会决议在主动退市情形下的适用，其认为退市既不属于《股份法》第 119 条第 1 款规定的 8 项事项的范围，也不符合 Holzmüller 判决创设的"未被规定的股东大会职权"的适用条件，原因在于退市不会导致股东成员地位被削弱。[②] 针对学界对 Macrotron 判决在主动退市情形引入股东大会决议的批判，即 Macrotron 判决是"未被规定的股东大会职权"体系中的入侵者[③]，联邦最高法院通过 Frosta 判决进行了回应，判决作出之后上述体系仍旧只有 Holzmüller 判决所确定的一种类型。有学者认为联邦最高法院之所以在 Macrotron 判例中创设股东大会决议，是希望将其作为引出裁决程序的工具，因为在缺少真正的公司结构性措施时需要一个构

---

① NJW 2014,146,146.

② NJW 2014,146,147.

③ Vgl. Mathias Habersack, Mitwirkungsrechte der Aktionäre nach Macrotron und Gelatine, AG 2005, S.141.

想出来的"重大事项",从而可以判定哪些股东属于同意退市的多数股东,哪些属于处于劣势的需要补偿的少数股东。补偿少数股东的逻辑顺序本为结构介入—股东大会决议—补偿请求权,而在Macrotron判决中明显使用了倒推的方式,即为补偿少数股东而设置股东大会决议。[①]

Frosta判决的作出使退市还原为纯粹的经营管理措施,退市由董事会在其裁量空间内自由决定,监事会依公司章程亦有可能参与其中。股东大会决议的取消并不意味着退市决定与投资者利益相脱钩,董事会需要综合多种情况在企业决策框架内作出退市决定。当退市仅符合大股东利益或者将导致利益冲突时,董事会应及时解释退市理由,即说明为何退市符合公司整体利益。[②]

(二) 投资者无需补偿

联邦最高法院排除了《股份法》与《企业转型法》中的股东补偿规定在退市情形的类推适用。首先被排除的是《企业转型法》第207条中的企业转型情形下股东补偿规定的类推适用,主要理由如下:(1)并非全部类型的股份公司转型都适用补偿规定,由股份公司转型为股份两合公司即为不予补偿的例外情况(《企业转型法》第250条);(2)退市与企业转型的法律效果不同,退市并不会导致公司结构与股东的股权比例产生决定性变化;(3)若将主动退市视为企业转型,则强制退市亦应被同等对待,然而《企业转型法》第190条并未作出相应规定。[③] 其次,《股份法》第243条第2款中的"有利于大股东特别利益的股东大会决议中的补偿制度"的类推适用也被排除,原因在于主动退市并不总是能给大股东带来特别利益,且补偿缺位导致的法律后果并非赔偿

---

① Vgl. Lars Klöhn, Delisting-Zehn Jahre Später, NZG 2012, S.1046; Marietta Auer, Der Rückzug von der Börse als Methodeproblem, JZ 2015, S.74.
② Vgl. Michael Brellochs, Der Rückzug von der Börse nach "Frosta", AG 2014, S.638 f.
③ NJW 2014,146,147.

程序,而是股东大会决议的无效。最后,联邦最高法院还排除了《股份法》与《企业转型法》中规定的与公司结构性措施相关的一系列法定补偿规定①的类推适用,因为退市既不属于结构性措施,也不是与其类似的行为。②

联邦最高法院明确拒绝了《企业转型法》中补偿制度的类推适用,即上市公司合并至非上市公司需对异议股东予以补偿(冷退市)③。2007 年《企业转型法》通过修法引入第 29 条第 1 款第 1 句第 2 种情况后,学界存在一种比较有代表性的观点,认为将冷退市情形的补偿规定类推适用于主动退市不仅是可能的,而且是必须的。有学者甚至认为,以新法第 29 条的生效为界限可对类推适用作如下区分:生效之前的法律续造因违法而不被允许,但生效之后基于对主动退市与冷退市的同等对待,应强制进行类推适用。④ 尽管上法突破了保留原形式的公司合并不予补偿的常规操作,然而联邦最高法院认为,从该条款的立法目的⑤与冷退市其他情况中免于补偿的做法(《股份法》第 320b 条第 1 款)不能得出如下结论:受规制市场中凡发生退市必有补偿。⑥ 联邦最高法院的上述立场值得赞赏,因为从方法论角度来观察,可能的与必要的类推适用之间存在极大区别:后者不仅以违背计划的立法漏洞(planwidrige Regelungslücke)的存在为前提,而且只能通过与类推适用的构成要件同等化的方式加以弥补。⑦《交易所法》第 39 条第 2 款

---

① 例如《股份法》第 305 条、第 320b 条与第 327b 条,《企业转型法》第 29 条与第 207 条。

② NJW 2014, 146, 147.

③ 冷退市又称重组类退市、不真正退市,指公司在实施特定公司法上的结构性措施时导致公司无法满足上市条件,因而产生退市的后果,例如上市公司并入非上市公司或者分立为多个非上市公司。Vgl. Perter O. Mülbert, Rechtsprobleme des Delisting, ZHR 165 (2001), S. 105.

④ Vgl. Lars Klöhn, Delisting-Zehn Jahre Später, NZG 2012, S. 1045.

⑤ 立法者曾在第二次《企业转型法变更法》(UmwGÄndG)中明确表示,其并非创设一般性原则,而旨在创设一个针对冷退市这一特殊情况的个案规则。BT-Drucks. 16/2919, S. 23.

⑥ NJW 2014, 146, 148.

⑦ Vgl. Claus-Wilhelm Canaris, Die Feststellung von Lücken im Gesetz, 2. Aufl., 1983, S. 144 ff.

绝非违背计划的立法漏洞,主动退市中少数股东保护路径的多样性亦说明异议股东保护并非唯一的保护方法。[1]

(三) 资本市场法规制路径的回归

Frosta 判决为法院提供了在法律体系中重新安置主动退市的机会。在 Macrotron 判决的裁判基础被宪法法院否定后,联邦最高法院并未在公司法框架内继续寻找裁判依据,而是果断地转向了纯粹的资本市场法规制路径。联邦最高法院认为,退市的本质并非公司结构性措施或者与其近似的行为,而是典型的资本市场行为,退市无需股东大会决议通过,退市法律规制的核心是投资者保护问题,而该问题应通过资本市场法,而非公司法解决。[2] Frosta 判决赋予退市纯粹的资本市场法品格,联邦最高法院明确拒绝了公司法中的少数股东保护理念,认为退市投资者保护问题应通过资本市场法手段解决。虽然公司法与资本市场法的保护手段在效果上或许相似,但在功能上,尤其是在构成要件、法律后果以及法律保障方面存在较大区别。[3]

Frosta 判决发布后资本市场法上的退市投资者保护制度得以复兴。《交易所法》第 39 条第 2 款(旧法)成为退市投资者保护领域最重要的法律条文,即退市不得与投资者保护相违背。鉴于上述规定较为笼统,故各交易所规则在退市投资者保护领域扮演着愈发重要的角色。总体而言,交易所规则层面存在等待期制度与补偿制度两类保护方案。前者通过推迟退市生效时间赋予投资者更长的交易时间使其得以在交易所市场继续转让股票,例如当时的《法兰克福交易所规则》规定了为期六个月的等待期;后者则通过经济补偿弥补投资者的财产损失,例如当时的《汉堡交易所规则》与《慕尼黑交易所规则》皆规定了补偿制度。值得关注的是部分交易所还将二者相关联,例如在规定补偿制度的情

---

[1] Vgl. Marietta Auer, Der Rückzug von der Börse als Methodeproblem, JZ 2015, S. 75.

[2] NJW 2014, 146, 148 f.

[3] Vgl. Michael Brellochs, Der Rückzug von der Börse nach "Frosta", AG 2014, S. 637.

况下等待期可适当缩短。① 联邦最高法院认为以等待期为主要内容的资本市场法保护工具足以实现保护投资者的目标，补偿制度并非不可或缺，因为退市不一定会对股票的流动性与定价产生负面影响。② 各交易所规定不一且未完全遵循 Frosta 判例的理念，典型的例子是 Frosta 判决发布一年后，杜塞尔多夫交易所和慕尼黑交易所的新规皆要求退市仍需经股东大会决议通过，前者在解释时坦率地表达出对联邦最高法院观点的反对，认为退市将导致股票挂牌价格降低。③

从效果上看，Frosta 判决导致了退市投资者保护水平的降低，补偿义务的取消尤其加剧了投资者地位的恶化，有学者甚至担心部分企业为规避《企业转型法》第 29 条第 1 款中冷退市情形中的补偿义务会将主动退市作为冷退市的前置条件。④ 此外，投资者的权利救济途径严重受限，随着 Macrotron 判决被推翻，裁决程序随之被排除，资本市场法框架内投资者仅可通过行政法途径获得救济，那么投资者可否对交易所的撤回许可行为提出撤销之诉？ 答案是否定的，因为撤回许可是行政行为，⑤该行为的行政相对人是上市公司，而非投资者，除非投资者能够根据保护规范理论(Schutznormtheorie)证明，《交易所法》第 39 条第 2 款第 2 句赋予其主观公权利，也就是说该条款不仅涉及公共利益，亦关注个别投资者的利益。根据《交易所法》第 15 条第 6 款的规定，只有当触及基本权时个体投资者才享有上述诉权，而如前所述，退市并不侵害所有权基本权，因此投资者无法根据保护规范理论起诉，请

---

① Vgl. Carl C. H. Sanders, Anlegerschutz bei Delisting zwischen Kapitalmarkt- und Gesellschaftsrecht, Duncker & Humblot, 2017, S. 77.

② NJW 2014, 146, 148.

③ 联邦最高法院的观点亦遭到学界的诸多批评，Mathias Habersack, Anmerkung zu BGH, Beschl. V. 8. 10. 2013 - II ZB 26/12, JZ 2014, S. 148; Tobias Glienke, Daniel Röder, FRoSTA ist für alle da, BB 2014, S. 903。

④ Vgl. Michael Brellochs, Der Rückzug von der Börse nach "Frosta", AG 2014, S. 643.

⑤ 在德国，交易所是具有部分权利能力的公法机构，其作出的上市许可为交易所与上市公司就使用交易所设施创设了公法上的使用关系，由交易所作出的上市许可与上市许可的撤回均为行政行为。Vgl. Wolfgang Groß, Rechtsprobleme des Delisting, ZHR 165 (2001), S. 146 f.

求撤销交易所的撤回许可。① Frosta 判决导致退市数量激增,②但由于资本市场法无法为投资者提供统一且合理的保护,因此投资者所获保护并不充分。

四、德国现行法的规制路径

(一)《交易所法》第 39 条:以强制收购要约为核心

Frosta 判决使德国主动退市规制路径的部门法归属由公司法转向资本市场法,Macrotron 判决确定的公司法上的退市生效条件被全部取消,退市既无需股东大会决议通过亦无需补偿投资者。彼时《交易所法》关于主动退市的规定仍是第 39 条第 2 款中的原则性规定:退市不得与投资者保护相违背。随着资本市场的蓬勃发展,上述笼统性规定已无法满足退市中投资者的受保护需求。尤其是各交易所规则中投资者保护水平的参差不齐使众多投资者并未获得充分的保护。基于此,立法者决定通过将退市投资者保护制度固定在法律中,从而实现统一且全面的保护。

在公司法路径和资本市场法路径中,立法者最终选择了后者,主要原因如下:第一,资本市场法框架内的交易所法方案将在德国上市的住所位于国外的公司亦纳入德国退市规则的适用范围,可极大增加德国法的竞争力。《交易所法》第 39 条第 4 款明确规定,住所位于国外的公司亦适用与国内公司相同的规定。第二,从法技术层面来看主动退市属于行政程序范畴,在法律的体系性上更加契合资本市场法。主动退市不影响公司的内部结构与持股比例,仅关涉市场组织与市场规制。③ 从投资者保护维度观察,退市投资者保护应属于以保护股份交易者为主要目的的资本市场法,而非以保护股东成员权为核心的作为

---

① Vgl. Wolfgang Groß, Rechtsprobleme des Delisting, ZHR 165 (2001), S. 146 f.
② Vgl. Carl C. H. Sanders, Anlegerschutz bei Delisting zwischen Kapitalmarkt- und Gesellschaftsrecht, Duncker & Humblot, 2017, S. 79.
③ Vgl. Michael Brellochs, Der Rückzug von der Börse nach "Frosta", AG 2014, S. 635.

社团法的公司法。第三，从比较法角度进行观察，英、美两国亦将主动退市规定于资本市场法中。[①]

立法是对主动退市中存在的相互冲突的两个利益的平衡，一方面是公司的退市自由，另一方面是投资者的财产利益。德国立法者决定通过立法切实补偿退市给投资者造成的损失，并在《交易所法》第39条第2至6款对补偿制度进行了细化规定。退市申请只有在满足如下条件之一时方被允许：(1)发行人自提出退市申请时已根据《有价证券交易法》的规定公开以收购投资者持有的所有股票为内容的要约文件。(2)股票将在另一个国内市场或者具有和德国相适应的投资者保护标准的欧盟或者欧洲经济区国家的交易市场上市。各交易所有权自行规定法律未予明确的事项，例如退市是否需经股东大会决议通过，是否需要设置等待期等。有学者指出，大股东的存在将使一般的股东大会决议丧失投资者保护功能，除非通过特别决议制度给予中小投资者单独决议的可能性。[②] 不过鉴于特别决议将赋予中小投资者阻碍退市的能力，应谨慎适用。[③]

可见，立法者确立了以补偿为原则、以免于补偿为例外的退市投资者保护制度。一般情形下，上市公司或者大股东必须提前发出旨在收购投资者所持股份的要约，然而如果投资者不存在突出的受保护需求，例如公司从德国退市后即将在其他国家的交易所上市，且该国具有与德国相似的投资者保护水平，那么就可以免于对投资者进行补偿。在补偿的情形下，补偿主体可以是公司、大股东或者第三人，补偿对象是公司的全体股东。前者根据德国《有价证券收购法》第29条的规定向后者发出要约文件，后者可以根据私法自治作出承诺或者拒绝承诺的意思表示。收购要约的定价是较为核心的研究板块，学者曾在立法阶段就定价标准展

[①] Vgl. Carl C. H. Sanders, Anlegerschutz bei Delisting zwischen Kapitalmarkt- und Gesellschaftsrecht, Duncker & Humblot, 2017, S. 149 ff., S. 170 ff.

[②] Vgl. Dirk A. Zetzsche, Going Dark under German Law-Towards an Efficient Regime for Regular Delisting, p. 17, 2014年1月31日, https://papers.ssrn.com/sol3/papers.cfm?abstract_id=2387712, 2024年6月24日。

[③] Vgl. Michael Brellochs, Der Rückzug von der Börse nach "Frosta", AG 2014, S. 645.

开广泛的探讨。一种观点认为,应根据交易所挂牌价格确定补偿金额,另一种观点则主张上述金额应根据股票的实际价值来确定。① 最终,立法者选择了一条折中道路。一方面,鉴于交易所挂牌价格通常更加透明、更有利于维护交易安全,且投资者系以挂牌价格购买股票,故补偿金额应根据收购要约作出之前六个月的交易所平均挂牌价格来确定。另一方面,如果有证据表明交易所挂牌价格已经无法真实地反映股票的实际价值,例如存在操纵股价等不法行为,那么就根据股票的实际价值来计算补偿额度。

(二) 德国经验的总结

回顾德国的主动退市规制史,以下重要节点剪影式地浮现在人们眼前。一是 1997 年立法者在《交易所法》第 43 条第 4 款首次对主动退市作出规定,主动退市不得与投资者保护相违背。二是 2002 年联邦最高法院在 Macrotron 案中以《基本法》第 14 条中的所有权基本权为依据为退市设立了两个公司法上的生效条件:股东大会决议与异议股东补偿制度。三是 2012 年联邦宪法法院在 MVS/Lindner 案中直接抽离了 Macrotron 案件的裁判基础,判定退市不侵害《基本法》第 14 条中规定的所有权基本权。四是联邦最高法院在 2013 年的 Frosta 案中颠覆性地放弃了 Macrotron 判决确立的公司法生效要件,判决主动退市既无需股东大会决议通过,又不必对投资者进行补偿。五是立法者于 2015 年修正了 Frosta 案件中的偏颇做法,在《交易所法》第 39 条对主动退市中的补偿制度作出细化规定。

透过波澜起伏的司法及制度变迁史,一条从未改变的主线跃然纸上:以立法者、司法机关、学者以及实务工作者为主的法律职业共同体对更适切的主动退市规制路径孜孜不倦地探寻。作为大陆法系的翘楚,德国在规制主动退市时始终高度重视部门法的体系性与内在逻辑

---

① Vgl. Walter Bayer, Delisting: Korrektur der Frosta-Rechtssprechung durch den Gesetzgeber, NZG 2015, S. 1174; Carl C. H. Sanders, Anlegerschutz bei Delisting zwischen Kapitalmarkt- und Gesellschaftsrecht, Duncker & Humblot, 2017, S. 91 ff.

一致性,充满了对是否以及如何类推适用现有法律体系中的相关法条或者学说的论证。随着《交易所法》第 39 条引入投资者补偿条款,德国的探寻之旅暂告段落,整个过程可谓立法者、司法机关以及学者良性互动的典范。从宏观层面来看,德国的主动退市规制路径历经从资本市场法转向公司法,又回归至资本市场法的过程。从微观层面来看,退市决策权与投资者补偿规定是最主要的规制工具。就退市决策权而言,权利归属呈现从股东大会到董事会的变化。投资者补偿规定是德国主动退市规制的重中之重,总体而言,在司法推动下其历经从公司法上的少数股东保护到资本市场法中的投资者保护的转变。截至目前,德国对主动退市法律规制的认识如下:主动退市是公司的商业决策,属于公司自治范畴,其与公司结构性措施不具有可比性,是典型的资本市场行为,故应在资本市场法框架内对其进行规制。投资者保护问题是主动退市法律规制的重中之重,主要通过《有价证券收购法》中的强制要约制度得以解决。主动退市仅需董事会决议通过,无需股东大会决议通过。

行文至此不难发现,德国主动退市规制经历了一个极为曲折往复的过程才最终确立了其资本市场法定位。经过二十余年的论争与摸索,德国学界认识到:退市作为典型的资本市场行为不是公司的结构性措施。同时,鉴于退市将使投资者持有的股票丧失在特定市场的可交易性并遭受财产损失,故应在资本市场法体系中寻找补偿方案。具言之,应通过强制收购要约制度向所有投资者发出股票收购要约。

聚焦我国相关实践,由于证监会将退市规制路径的部门法归属确定为公司法,进而从公司法的工具箱中选取了类别决议与异议股东退出权两项制度,我国的主动退市法律规制不仅不能满足投资者的受保护需求,反而沦为退市的不当阻碍。通过对上文德国经验的深入剖析,我们似乎能够发现扭转局面的有益方略。我们应坚定地将退市规制的部门法归属确定为证券法,取消现行法中失当的类别决议与异议股东保护制度,以证券法中的强制收购要约制度取而代之。

第三节　规制路径转型

在投资者补偿型规制理念的指引下，主动退市规制路径应随之转型，亟需由公司法路径转向证券法路径，其中证券法中投资者补偿制度的具体构建是核心议题。下文将结合域外经验，铺设决议式主动退市的规制路径。

一、比较法经验的展开

对世界范围内十余个国家的退市法律规范进行考察可知，目前国际上主要存在三种退市投资者保护模式，分别是等待期模式、决议模式与补偿模式。三种模式彰显出各具特色的投资者保护理念且根植于不同国家差异化的资本市场发展水平与法律文化。对比较法的深入研究有助于进一步夯实补偿模式的正当性基础，毕竟保护模式的选择并非一个单纯的理论推演，而须有足够的法律实践加以支撑。①

（一）等待期模式

等待期模式的核心是推迟退市的生效时间，等待期起始于退市意向的公开披露并终止于退市的最终生效。该模式旨在赋予投资者充足的时间使其可以在获知退市信息后继续在挂牌市场转让股票，进而与即将退市的股票相分割。等待期模式已在世界范围内得到非常广泛的应用，主要有三种表现形式。一是直接对等待期的长短作出精确规定，以美国为例，根据"SEC 规则"第 240.12d 2 - 2 条，退市将于上市公司提交的退市申请（Form 25）到达 SEC 处 10 日后生效。各国规定的等待期长短不同，例如英国、荷兰为 20 天，巴西为 30 天，匈牙利则长达 60 天。

---

① 参见赵万一：《合规制度的公司法设计及其实现路径》，《中国法学》2020 年第 2 期。

二是由交易所酌情确定等待期的长短。例如《泰国证券交易所规则》第 8 条规定，由交易所来安排和确定退市的生效时间。挪威、法国、阿根廷等国亦属此列。三是依不同情形对等待期进行类型化规定。例如意大利于《受规制市场规则》第 2.5.5 和 2.5.6 条针对本国发行人与外国发行人对退市等待期作出差异化规定，前者为 1 个月，后者则为 45 天。同属此类的还有瑞典、瑞士、德国等国家，不过各国的分类标准存在差异。①

鉴于即将退市的股票一般乏人问津，等待期模式能够实现的投资者保护功能较为有限，其通常作为辅助性模式与其他模式配合使用。例如德国、巴西同时规定了补偿模式与等待期模式，英国同时规定了赋权模式与等待期模式，泰国、新加坡甚至同时对三种保护模式作出规定。世界范围内只有极少数国家将等待期模式作为唯一的保护模式，代表性国家为美国。美国拥有世界范围内最为发达、成熟的多层次资本市场且视投资者保护为证券法的使命，却在主动退市中将保护效果微弱的等待期模式确定为唯一的投资者保护模式，而该模式在实践中又较好地实现了保护效果且并未面临根本性的挑战。这种看似"不可理喻"的选择与"令人瞠目"的结果背后隐藏着怎样的逻辑与合理性，对上述问题进行抽丝剥茧般的探究有助于揭示等待期模式的真正保护功能。

美国的主动退市法律制度主要体现在三个法律层级，即 1934 年《证券交易法》(Stock Exchange Act，SEA)、"SEC 规则"以及"交易所规则"。SEA 并未规定实质性的退市条件，仅于第 12(d)条规定，若公司已满足交易所的退市条件则可向 SEC 提交退市申请。纽交所和纳斯达克是美国最著名的交易所，二者皆于"交易所规则"中②对主动退市加以规定。纳斯达克一贯采取自由放任的态度，未针对主动退市提出交易所层面的新要求。而纽交所的退市规则在 1939 年以来的 80 年

---

① 瑞典以投资者数量作为分类标准，等待期通常为 4 周，然而在投资者数量众多的情况下可延长至 6 个月。德国则以投资者是否已经获得补偿为标准，等待期分别为 3 天和 3 个月。

② See "Listed Company Manual NYSE" and "NASDAQ Listing Rules".

间历经由收紧到放松的演进过程①,目前董事会决议是唯一的退市要求。可见证券法与交易所规则层面并未在投资者保护方面为退市设定特别门槛。退市投资者保护制度主要体现在"SEC 规则"中,其在"公告程序"中规定了等待期制度,即退市申请到达 SEC 处 10 日后退市生效,保护理念为在退市前给予投资者充分的时间以便其处置股份。

需要注意的是,除了等待期制度,SEA 还赋予了作为退市决策机关的 SEC 自由裁量权,即 SEC 在收到退市申请后有权酌情对上市公司拟定的投资者保护方案提出更高的要求,但是近年来 SEC 并未行使过该权利。在 Camel Container Systems Ltd. 和 Ohio Art Company 两个案例中,面对投资者的诉求,SEC 并未向公司提出额外的投资者保护要求,因为"等待期制度已经赋予投资者足够的时间在退市前转让股份,故不应再以投资者保护为由阻碍公司主动退市"。② 与 SEC 近年的克制态度形成鲜明对比的是其早期的激进作风。在 1944 年的"Shawmut Association 案"③中,SEC 认为"退市是对投资者重大利益的剥夺",因此主动退市不仅需要股东大会资本多数决,还须获得出席股东大会半数以上股东同意(双重多数)。④ 在 1945 年的"Torrington Company 案"中 SEC 进一步要求,只有在全体股东至少半数以上出席股东大会并参与表决时,退市决议方发生效力。⑤ 在 1946 年的

---

① 纽交所退市规则在批评声中历经如下三个演变阶段:一是 1939 年确立的 Rule 500,据此公司主动退市须经股东大会全体股东所持有效表决权的三分之二以上通过且反对票不得超过 10%,此外自提交退市申请至完成退市须经最短 45 日,最长 60 日的等待期。二是 1999 年纽交所对 Rule 500 的大幅修订,据此主动退市仅需董事会决议通过与审计委员会同意,公司须提前将退市意图告知前 35 大股东,此外等待期的最短期限修订为 30日。三是 2003 年以来适用的《纽交所上市公司指南》,依第 806.02 条规定,除满足 SEC 规则第 12d2 - 2(c)条中的要求,公司申请主动退市仅需提交经认证的董事会决议复印件。参见 Carl C. H. Sanders, Anlegerschutz bei Delisting zwischen Kapitalmarkt- und Gesellschaftsrecht, Duncker & Humblot, 2017, S. 156 - 158。

② See SEC File Nr. 1 - 07162, https://www. sec. gov/rules/delist/1-07162-o. htm, 2020年 4 月 10 日。

③ 法院起初在较大范围内认可了 SEC 的裁量权限,see Shawmut Association v. Securities and Exchange Commission, 146 F. 2d 791,795(1ˢᵗ Cir. 1945)。

④ See Shawmut Association, 15 SEC 1028(1944)。

⑤ See Torrington Company, 19 SEC 39(1945)。

"Suburban Electric Securities Company 案"①中，SEC 将前述双重多数标准由简单多数提升至特定多数（三分之二）。在 SEC 的强势干预下，上述三个公司的退市申请均以失败告终。

可见 SEC 对等待期模式保护效果的评价已发生根本性转变，随着SEC 近年不断回撤其在退市投资者保护领域的裁量空间，等待期模式已从边缘逐渐走向美国退市投资者保护舞台的中央。主要存在两方面原因：一方面，美国的多层次资本市场②愈发完善，尤其是近年来场外市场在流动性、公司治理以及报价机制方面发展得愈加成熟。即便公司退市，投资者仍可在相对成熟的交易市场转让股份，这在很大程度上弥补了退市给投资者造成的损害。

另一方面，也是更为重要的是，自 1964 年 SEA 引入第 12（g）条，退市并不必然导致公司报告义务的终止，达到一定规模的于场外市场（Pink Sheets/OTC）交易的公众公司仍须向 SEC 重新注册并承担基于注册的报告义务。美国在主动退市中严格区分退市（Voluntary Delisting）与终止注册（Termination of Registration）两种情形。前者指上市公司的证券退出在特定交易所的挂牌交易并注销基于上市的注册，后者指证券终止在 SEC 的所有注册，终止注册后上市公司不再承担任何报告义务，因此后者又被形象地称为"遁入黑暗"（Going Dark）。SEA 于第 12（b）和第 12（g）条分别对两种情形作出规定，资产和股东人数达到一定规模的公司只有在退市环节将股东人数降至 300 人以下时，方可产生终止注册继而免除全部报告义务的法律效果。③ 因此若公司仅申请退市而非终止注册，则投资者仍可从发行人处持续获得公司信息。实行证券注册制的美国视报告义务为最核心的证券投资者保护手段。SEC 据此认为，若退市不终止报告义务，则其对投资者的不

---

① See Suburban Electric Securities Company, 23 SEC 5(1946).
② 美国拥有世界范围内最为成熟的多层次资本市场体系，纽交所、纳斯达克、地方性交易所和场外交易市场交相辉映。目前主要场外交易市场已由 OTCBB 转至 OTC Market，后者自上而下分为 OTCQX、OTCQB 和 PTC Pink 三层。
③ 参见 SEA 第 12(g)(4)条。

利影响已极为有限。

可见,美国将等待期模式确定为主动退市投资者保护模式的底气源于该国发达的多层次资本市场与成熟完善的注册制法律保障体系。等待期模式能够在美国运行良好的原因并非该模式具有能够"独当一面"地实现退市投资者保护的强大功能,而是与其他国家相比,美国投资者在主动退市情形根本不存在突出的受保护需求,因为场外市场的规范性、流动性与宽泛的注册、报告义务使退市给投资者造成的实际损失相当有限。此外,近年来 SEC 亦不遗余力推进相关的投资者教育,促使投资者在购买股票前能够充分认知、接受上市公司的主动退市风险。故以推迟退市生效时间为内容的等待期模式足以满足美国资本市场对退市投资者保护制度的需求,然而须知美国经验并不具有普适性。

(二) 决议模式

决议模式的核心是赋予投资者退市表决权,具体可分为广义与狭义两种类型。广义的决议模式指投资者在股东大会退市决议中行使表决权,代表性国家为意大利、西班牙、巴西等国。[①] 狭义的决议模式指在股东大会退市决议的基础上,投资者被赋予额外的表决权或者表决利益,前者指投资者可通过类别决议决定股东大会决议的效力,如英国《上市规则》5.2.5 条规定,除股东大会特定多数同意外,退市还须经独立股东(independent shareholders)[②]简单多数决议通过。后者指在股东大会决议中设置最高否决票比例,例如新加坡和泰国规定,股东大会退市决议中的否决票不得超过 10%。鉴于广义的决议模式因大股东控制问题难以有效实现投资者保护的目标,本书论述的决议模式特指狭义的决议模式。

---

① 从履行公司内部程序的视角来观察,与股东大会退市决议相对应的是董事会退市决议,一些国家认为退市经董事会决议通过即可,无需股东大会决议通过,例如美国、加拿大、德国、瑞典、瑞士等国家。

② 依英国《上市规则》App.1.1,独立股东指上市公司中除控股股东以外的任何对董事选举事项有投票权的人士。

纵览全球,以强化表决权为核心的决议模式属于较为小众的退市投资者保护模式。我国现行的以类别决议为主要内容的赋权模式与英国的保护模式如出一辙,与我国证监会未阐明选择赋权模式的原因不同,英国的相关立法文件对整个修法过程进行了详细且完整的记录,因此从历史维度探究英国模式的演进逻辑有助于深刻理解决议模式的制度内涵。

英国近年来经历了两次退市投资者保护制度改革,主要围绕投资者表决权的强化展开。一是 2005 年金融行为监管局(以下简称 FCA)在《上市规则》中首次针对高级市场①及标准市场退市提出差异化的投资者保护方案,高级市场退市须额外经发行人股东大会特定多数(四分之三)同意;②标准市场退市仍沿用此前的投资者保护制度,即退市须经 20 个工作日的等待期③。二是 2014 年 FCA 通过引入"少数股东投票权"进一步提高了高级市场退市环节的投资者保护要求。FCA 认为,在上市公司存在控股股东(controlling shareholders)④时,股东大会决议机制不足以实现投资者保护,因为少数股东利益极易被控股股东滥用控制权所侵害。为使少数股东免受侵害,FCA 决定通过修改法律加强少数股东保护并对下列四种方案进行了论证与取舍:(1)将退市决议通过的多数要求提升至 90%。FCA 对该方案持否定态度,认为这将赋予小部分少数股东阻碍退市的权利,进而使少数保护异化为少数控制。(2)当自由流通股比例(free float)低于 25% 时方提高退市决议的多数要求。FCA 亦对该方案表示反对,因为在法律不允许流通股比例降低的情形就无法适用该规定,这将导致流通股股东无法获得相应保

---

① 伦交所主板市场可分为高级市场、标准市场和高增长市场三个子市场,其中前两个子市场适用 FCA 的《上市规则》。标准市场要求公司仅需满足最低标准,高级市场则对上市条件和上市后续义务提出更为严格的要求。

② See FCA Consultation Paper 13/15, Feedback on CP 12/15: Enhancing the Effectiveness of the Listing Regime and Further Consultation, November 2013, p.72.

③ See FSA Consultation Paper 203, Review of the Listing Regime, October 2003, p.53.

④ 依英国《上市规则》App. 1.1,控股股东是任何有权在发行人的股东大会上单独或者与其一致行动人共同行使或控制行使 30% 或者 30% 以上的针对公司全部或者实质上全部事项投票权的人士。

护。此外,非流通股仅意味着股票未被公众持有,并不等同于被控股股东持有。(3)根据流通股比例设置一个动态的退市决议多数要求。FCA 认为该方案过于复杂且同样不当地将非流通股与控股股东相关联。(4)除股东大会特定多数同意外,退市还须经独立股东简单多数决议通过。该方案受到 FCA 的青睐并最终被确定为《上市规则》中的内容。FCA 认为少数股东投票权将使少数股东富有效率且合理地参与公司的退市决策,既不会使其拥有不相匹配的公司决策权,又能保护其不受制于控股股东心血来潮的退市决定,因此是少数股东对抗控股股东从而实现自我保护的有力武器。[①]

决议模式主要将退市视为控股股东与作为小股东的投资者就退市决策权的争夺与拉锯,试图通过赋予后者退市决定权在保护不足与过度保护中寻求平衡。就选择决议模式的国家而言,核心问题是如何使投资者产生同意退市的动机。目前的主流做法是将股票公开收购要约作为决议模式的有力支撑,主要体现为两种方式,一是将该要求在退市规则中予以落实,例如新加坡和泰国就在各自的交易所规则中规定,公司须向所有投资者发出以特定价格收购其股票的要约。[②] 二是虽未在规则层面作出强制性规定,但该做法已在实践中得以应用,例如英国。需要注意的是,股票公开收购要约实为补偿模式的主要内容,若决议模式必须以补偿模式为支撑方可实现完整的保护效果,则其作为独立保护模式的存在基础无疑将被削弱。

(三) 补偿模式:以德国法为基础

补偿模式的核心是补偿投资者因退市遭受的财产损失,主要存在两种类型。一是作为赋权模式的保障手段从而与赋权模式相挂钩的补

[①] See FCA Consultation Paper 13/15, Feedback on CP 12/15: Enhancing the Effectiveness of the Listing Regime and Further Consultation, November 2013, p.73.

[②] 我国香港地区亦采此模式,在上市公司退市后不再在其他交易市场上市的情形下,港交所《上市规则》第 6.12 条第 3 项规定,退市决议中的反对票不得超过 10%。第 4 项随之规定,股东须获得以现金选择权或其他合理安排为内容的要约,以代替其持有上市股票。

偿模式，以新加坡、泰国为典型代表。二是独立的补偿模式，代表性国家为德国、西班牙、巴西等国。在众多国家中，德国的补偿模式极为引人瞩目，不只因为其制度演进历经跌宕起伏的发展过程，更为重要的是，与我国同属大陆法系的德国极其重视以法教义学归属为核心探讨退市投资者保护问题。起源于英美资本市场的主动退市对德国而言是新鲜事物，准确界定退市投资者保护问题在德国法律体系中的定位，从而从体系性出发来选取适当的规制工具以实现公司自治与投资者保护之间的利益平衡是德国解决上述问题的方法论。

德国对退市投资者保护问题法教义学归属的认识过程主要由司法推动，从"另辟蹊径"以宪法中的所有权基本权作为裁判依据的 Macrotron 判决[①]到"釜底抽薪"抽离前述判决裁判基础的 MVS/Lindner 判决[②]，再到"矫枉过正"悉数取消 Macrotron 判决中的全部投资者保护要求的 Frosta 判决[③]，最后"返璞归真"回归至《交易所法》第 39 条中的补偿模式。德国退市投资者保护问题的法教义学归属经历了由资本市场法至公司法，又回归至资本市场法的发展过程。

2002 年以前，退市投资者保护制度体现为旧版《交易所法》第 39 条第 2 款中简洁的原则性规定："退市不得与投资者保护相冲突。"此时投资者保护方面最突出的矛盾是，若退市由大股东推动，则投资者除无法对退市决议施加任何影响外，还面临被迫以低价出售股票的危险，因为退市公告引发股价下跌后大股东极有可能是市场上唯一的买家，而投资者为了及时止损只能依赖于大股东的收购。[④]

为加强投资者保护，2002 年联邦最高法院（BGH）在 Macrotron 判决中进行了法律续造，由于无法在《股份法》《企业转型法》等法律中找到裁判依据，联邦最高法院将视线转向《基本法》第 14 条中作为基本权的所有权。其认为，退市直接侵害了宪法中作为基本权的所有权，而股东大

① BGHZ 153,47,47 ff.

② BVerfGE 132,99,99 ff.

③ NJW 2014,146,146 ff.

④ Vgl. Marietta Auer, Der Rückzug von der Börse als Methodeproblem, JZ 2015, S.71.

会决议并不足以实现对少数股东的充分保护。上述目标只能通过由公司或者大股东向异议股东提出收购要约方可实现，该要约须与股份的全部价值相符，且定价的合理性可诉诸裁决程序[1]加以判断。[2] 引入大股东概念并将其与中小股东概念相对立，从法技术角度来看，该判决所涉及的已不是资本市场法上的投资者保护，而是公司法上的少数股东保护。[3]

Macrotron判决一经作出便在学界与实务界引发广泛探讨，直至2012年联邦宪法法院在MVS/Lindner判决中明确抽离了其裁判基础。宪法法院的核心观点是，退市并不会侵害《基本法》第14条所保护的作为基本权的股份所有权，因为退市并不牵涉股份所有权中的管理权与财产权因素。[4] 宪法法院在该判决中第一次对社团法与市场规制法作出区分。在社团法层面，如果股东丧失了成员地位或者其地位被公司结构性措施所限制，那么宪法上应支持对其损失进行全额赔偿。但是宪法的保护范围并不包括市场监管法对股票盈利机会的影响，退市所影响的股票流动性只是单纯的盈利机会，而这绝非宪法所有权保障的客体。[5]

如果说宪法法院的MVS/Lindner判决向Macrotron判决提出了无法回避的挑战，那么一年后联邦最高法院通过Frosta判决进行的回应则是Macrotron判决命运的转折。Frosta判决是德国主动退市司法实践中最具里程碑意义的判决之一，不仅是因为联邦最高法院在作出Macrotron判决11年后放弃了其所设立的公司法上的全部保护要求，更为重要的是，Frosta判决标志着德国退市投资者保护问题的教义学归属发生了由公司法重新转向资本市场法的巨变。联邦最高

---

① Vgl. Matthias Schüppen, in Matthias Schüppen/Bernhard Schaub (Hrgs.), Münchener Anwaltshandbuch Aktienrecht, 3. Aufl. 2018, § 40 Rn. 1 ff.

② BGHZ 153, 47 ff.

③ Carl C. H. Sanders, Anlegerschutz bei Delisting zwischen Kapitalmarkt- und Gesellschaftsrecht, Duncler & Humboldt, 2017, S. 61.

④ BVerfGE 132, 99, 121.

⑤ Vgl. Michael Brellochs, Der Rückzug von der Börse nach "Frosta", AG 2014, 633, 635; Carl C. H. Sanders, Anlegerschutz bei Delisting zwischen Kapitalmarkt- und Gesellschaftsrecht, Duncler & Humboldt, 2017, S. 70.

法院认为,退市具有纯粹的资本市场法品格,退市投资者保护问题的法教义学归属是资本市场法,而非公司法。鉴于宪法法院的 MVS/Lindner 判决抽离了 Macrotron 判决的裁判基础,且由于退市投资者保护无法类推适用《股份法》与《企业转型法》中的股东补偿规定,所以退市情形无需对投资者进行补偿,退市投资者保护问题应由各交易所自行规定。[①]

Frosta 判决之后交易所规则被委以重任,立法者寄希望于各交易所能够对退市投资者保护问题作出细化规定。然而在立法者和司法者均未设定强制性的投资者保护标准的情况下,德国交易所似乎不存在设定更高保护标准的动机,毕竟其更倾向于制定发行人友好型的规则。在 Frosta 判决发布后的两年时间里,退市领域的法律规制不仅未出现立法者所设想的多层级法律规则合作规制的理想场景,各交易所规则投资者保护水平的参差不齐反而极大弱化了投资者在退市中的地位与利益格局。[②]

虽然立法者已日益认识到通过修改法律提升投资者保护水平的必要性,但对如何实现这一目标仍然存在不同看法,进而再次形成公司法路径与资本市场法路径两大流派。公司法流派认为应借由 2015 年修改《股份法》的契机对退市投资者保护问题进行规定,核心内容为悉数落实 Macrotron 判决中的公司法保护方案。可见公司法流派的实际目的是推动退市投资者保护问题的法教义学定位回归公司法,恢复 Macrotron 判决时代公司法的荣光。[③] 资本市场法流派则坚定地支持 Frosta 判决所确定的法教义学归属,认为退市投资者保护问题必须在资本市场法框架内解决。其主要主张为股东大会决议并非必要,应切实提高投资者保护水平,具体路径是在《交易所法》中引入投资者补偿

---

① NJW 2014,146,146.
② Vgl. Carl C. H. Sanders, Anlegerschutz bei Delisting zwischen Kapitalmarkt- und Gesellschaftsrecht, Duncler & Humboldt, 2017, S.80.
③ Bundesrat, BR-Drucks. 22/15, S.7 f.; Walter Bayer, Aktionärschuz beim Delisting, ZIP 2015, S.857.

规定,补偿额度依交易所平均挂牌价格计算。[①] 立法者最终选择了后者,于 2015 年以在国内法转化《透明性指令修改指令》为契机对《交易所法》第 39 条进行了大幅扩充,主要在第 2 至 6 款对主动退市中的补偿要求作出细化规定。

至此,德国通过立法进一步确定并夯实了主动退市的资本市场法教义学归属,退市申请只有在满足以下条件之一时方被允许:(1)发行人提出退市申请时已根据《有价证券交易法》的规定公开要约收购文件,其内容为收购投资者持有的所有股票;(2)股票将在另一个国内市场或者具有和德国相适应的投资者保护标准的欧盟或者欧洲经济区国家的交易市场上市。

(四)补偿模式:我国的应然定位

从宏观维度观察可知,一国多层次资本市场的发展水平与退市投资者保护模式的强度息息相关。具言之,多层次资本市场越成熟完善,退市给投资者造成的损失就越小,投资者保护模式就越宽松。其中最重要的衡量标尺是场外市场的流动性、定价机制以及监管强度。美、德两国差异化的制度安排可为此提供极佳论据。美国拥有高度发达的场外市场且各层次市场均具有较高流动性,更为重要的是,场外市场亦受到美国证券交易委员会的严格监管。鉴于退市给投资者造成的损失有限,美国拥有世界范围内最为宽松的投资者保护制度。反观德国,场外市场被称为自由市场,与受规制市场接受严格监管不同,自由市场完全由民法中的一般交易条款规制。基于此,德国的退市投资者保护制度较为严格,以足额补偿投资者的经济损失为主要内容。此外,现有经验表明一国的投资者保护制度并非一成不变,而是处于一个动态调整的过程之中,调整的推动力来自多层次资本市场的发展与变化,因此最佳的制度就是最适合一国发展现状的制度。

---

① Vgl. Jens Koch/Rafael Harnos, Die Neuregelung des Delistings zwischen Anleger- und Aktionärschutz, NZG 2015, S. 732 ff.; Vgl. Michael Brellochs, Der Rückzug von der Börse nach "Frosta", AG 2014, S. 644 ff.

从微观维度观察可知,各模式践行了差异化的投资者保护路径,彰显出对退市投资者保护理念的不同认知。赋权模式与补偿模式可谓典型代表。以比较的视角观察两种模式,可得出如下区别。第一,赋权模式与补偿模式对"投资者的受保护需求"有不同理解,前者认为,大股东压制问题的存在使退市决议未能充分体现投资者的意志,因此投资者的受保护需求体现为被弱化的成员权中的表决权;后者则聚焦退市给投资者带来的财产损失,认为受保护需求为对财产损失的补偿。第二,两种模式对退市中公司自治与投资者保护之间的关系理解不同。赋权模式认为公司自治应让位于投资者保护,是否退市应由少数股东决定。而补偿模式则主张更均衡地处理公司自治与投资者保护之间的利益冲突,只要投资者能够获得足额经济补偿,法律就不应当阻碍公司退市。第三,两种模式分别遵循了不同部门法中的保护理念。赋权模式遵循公司法中的少数股东保护思路,将投资者视为股份的"所有者",继而强化其表决权;而补偿模式则将投资者定位为资本市场中的"交易者",试图通过证券法保护方案弥补投资者因交易可能性受损而产生的财产损失。

结合比较法经验可知,一方面,作为新兴加转轨市场国家,我国多层次资本市场正处于有序建设的进程中,退市后股票挂牌的股转系统在流动性、定价机制与监管制度等方面与主板尚存在较大差距。退市将使我国投资者承受较大的经济损失,因此补偿模式是现阶段最适合我国的保护模式。另一方面,补偿模式能够在法理上弥补赋权模式的诸多缺陷。具体而言,其能够精准地满足退市投资者的受保护需求,均衡地处理退市中的利益冲突且更契合退市投资者保护问题的法教义学归属。在退市投资者保护模式亟需重构之际,补偿模式是我国的应然选择。下文将具体分析补偿模式之于我国的正当性。

二、我国投资者补偿制度的构建:强制收购要约制度

我国主动退市投资者保护路径宜从公司法路径转向证券法路径,

其中投资者补偿制度的具体构建是最为重要的议题。

(一) 适用范围

退市分为完全退市与转板退市,前者指股票退出所有交易场所的交易,后者指股票退出当前交易板块后将继续转至其他板块进行交易,此亦可细分为升板退市与降板退市。目前我国尚未对完全退市与转板退市中的投资者保护方案进行类型化区分,这种一刀切式的做法应予修正。鉴于补偿的前提是经济损失的存在,故应对补偿模式的适用范围进行类型化区分。首先,补偿模式适用于完全退市情形。其次,补偿模式不适用于升板退市。因为升板意味着股票交易将在更高层次的交易板块接受更为严格的监管,退市不但不会导致投资者遭受损失,反而将使投资者受到更为全面的保护,故投资者不存在突出的受保护需求。最后,降板退市中宜设置细致的差异化补偿方案。目前我国多层次资本市场正在如火如荼的建设过程中,各层次资本市场总体上呈现错位发展、良性竞争的态势。鉴于各层次市场的流动性与监管程度不一,降板退市给投资者造成的损失并不一致。例如,相对于由主板降至科创板,降至创业板或者新三板无疑将给投资者造成更大的损失。对前者来说,随着科创板与主板差距的不断缩小,降板至科创板在不远的将来或许无需补偿。而对后者来说,根据特定板块与主板的差距设置不同程度的补偿仍属必要。总之,降板退市是否以及在多大程度上适用完全退市的补偿规定还有赖于专业人士的精细研判。

(二) 制度构建

实际上,补偿模式已在我国主动退市实践中得到应用,在 *ST 二重与 *ST 上普案例中,上市公司主动为投资者提供了有别于现行保护标准的补偿方案,为控股股东之外的所有股东提供了现金选择权。从保护效果来看,现金选择权赋予所有投资者以较为合理的价格退出公司的权利,属于可供选择的补偿工具。值得探讨的是,上述现金选择权在法教义学中的定位是什么?有学者对实践中应用的现金选择权与公司法中的异议股东回购权进行比较分析，得出前者可吸纳后者的结论。[1] 该观点值得商榷，因为两种制度的法教义学归属与功能完全不同。上市公司在实践中屡屡应用的现金选择权属于证券法中的证券收购制度范畴，该制度与《证券法》中的"上市公司的收购"制度是一般与特殊的关系。区别在于前者是收购人向所有投资者发出的公开收购要约，而后者仅指以控股为目的收购证券。[2] 反观异议股东回购权，其为公司法上的资本多数决纠正机制，旨在保护异议股东免受其不赞成的公司重大结构性措施的伤害。因此两种制度是平行存在于两个部门法中且具有不同功能的制度，不宜混淆。

延续证券收购要约的思路，将补偿模式制度化意味着是否发出要约不应由公司自由选择，而是具有主动退市意图的公司必须采取的投资者保护措施。从这个角度来看，补偿模式的法教义学归属应为证券收购制度框架内的强制要约，是有别于上市公司收购框架内的强制要约收购的独立制度。据此，收购人须向所有投资者发出以特定价格收购股票的公开要约，投资者可自主决定是否作出承诺。出于补偿投资者的目的，该要约须为完全要约。收购人原则上可为任何对收购公司股票感兴趣的自然人或法人，实践中一般为公司控股股东或者若干股东的集合。

参照上市公司收购中的强制要约，退市情形中强制要约的收购人亦应编制并公告要约收购报告书。报告书中记载的内容是投资者作出决定的重要依据，因此应包括所有与收购相关的重要事项，且须全面、准确及清晰。然而鉴于两种强制要约制度功能不同，报告书在内容方面应有所差异。不同于上市公司强制收购要约须包含极为详尽的收购人信息和收购对公司的影响等信息，补偿模式中的强制要约宜适当精简且应包括公司退市后的去向与计划。该要约须以现金为对价，不得附任何条件且须对退市风险及拒绝要约的风险进行提示。退市强制要

---

[1]　参见李文莉：《公司股东现金选择权制度构建探析》，《政治与法律》2012 年第 5 期。

[2]　Vgl. Kalus J. Hopt, Grundsatz- und Praxisprobleme nach dem Wertpapiererwerbs- und Übernahmegesetz, ZHR 166(2002), S. 388.

约旨在为投资者提供补偿,因此收购价格是重中之重。我国实践中的一元化做法值得商榷。[①] 为使投资者利益免受人为操纵所致低股价的侵害,可参考德国经验[②]设置以交易所挂牌价格为原则,以公司市值为例外的计算方法。此外,为减轻股市异常波动对股价的不当影响,宜将计算平均价格的时段适当延长。具体而言,建议我国将收购价格确定为公司退市意图公开之前 6 个月的加权平均交易所挂牌价格,但若在此期间投资者能够证明发行人或其他主体的违法违规行为导致挂牌价格已经无法如实反映公司市值,则应按照公司的真实价值计算收购价格。若投资者对补偿额度存在异议,则可向法院提起诉讼,为诉讼效率考量,此处可借鉴德国经验适用示范判决制度。

(三) 立法对接

我国退市法律规定主要体现在《证券法》、证监会行政规章与交易所自律规则三个法律层级。鉴于法律的稳定性与退市法律规制的动态调整性,鲜有国家直接在法律层面对后者作出规定,我国亦不例外。《证券法》第 48 条将退市法律规制转引至交易所规则,因此亟需在交易所规则层面推动主动退市投资者保护模式由赋权模式向补偿模式转换。然而由于沪、深两市的"股票上市规则"基本上照搬了证监会《退市意见》中的保护模式,可知证监会是现行模式的实际决策者,因此应首先推动证监会行政规章的相关修改。建议证监会对交易所在保护规则设定方面的自主空间及其边界予以明确。补偿模式作为底线式保护,应允许各交易所在不违反法律强制性规定与基本精神的前提下设置差异化的保护路径。

在完成证监会行政规章的修改工作后,交易所应对其"股票上市规则"进行相应修订。在此需注意两个问题:第一,宜针对不同的交易板块设置有针对性的保护路径。例如主板市场与科创板市场、创业板市

---

① 目前实践中的回购价格为董事会决议退市前 30 个交易日的公司股份平均交易价格。
② 参见德国《交易所法》第 39 条第 3 款。

场是否应设置同等程度的保护，尚需专家进行细致的论证。第二，在厘清现金选择权法教义学归属的基础上，仍可继续将其作为具体的补偿工具。沪、深交易所皆已发布关于现金选择权的业务指引，建议增加主动退市这一适用情形，并增补与证券收购相关的具体规定。

在铺设具体规制路径之际，尚有以下两个问题需要澄清。第一，应选择重构型路径还是修正型路径。前者指取消赋权型理念下的规制路径，以补偿型理念下的强制收购要约取而代之；后者指在现行规制路径的基础上增加强制收购要约，以经济补偿作为促使投资者同意公司主动退市的保障手段。第二，在构建强制要约收购制度后，主动退市领域是否需要引入等待期模式作为辅助性制度。

一方面，应坚定地践行重构型路径。修正型路径无法走出自身的两大困境。一是必要性的困境。修正型路径中的类别决议制度不具有独立品格，鉴于投资者并无同意退市的动机，其须与补偿制度相配合方可实现完整的保护效果。但若投资者已能通过补偿制度获得足额的经济补偿，则额外设置类别决议的必要性何在？二是法律体系性的困境。投资者的类别决议无法与我国现行法律体系相融合。其过于关注欲实现的法律效果，而疏于对法律体系性的理论考察，结果是类别决议游离于现行公司法与证券法体系之外，甚至与之相背离，严重损害了法律的体系性与内在逻辑的一致性，从长远看这对我国法律体系的建设极为不利。

另一方面，在选定补偿制度后，现阶段无需引入作为辅助模式的等待期制度。等待期在我国被称为退市整理期，目前沪、深两市仅在强制退市情形规定了为期 15 个交易日的等待期，主动退市情形则无此规定。主动退市情形不存在引入等待期模式的现实需求。从保护功能的角度观察，等待期制度的初衷是在退市前为投资者提供可行的退出渠道。然而在主动退市情形下，若补偿制度已经为投资者提供了更为顺畅且充分的退出与补偿机会，则不存在引入等待期制度的必要性。此外，从兼顾退市效率角度考量，若投资者已能通过补偿制度获得充分保护，则无需通过设置等待期推迟摘牌时间。

（四）小结

赋权模式存在诸多不足之处。一方面,将赋权模式适用于退市投资者保护领域构成了对该模式的误用,因为类别决议的适用条件为类别股股东的特别权利遭受股东大会决议侵害,异议股东退出制度的适用条件为公司重大结构性措施将严重损害股东的成员权,而退市投资者保护领域无法满足上述制度的适用条件。另一方面,赋权模式具有严重的负外部性,将使投资者保护制度嬗变为"阻碍退市制度"。

赋权模式混淆了投资者在退市情形下的受保护需求,失衡地处理了公司自治与投资者保护之间的利益冲突且未准确确定退市投资者保护问题的法教义学归属。投资者在退市情形的受保护需求集中体现为对财产损失的补偿,而非表决权的强化。从制度利益与公共利益角度衡量上述利益冲突,应遵循"效率指导下的公平"理念并引入"容忍与补偿"原则。退市投资者保护问题的法教义学归属为证券法中的投资者保护,而非公司法中的股东保护。

退市法律规制模式亟需实现由赋权模式向补偿模式的转换。除了能够有效弥补赋权模式的上述缺陷以外,补偿模式的正当性还突出体现在横向的国际比较观察与纵向的国内改革需求两个层面。就前者而言,国际上现存的三种保护模式中,补偿模式最契合我国多层次资本市场的发展实际。就后者而言,补偿模式与注册制改革的"市场化"内核更为协调。

就补偿模式的具体制度设计而言,在适用范围方面,应对完全退市与转板退市进行细致的类型化区分。在制度构建方面,应引入证券收购制度框架内的强制要约,收购人须向所有投资者发出以特定价格收购股票的公开要约,该要约须为完全要约,且须以现金为对价。在立法对接方面,应首先修改证监会的行政规章,继而在关注各板块差异性和发展趋势的基础上对交易所规则进行实时调整。

第四节 转板退市的法律规制

转板指公司在不同证券市场或同一证券市场的不同层次市场之间转换交易场所进行股票交易，具体可分为升级转板、降级转板以及平级转板。转板机制能够加强多层次资本市场的有机联系，更好发挥各市场的功能，是多层次资本市场建设中至关重要的环节。在三种转板类型中，我国早已在强制退市制度中实践了降级转板机制，具体而言，从主板、科创板以及创业板强制退市的公司须降板至股转系统或其他交易板块继续交易。为探索升级转板机制进而实现多层次资本市场的互联互通，2020 年 6 月 3 日证监会发布《关于全国中小企业股份转让系统挂牌公司转板上市的指导意见》（下称《指导意见》），决定以新三板挂牌公司升板至科创板或创业板为试点先行先试升级转板机制。2020年 11 月底，沪、深两地交易所分别发布"转板上市办法（征求意见稿）"，落实了《指导意见》中的制度安排并细化了相关升板业务规则。由于我国各层次资本市场基本上呈现错位发展、优势互补之势，故平级转板目前尚无过多适用空间。虽然我国以升级转板与降级转板为主要内容的类型化转板机制已初见雏形，但是各项制度尚未健全，法律制度尤其缺位，故如何针对转板的两种类型进行系统的制度构建是亟需解决的问题。

一、转板的法律属性与法律效果

转板是股票交易场所的变更，与股票的公开发行无关，故无需经证监会核准或注册。转板意味着公司将离开当前的交易场所，转至其他场所进行交易，故转板将变更公司与股转系统、交易所之间的民事法律关系。对升级转板而言，转板公司须向拟转入板块所在的交易所提出转板申请，后者将进行审核并作出是否同意转板的决定。对降级转板而言,退市公司须向股转系统提出挂牌申请,后者亦将在审核后作出是否同意的决定。上述转板与挂牌申请的法律性质为民法中的要约,交易所和股转系统的决定则为承诺。承诺将导致两个法律效果:(1)公司与转出板块所属机构之间原有的民事法律关系归于消灭,为转板的消灭效力;(2)公司与转入板块所属机构签订新的《上市协议》或《挂牌协议》,形成新的民事法律关系,为转板的创建效力。转板后公司须遵守新的《上市协议》《挂牌协议》及其引致适用的规范转入板块的自律管理规则。

二、转板基本原则

从宏观维度观察,升级转板以企业自愿为总体原则,降级转板以法律强制为总体原则。原因在于升级转板是企业基于成本收益考量依私法自治作出的企业经营决策,而与强制退市制度相衔接的降级转板机制旨在为遭受退市损失的投资者提供得以继续交易的平台。从微观维度观察,一方面,升级转板具体包括市场导向、统筹兼顾、试点先行以及防控风险四个原则。具体而言,市场导向指尊重企业意愿,允许符合条件的公司自主作出转板决定,自主选择转入的交易所及具体板块。统筹兼顾指沪、深两地交易所与股转公司、中国结算公司等机构加强沟通协调,做好制度衔接,为企业转板提供有力保障。试点先行指首先以新三板精选层挂牌公司升板至科创板、创业板为试点,待经验成熟后再推广至其他板块,例如由科创板或创业板升级至主板。防控风险指切实防范转板过程中可能出现的风险,确保转板的顺利实施。另一方面,目前的降级转板机制以交易机会补偿为原则。鉴于退市将使投资者丧失其所持有的股票在当前板块的交易机会,故设置强制性降级转板机制使投资者的股票仍在特定市场享有交易机会。需注意,随着转板制度的发展完善与多层次资本市场建设的稳步推进,降级转板机制亦应突破强制性的藩篱,宜适时引入自主降板机制,赋予企业更多自主权。

三、转板制度构建

鉴于升级转板构成转板制度的主要类型，故制度构建将围绕升级转板展开论述。总体而言，须着力构建四类制度：一是转板条件，二是转板审核，三是转板程序，四是转板制度衔接。

首先，满足转板条件是申请转板的前提，故转板条件的设定是转板制度的基础。转板条件是效率与公平的博弈。一方面，转板机制的创设旨在将企业从先申请退市再申请上市的冗长程序中解脱出来，为企业提供直接转板的便利条件，故提升效率是设定转板条件的应有之义。另一方面，比较法经验表明，过于宽松的转板条件将导致显失公平的结果，形成升板上市与常规 IPO 上市之间巨大的制度套利，诱使大批企业选择升板上市，最终引发注册制改革逻辑的失调与市场行为的异化。因此，世界各国基本上已达成共识：转板条件不应低于高层次市场直接申请上市的条件。普遍做法是将转板条件与转入板块的上市条件趋于一致，以从根源上消除制度套利的空间。诚然，交易所仍可结合转入板块特点提出差异化要求，例如深圳证券交易所为新三板挂牌公司升级转板增设了股东人数、精选层交易量的交易类指标等条件。此外，在升级转板中，一般会要求转板公司已在当前板块上市或挂牌特定时间（例如一年）且无不良记录。

其次，通过审核是转板得以顺利实施的关键，审核制度可细分为审核原则、审核机构、审核方式以及审核重点内容几个方面。审核须遵循依法合规、公开透明、便捷高效的原则，以提高审核透明度，明确市场预期。在转板公司提交转板申请文件后，交易所的上市审核机构将对上市申请进行审核并作出审核报告。审核通过提出问题、要求回答等多种方式进行，敦促转板公司及其保荐人真实、准确、完整地进行信息披露。若交易所在审核过程中发现申请文件信息披露存在重大问题且未作出合理解释的，可对拟转板公司采取自律检查等自律管理措施。审核的重点关注内容是企业是否符合转入板块的上市条件以及信息披露是否符合要求。

再次,明晰透明的转板程序有助于明确市场预期,是转板的有力保障。转板程序主要分为公司内部程序、保荐要求、尽职调查要求、申请受理以及审核时限这几个方面。在内部程序方面,董事会应首先就转板事宜作出决议,并由股东大会批准。在保荐要求方面,在各市场主体归位尽责的总体要求下,转板公司应聘请保荐人,保荐人须履行保荐职责并向交易所提交保荐书。保荐书应逐项说明转板是否符合交易所规定的转板条件并对转板后的持续督导工作作出具体安排。在尽职调查要求方面,保荐人应审慎进行尽职调查,可引用公司首次公开发行上市时的保荐人意见以及公司在原板块公开披露的信息等证据发表专业意见,但须对所引用的内容负责。在申请受理方面,为进一步提高效率,交易所一般于收到转板申请5个工作日内作出是否受理的决定。在审核时限方面,交易所自受理转板申请文件之日起2个月内作出是否同意转板的决定。可见虽然转板条件不容放松,但是转板程序可比照直接申请在高层次市场上市更加简单快捷,此外,转板费用亦可比照直接上市给予适当优惠。

最后,做好转板制度衔接是重中之重。基于多层次资本市场中各板块的差异性,从顶层设计层面衔接好各板块之间的制度差异从而消除制度套利的空间是转板制度设计的基本逻辑。目前我国主要通过设定单行转板规范的方式进行制度衔接,随着转板实践的有序开展与经验的持续积累,宜将转板规范融合于各板块上市规则中。具体而言,可效仿我国香港地区在各板块上市规则中安置"转板上市"章节,对制度衔接事宜进行细化规定。对转出板块而言,主要规定转板申请过程中公司在当前板块的上市地位不受影响、申请转板公告的发布等几方面。对转入板块而言,主要规定转板上市的资格与条件、上市程序衔接、股份限售衔接、持续督导衔接与交易制度衔接等几方面。

在转板上市程序衔接方面,同意转板决定的有效期一般为6个月,公司须在决定有效期内完成转板上市的所有准备工作并向交易所申请股票上市交易。上市相关程序参照适用转入板块"股票上市规则"中的相关规定。股份限售方面直接适用转入板块的限售规定。一般来说,市场的层次越高,限售期越长,例如主板为 36 个月,科创板为 12 个月。在计算转板后的限售期限时可扣除在转出板块已经限售的时间。此外,须注意特定板块中的特殊规定,例如科创板中规定了关于核心技术人员的限售、减持规定。持续督导的总时间亦适用转入板块的相关规定,可扣除在转出板块的上市或挂牌时间,但至少为转板当年剩余时间及其后一个完整会计年度。在交易制度衔接方面,转板首日开盘参考价为转板公司股票在转出板块的最后一个成交交易日的收盘价,转板后的交易制度适用于转入板块的相关规定。

四、转板监管安排

虽然转板仅改变转板公司与股转系统、交易所之间的法律关系,但是鉴于转板将对整个资本市场起到"牵一发而动全身"的效果,因此为控制风险及保护投资者考量亦需要监管的介入。第一,应严格转板上市审核。交易所应建立高效透明的转板上市审核机制,依法依规开展审核。审核程序、申报受理情况、问询过程以及审核结果应及时公开。第二,应明确转板衔接。转出板块所属机构应强化对转板公司的日常管理,督促公司做好信息披露,防范违法违规行为。转入板块所属机构应做好转板衔接机制,及时妥善解决转板过程中出现的各种问题。第三,应压实中介机构责任。保荐机构、会计师事务所、律师事务所等证券服务机构应当按照证监会及交易所的相关规定,秉持诚实守信、勤勉尽责的原则在对申请文件和信息披露资料进行充分核查验证后发表明确意见,并为此负责。第四,应加强交易所审核工作监督。交易所在作出转板审核决定后应及时报证监会备案,证监会对交易所的审核工作进行监督,定期或不定期对审核工作进行现场或非现场检查。第五,应强化责任追究。对于转板中的违法违规行为,证监会应依法依规严肃查处,交易所与股转公司亦应采取相应的自律管理措施。在各方都归位尽责、信息披露合法合规的情况下,投资者独自对是否购买转板公司股票作出判断并对最终的投资决定与投资结果负责。

第五章　类型化规制之二:私有化退市

　　私有化一般指由上市公司控股股东①发起的使公司由公众公司转为私人公司的行为,退市是私有化导致的结果之一。私有化退市属于主动退市,是公司在对上市的负担与收益进行利益衡量之后作出的商业决定。公司决定私有化退市主要出于以下考虑:公司股价低于公司市值、降低合规成本、减少代理成本、风险管理、挤出少数股东等。② 在我国全面推行注册制的当下,随着严监管下公司合规成本的增加、私人诉讼的强化以及股票市场估值的理性回归,可以预见,私有化退市或将成为未来我国 A 股上市公司退市的主流形态。从世界范围观察,私有化退市可分为以下三种模式,一是要约收购型私有化退市,二是吸收合并型私有化退市,三是协议安排型私有化退市③。前两种类型在我国沪、深交易所较为常见,第三种是我国香港地区的主流私有化模式。

---

① 控股股东在此作广义解释,除公司控股股东外,还包括控股股东联合管理层等公司内部人引入的若干私募股权基金共同组成的买方团。参见沈朝晖:《上市公司私有化退市的"安全港"制度研究》,《法学家》2018 年第 4 期。

② See Marco Ventoruzzo, " Freeze-Outs: Transcontinental Analysis and Reform Proposals", *Virginia Journal of International Law*, vol. 50, no. 4 (Summer 2010), p. 846.

③ 协议安排是控股股东及其一致行动人要求上市公司依照其注册地法律规定,向独立股东提出以协议安排的方式将上市公司私有化的建议。协议安排方案须经全体股东表决通过,若方案获得通过,则协议安排所载方案的具体内容对全体股东具有约束力。在协议中的具体条款被实施后,少数股东持有的股份将被注销,控股股东将拥有上市公司100%的表决权。根据我国香港地区《收购守则》规则 2.10 的规定,通过协议安排进行私有化,需要满足以下两个条件:(1)出席会议的独立股东以不少于 75%的同意票通过决议;(2)投反对票的股东不超过无利害关系股份的投票权的 10%。

由于私有化退市往往由控股股东发起,故存在较为严重的自我交易风险。尤其是当控股股东与少数股东呈现截然相反的利益状态时,由于公司董事会处于控股股东的控制之下,少数股东的利益通常无人维护。因此,私有化退市情形最为严重的利益冲突体现为公司经营自由与中小投资者保护之间的博弈。私有化退市法律规制的核心是上述利益冲突的平衡。值得注意的是,由于私有化退市情形往往存在余股困境,故余股强制挤出制度的引入亦刻不容缓。本章分为三节,分别从私有化退市中的利益冲突、利益冲突平衡机制以及余股强制挤出制度的构建三个层面对私有化退市的法律规制进行详细论述。

第一节　私有化退市中的利益冲突

上市公司的私有化退市事宜一般由控股股东主导。在吸收合并型私有化退市情形下,合并双方的股东大会将分别就两个公司的吸收合并事宜进行表决,在股东大会通过合并决议的情况下,上市公司将被其控股股东吸收合并,控股股东存续,上市公司因商事主体资格消灭而产生退市的结果。在要约收购型私有化退市情形下,上市公司的控股股东会首先发出面向全体股东的收购要约,如果足够多的要约获得承诺,导致公司的股权分布情况不再满足交易所的上市条件,那么就会发生公司退市的法律效果。无论在哪种私有化退市情形下,控股股东的战略抉择自由与中小投资者权益保护之间都存在着较为严重的利益冲突。[①] 利益冲突以控股股东存在自我交易风险为核心内容,主要原因在于,私有化退市交易具有强制性,控股股东控制着交易的时机和条件,在其控制下,上市公司的董事会无法独立地从中小投资者的权益出发参与到交易价格的谈判中,导致交易完全由控股股东主导,恐丧失公

[①]　参见郭雳:《上市公司私有化交易的审查标准与利益平衡——主动退市的境外经验与启示》,《证券法苑》2014 年第 3 期。

平性。① 在平衡相互冲突的两项利益之前,首先应对私有化退市情形公司退市自由与投资者保护两种利益的内容进行深入剖析。

一、私有化退市属于公司经营自由

私有化退市属于公司经营自由范畴,公司作为商主体有权自主决定其是否以及以何种方式退市。以往核准制下壳资源的稀缺性使我国上市公司私有化退市案例并不多见。然而在美国,私有化退市是最为常见的退市方式。随着我国全面注册制的实行,私有化退市极有可能成为未来我国最为主流的退市方式。上市公司的私有化退市决定往往由公司在对上市进行成本收益分析后作出,具言之,公司认为上市造成的负担已经超过其带来的优势,故从效率利益出发决定退出股票市场。在实践中,公司作出私有化退市决策主要基于以下考虑。

第一,私有化退市可显著降低公司的经营与合规成本。目前,监管趋严成为我国证券监管的主要趋势,证监会对上市公司采取了前所未有的严格监管措施,且近年来发布了一系列愈发严格的退市规则。在此背景下,为了满足合规要求,上市公司必须付出大量的人力、财力与精力成本,承担了较为沉重的合规负担与激增的经营成本。由于公司的本质在于营利,故在上市成本已经超过上市收益的情况下,公司会理性地作出退市的决定。退市后的公司无需受上市公司监管措施的制约,将极大降低合规与经营成本,实现更加灵活、自由的经营。

第二,私有化退市可降低公司的代理成本。所有权与经营权的分离状态使上市公司普遍存在较高的代理成本,严重影响了上市公司的可持续经营。实证研究表明,代理成本与上市公司的企业价值、投资者信心之间存在显著的负相关关系。② 私有化退市可有效降低公司的代理成本,退市很有可能极大改善公司所有权与经营权相分离的状况,使公司

---

① 参见李文莉:《上市公司私有化的监管逻辑与路径选择》,《中国法学》2016年第1期。
② 参见万晓文,王丽苹:《代理成本、投资者信心与企业价值》,《财务研究》2019年第1期。

所有者得以更加直接地对经营者施加影响，使公司经营目标与所有者的利益高度一致。此外，代理成本的降低还将使公司激励机制的积极作用更为明显，使管理层更加关注公司的长远发展目标，而非短期利益。[1]

第三，私有化退市可在公司股价低于公司市值时防止公司价值被低估并加强公司商业秘密保护。在公司股价没有真实准确地反映出公司真实价值时，公司会通过退市来实现自我保护。此外，公司私有化退市还将更有效地保护其商业秘密，因为闭锁公司无需承担如上市公司一般繁重的信息披露义务。[2]

鉴于私有化退市具有显著降低经营与合规成本、降低公司代理成本、防止公司价值被低估以及加强公司商业秘密保护等诸多优势，故当实践中公司存在退市需求时，其将行使市场主体的经营自由实施私有化退市。

二、中小投资者存在较为突出的受保护需求

尽管私有化退市可为公司带来诸多优势，然而不可否认，私有化退市不仅将使中小投资者丧失其所持有的公司股票在股票市场中继续交易的机会，而且在吸收合并型私有化退市情形下，合并交易将使投资者丧失其股东身份，故私有化退市可能给中小投资者带来直接的经济与股东身份的损失。私有化退市中存在着严重的自我交易风险，交易基本上由控股股东主导，中小投资者无法参与交易谈判，权益无法得到充分保护。此时中小投资者存在着信息需求和公平定价需求两种较为突出的受保护需求。

（一）信息需求
投资者在资本市场中购买股票的目的是希望通过低买高卖赚取价

---

[1]　参见李文莉：《上市公司私有化的监管逻辑与路径选择》，《中国法学》2016 年第 1 期。

[2]　参见李文莉：《上市公司私有化的监管逻辑与路径选择》，《中国法学》2016 年第 1 期。

差继而获利,若公司决定私有化退市,从证券市场退出,则投资者的上述投资目的将无法达成。私有化退市给投资者造成的主要损失在于股票流动性的减损,公司私有化退市意味着投资者无法在资本市场继续转让股份,将丧失因上市而在信息披露、监管环境等方面获得的有利交易条件,故退市将严重限制股份因上市而获得的强流动性。更为重要的是,在私有化退市情形下,公司是否得以成功退市取决于合并计划能否得到足够多的支持或收购要约是否获得足够多的承诺,故私有化退市情形投资者的信息需求突出体现为以下两方面。

其一,公司必须提前披露其私有化退市计划,具体包括私有化所采取的方式、步骤与程序、时间安排、拟采取的投资者保护措施等多项内容。如前所述,公司的私有化计划将对投资者的投资计划产生不利影响。从投资者利益考量,公司应提前对私有化退市计划进行披露,以便投资者有充分时间在掌握相关信息的情况下作出应对。

其二,公司须细致披露定价依据。在吸收合并型私有化退市情形下,待股东大会决议的合并事项中包含换股定价,该定价是否公允是各方关注的焦点。在要约收购型私有化退市情形下,如果收购人是控股股东,那么收购要约的定价亦恐对中小投资者的利益有所忽视。鉴于实践中上述定价与投资者利益息息相关,而投资者又难以实际参与定价磋商的过程,故宜借鉴美国 13e-3 规则的有益经验,要求公司详细披露定价依据。在美国,公司须对私有化退市进行极为详尽的信息披露,具体包括对交易目的的讨论,对交易实质性与程序公正性的说明,由第三方提供的与交易相关的重大意见和评估等内容。[①]

(二) 公平定价需求

公平定价不仅是私有化退市法律规制的核心,而且是私有化退市情形投资者保护制度的主要内容。发起交易的控股股东不仅完全掌握

---

① 参见郭雳:《上市公司私有化交易的审查标准与利益平衡——主动退市的境外经验与启示》,《证券法苑》2014 年第 3 期。

着交易时间与交易条件,而且还对公司董事会享有实际控制权。这意味着,尽管交易的双方是控股股东与少数股东,然而双方处于利益失衡的状态,没有机构能够代表少数股东的利益与控股股东就交易定价进行磋商。此时中小投资者的利益极易沦为控股股东以行使公司经营自由之名实施私有化退市的牺牲品。因此,私有化退市中投资者的受保护需求突出体现为对公平定价的需求,即如何在制度与程序上保障交易定价的公平性。实际上,这一点正是各国私有化退市法律规制的核心。

三、利益冲突之解构与分析

私有化退市法律规制是公司退市自由(效率)与中小投资者保护(公平)之间的博弈。效率与公平都是资本市场中的重要价值,是资本市场得以健康稳健发展的一体之两面。效率是资本市场的灵魂,保障私有化退市效率在加速资本市场新陈代谢的同时,还将极大增进公司的经营自由与公司利益,最终促进整个国民经济的发展。公平是资本市场的压舱石,更是资本市场法的核心所在。如果不能够有效保障中小投资者的权益,那么资本市场将失去投资者的信任,沦为无源之水、无本之木。具体到私有化退市领域,如果不能够为遭受损失的投资者提供充分的保护,那么投资者对公司私有化退市情形自身利益的担忧将影响投资者购买股票的信心与决策,从而对整个资本市场的健康发展产生不利影响。退市虽然是公司的经营自由,但鉴于公司在行使自由的同时将对中小投资者的权益造成损害,故上市公司必须对投资者的权益提供妥善保护。目前,在私有化退市领域,在对效率与公平的利益冲突进行衡量时,我国立法者对公平价值的关注不足,主要体现在,私有化退市情形的中小投资者保护制度尚不完善。

在对私有化退市情形的效率与公平进行利益权衡时,学者持有截然不同的两种观点。一种观点相对偏激,主张公平可以绝对地压制效率。具言之,鉴于私有化退市的本质具有不公平性,且中小投资者利益无法通过合理的制度构建得到有效保护,故应对私有化退市予以全面禁止。① 另一种观点更为温和,主张应通过强化投资者保护使效率与公平恢复至更加均衡的状态。具体来说,私有化退市具有帮助公司增加经营效率进而提升社会效益等诸多优点,故应通过确保私有化交易的公平性来保障该制度的顺利实施。② 相较而言,第二种观点不仅在理论上获得了更多支持,而且在实践中被各国广泛践行。在私有化退市情形下,效率与公平之间的关系亦应遵循"效率指导下的公平"③,即效率宜处于更高的位阶,但应当兼顾公平。鉴于私有化退市具有诸多积极效果,故应通过法律制度的设计减少投资者利益受损这一私有化退市的负外部性,平衡私有化退市中的利益冲突,保障私有化退市的顺利施行,进而提升整个社会效益。

第二节　利益冲突平衡机制的构建

为消除私有化退市情形下公司退市自由与中小投资者保护之间的利益冲突,各国立法者创设了一系列利益冲突平衡机制。其中,美国的利益冲突清洁机制尤其值得关注。私有化退市的规制核心在于妥善保护中小投资者权益,对于我国来说,设计科学、妥当的保护路径是平衡利益冲突的关键。

一、域外经验的展开

在私有化退市情形下,控股股东的公司战略抉择利益与中小投资

---

① See Victor Brudney, Marvin A. Chirelstein, "A Restatement of Corporate Freezeouts", *The Yale Law Journal*, vol. 87, no. 7 (*June* 1978), p.1366.

② See Christopher R. Gannon, "An Evaluation of the Sec's New Going Private Rule", *Journal of Corporation Law*, vol. 7, no. 1(*Fall* 1981), p.58.

③ 具体内容详见本书第四章第一节。

者权益保护之间存在着严重的利益冲突,铺设合理的中小投资者权益保护路径是平衡上述利益冲突的重中之重。在国际上,美国的私有化退市"安全港"制度得到广泛关注,美国特拉华州法院在审判实践中发展出了由董事会特别委员会和少数股东多数决规则组成的双重清洁机制,很大程度上实现了私有化退市情形投资者保护的目标。下文将对美国的典型案例与利益冲突双重清洁机制进行深入探讨。

(一) 典型案例分析

美国私有化退市的利益平衡机制主要由司法推动,特拉华州法院在审判实践中不断总结与改进审判思路,推动了审查标准的变革。总体来看,美国的审查标准已完成从以往的结构二元化向目前的功能主义视角下同等对待的转向。[1] 美国的吸收合并型私有化退市包括长式合并与短式合并两种类型,长式合并又称一步式合并,指控股股东直接以股东大会决议的形式吸收合并上市公司,并以现金对价挤出上市公司的少数股东,此时挤出对价就是合并交易的对价;短式合并又称两步式合并,指控股股东首先向全体股东发出全面收购要约,当其获得90％以上公司股权时,无需召开股东大会,仅需公司董事会决议便可完成吸收合并,并以现金对价挤出少数股东。[2] 起初,法院根据交易结构的不同发展出二元审查标准,即长式合并适用完全公平原则,而短式合并适用商业判断规则。然而,这一差异化审查标准备受学界批评,学者们认为,既然两种私有化退市类型都会导致投资者利益受损,那么针对同样的结果,就不应当适用两种不同的审查标准。[3] 之后,在著名的 In Re MFW 案中,法院对审查标准进行统一与创新发展,认为应充分

---

① 参见郭雳:《上市公司私有化交易的审查标准与利益平衡——主动退市的境外经验与启示》,《证券法苑》2014 年第 3 期。

② See Edward F. Greene, "Corporate Freeze-out Mergers: A Proposed Analysis", *Stanford Law Review*, vol. 28, no. 3 (February 1976), p. 491.

③ See Marco Ventoruzzo, "Freeze-Outs: Transcontinental Analysis and Reform Proposals", *Virginia Journal of International Law*, vol. 50, no. 4 (Summer 2010), p. 870.

重视私有化退市交易中对少数股东的程序性保护。

1. Weinberger v. UOP：完全公平审查标准

特拉华州法院在 1983 年审判的 Weinberger 案是私有化退市利益平衡领域无法忽视的重要案例，原因在于，法官在长式合并类案件中正式确立了完全公平原则这一私有化退市案件的审判标准。Signal 公司是 UOP 的母公司，1978 年，前者提出与后者进行一步式合并，然而这一合并交易存在诸多问题。其一，独立财务顾问报告制定草率。Signal 公司为合并聘请了著名的雷曼兄弟公司提供财务顾问服务并出具相关报告，但忽视了雷曼兄弟公司合伙人是公司董事这一事实。此外，雷曼兄弟公司撰写独立财务顾问报告仅用时三天，且将报告内容告知了 UOP 公司董事。其二，定价程序存在瑕疵。Signal 公司的执行董事通知 Signal 公司，每股定价大约在 20—21 美元之间，此时股票挂牌价为 15 美元左右。其后 Signal 公司公布的定价为每股 21 美元。然而，此前 UOP 公司的两名董事（亦为 Signal 公司员工）曾撰写一份报告，内容是股票定价为 24 美元方对 Signal 公司更为有利。不过该份报告仅提供给 Signal 公司董事会，并未向 UOP 公司董事会披露。有鉴于此，UOP 公司的股东 Weinberger 向 UOP 公司、Signal 公司以及雷曼兄弟公司提起诉讼，认为合并交易有失公平并主张经济损害赔偿。

特拉华州法院在审理 Weinberger 案时认为，由于案件中的合并交易存在严重的利益冲突，故属于 Signal 公司的自我交易。因为没有机构能够代表 UOP 公司的中小股东参与定价谈判，故有必要以完全公平为标准对该交易进行审查。完全公平标准包括公平交易和公平价格两项内容，前者聚焦交易时间、交易结构、交易信息披露、交易的发起、磋商、交易达成等程序性要素，后者更加重视实质性因素，即判断交易价格是否公平，法院将参考资产、收入、市场价格、股票内在价值等若干因素进行综合判断。① 最后，法院认为，Signal 公司违反了对中小股东的信义义务，故应向 Weinberger 等公司中小股东支付更高的价格。在

---

① See Weinberger v. UOP, 457 A. 2d 701(1983).

Weinberger 案件之后，设立独立的董事会特别委员会代表中小股东利益参与合并谈判成为主流观点。

2. Pure Resources：商业判断规则

早在 Pure 案件之前，特拉华州法院已在 Solomon v. Pathe 案中对短式合并类案件作出审判。法院认为，只要要约收购不具有强制性且不存在信息披露不当的情况，要约就不需要进行公平审查，投资者应被赋予依私法自治决定是否接受要约的自由。随后，法院在 Siliconix 案和 Glassman 案中分别对于短式合并的前端要约收购与后端简易合并皆不适用完全公平审查原则作出论证。[1]

Pure Resources 是短式合并类型的代表性案例。Unocal 公司是 Pure 公司的母公司，2002 年，Unocal 公司提出以换股方式收购 Pure 公司股份的要约，计划在取得 Pure 公司 90% 股份后实施简易合并。为积极应对此次合并，Pure 公司成立了董事会特别委员会，但该委员会的权限较为受限，在对交易条件进行审查后，特别委员会最终提出了反对接受收购要约的建议。随后，少数股东向法院提起诉讼，认为要约具有强制性，并未满足完全公平审查标准。此外，原告认为实质性信息的披露并不完善。法院在审理后认为，在非强制性的收购交易中，应给予中小股东更多的决定自由，适用商业判断规则。在判决中，法院列出了若干项非强制性交易的判断标准，例如控股股东不得采取报复措施，独立董事需提供足够建议等。[2]

3. In Re MFW

Weinberger 案和 Pure 案分别确立了长式合并与短式合并两种私有化退市情形截然不同的司法审查标准。在 In Re MFW 案中，法院首次对模式决定论下的结构主义二元化审查模式进行反思，尝试更实

---

[1] See Marco Ventoruzzo, "Freeze-Outs: Transcontinental Analysis and Reform Proposals", *Virginia Journal of International Law*, vol. 50, no. 4 (Summer 2010), p. 870.

[2] See Marco Ventoruzzo, "Freeze-Outs: Transcontinental Analysis and Reform Proposals", *Virginia Journal of International Law*, vol. 50, no. 4 (Summer 2010), p. 870.

质性地观察两种私有化退市模式,并在更加注重二者共性的基础上提出了创新性的利益冲突平衡新方案。

在 In Re MFW 案中,MacAndrews 公司是 MFW 公司的母公司,欲吸收合并后者。MacAndrews 公司表示,只有在 MFW 公司设立董事会特别委员会参与谈判且合并交易取得少数股东中的多数支持时,才会实施合并交易。部分股东以 MacAndrews 公司、MFW 公司董事违反信义义务为由提起诉讼。法院在审理时认为,这一案件具有不同于以往案件的特殊性,存在董事会特别委员会与少数股东多数决两项少数股东保护制度。法院认为,虽然之前的长式合并案件皆适用完全公平审查原则,但是鉴于此案的特殊性,在上述两项特殊制度安排确能消除利益冲突的情况下,就相当于自我交易已经被弥补为臂长交易,故交易无需再受完全公平审查原则的约束。因此,法院在审理该案时的重点在于,审查董事会特别委员会与少数股东多数决能否有效消除利益冲突,例如特别委员会的独立性、是否具有否决权、中小股东是否受到胁迫等。[①] 最后,法院认为,案件中的合并交易建立在二者约定的双重程序保护基础之上,故应适用商业判断规则。In Re MFW 案在美国私有化退市审判史上具有里程碑式的意义,一方面,该案确立了私有化案件由完全公平审查向商业判断规则转向的司法审查标准。在该案件之后,司法审判不再区分长式合并与短式合并,吸收合并型私有化退市案件主要适用商业判断规则。另一方面,该案将吸收合并型私有化退市情形的利益冲突消除机制确定为公司内部治理机制,即通过设置完善的程序性制度保障实现私有化退市中中小股东保护的实质性目标。

(二) 利益冲突双重清洁机制

In Re MFW 案确立了董事会特别委员会和少数股东多数决相结合的利益冲突清洁机制("安全港"制度),二者的组合拳在美国得到了较为广泛的认可与应用。在吸收合并型私有化退市案件中,如果公司

---

① See In Re MFW Shareholder Litigation, 67 A. 3d 496.

设置了上述"安全港"制度,那么司法审判中就可以直接适用商业判断规则。

1. 董事会特别委员会

董事会特别委员会是美国特拉华州颇具特色的临时性而非常设性的公司内部治理机构,由独立董事和与私有化交易没有利害关系的董事组成。[①] 在吸收合并型私有化退市情形下,董事会特别委员会的主要职责在于,代表中小投资者的利益与控股股东进行谈判、磋商,尤其是积极介入价格和其他条款的形成过程,以解决私有化交易因控股股东自我交易产生的利益冲突。[②] 董事会特别委员会可以在一定程度上弥补控股股东控制下的董事会无法实质性地代表中小投资者参与谈判的弊端。作为少数股东利益的"守门人",董事会特别委员会的参与可极大减少控股股东主导下的吸收合并交易的自我交易属性,董事会特别委员会以将交易恢复为臂长交易为目标,诚实审慎地代表少数股东的利益而战。

为了充分保障董事会特别委员会的谈判能力,特拉华州法院在司法实践中对委员会的设定提出如下四项要求。第一,董事会特别委员会应具有独立性与正直性。独立性指在成员的选择与结构方面,每一位特委会成员的选择均不应受控股股东的影响与干预。正直性指特委会成员基于职业操守正直地代表少数股东的利益参与谈判。第二,应对特别委员会充分赋权。否决权的授予、具有替代竞争性交易的能力和决定发起反收购措施的权限是衡量充分授权的重要判断标准。第三,特别委员会应有能力获取充分的公司信息并且其所聘请的外部专家具有独立性。由于特委会的主要成员为公司独立董事,其能够获取的公司信息有限,故相对于内部董事,法院较为重视特委会中的独立董事能否处于信息对称的地位。此外,由于外部董事的谈判经验与专业能力有限,其往往依赖外部聘请的法律顾问与财务专家,故相关外部专

---

① In Re Digex, Inc. Shareholders Litig, Consol. C. A. No. 18336, slip op. at 72.

② 参见沈朝晖:《上市公司私有化退市的"安全港"制度研究》,《法学家》2018 年第 4 期。

家的独立性亦是被审查的要点。第四,特委会须履行注意义务。特拉华州法院秉持权利义务相一致原则,要求特别委员会在享受权利的同时亦对其需要承担的注意义务给予充分重视。在实践中,特别委员会主要在以下两方面承担注意义务并应重视相关证据的保存。一是外部专家聘请事宜,二是对控股股东支付的对价进行市场检验。[1]

2. 少数股东多数决

少数股东多数决是董事会特别委员会制度的必要补充。此项制度的主要内容是,私有化交易条款须经除控股股东以外的少数股东中的多数同意。该制度具有如下功能,一方面,对董事会特别委员会的工作进行监督。特别委员会的工作旨在代表少数股东利益参与谈判,少数股东多数决则在后端对特委会的工作成果进行检验,在一定程度上起到了监督的作用。另一方面,使特别委员会参与谈判的交易定价接受市场检验。特拉华州法院认为,少数股东多数决制度作用的发挥有赖于以下三个前提。第一,少数股东须掌握充分信息后决策。充分的信息是理性决策的必要前提,公司须向少数股东进行充分的信息披露。第二,少数股东的投票不得受到胁迫。第三,少数股东不得与控股股东存在利害关系,例如不存在隶属关系或不存在与控股股东的先前协议。[2]

二、我国利益冲突平衡机制的构建

在私有化退市情形下,控股股东对私有化交易的控制导致了严重的自我交易风险,使私有化交易充斥着利益冲突。因此,需要构建切实可行的利益冲突平衡机制使失衡的利益关系恢复平衡,使自我交易恢复为臂长交易,此为私有化退市法律规制的重中之重。

---

[1] 参见郭雳:《上市公司私有化交易的审查标准与利益平衡——主动退市的境外经验与启示》,《证券法苑》2014 年第 3 期;沈朝晖:《上市公司私有化退市的"安全港"制度研究》,《法学家》2018 年第 4 期。

[2] 参见沈朝晖:《上市公司私有化退市的"安全港"制度研究》,《法学家》2018 年第 4 期。

(一) 现有平衡机制及其局限性

在沪、深两市,私有化退市主要包括要约收购型与吸收合并型两种类型。根据收购要约发起方的身份不同,可将要约收购型私有化退市细分为由非关联方发起与由控股股东发起两种类型。在第一种类型中,由于收购由非关联方发起,故上市公司的董事会可以独立地代表中小投资者的利益与收购方进行磋商从而确定公平的收购价格,因而此种情况不存在突出的利益冲突。然而在第二种类型中,收购由控股股东发起,鉴于控股股东掌握着发起收购的时机并且可对上市公司的董事会施加直接的控制与影响,故此种情形下公司内部没有机构能够独立地代表中小股东的利益与控股股东进行磋商,收购存在着较为严重的利益冲突。遗憾的是,《上市公司收购管理办法》(以下简称《收购办法》)仅对由非关联方发起的要约收购行为进行规制,却疏于规定更需要规制的由控股股东发起的利益冲突性收购。此外,在收购价格确定方面,我国的现行规定过于依赖市场价格,未考虑到市场价格易受操控这一风险。[①] 可见,我国对于要约收购型私有化退市的规制方案存在极大漏洞,亟待通过立法予以填补。

对于吸收合并型私有化退市来说,我国的法律规制主要体现在公司法与证券法两个维度。在公司法维度,由于合并属于公司法明确规定的需要进行特别决议的事项,故私有化须经董事会决议半数通过与股东大会决议三分之二以上通过。在控股股东吸收合并上市公司情形下,根据我国法律规定,关联董事与关联股东须回避表决。可见,在公司法维度,我国借鉴了美国的少数股东多数决制度。在证券法维度,被吸收上市公司的董事会应聘请包括独立财务顾问和律师在内的外部专家,出具相应的财务报告与法律意见书。总体来看,我国的利益平衡机制还相对简单与稚嫩,只有少数股东多数决与聘请外部专家两项制度。这两项制度虽然能够在一定程度上对解决利益冲突有所帮助,但是仍

---

① 参见沈朝晖:《上市公司私有化退市的"安全港"制度研究》,《法学家》2018 年第 4 期。

无法有效化解利益冲突。

一方面,中国式的少数股东多数决制度无法有效地化解私有化退市中的利益冲突,而仅能起到促使控股股东向公众股东进行信息披露的效果。原因在于,少数股东多数决制度的适用需要三个前提,而我国的资本市场实际情况无法满足这些前提。其一,少数股东多数决以少数股东掌握充分的决策信息为前提,而我国的信息披露制度还不够充分。其二,机构投资者能够降低控股股东与少数股东之间的信息不对称,但我国的机构投资者数量较少,绝大多数投资者为散户,且散户股东存在较为严重的理性冷漠情况。其三,一般来说,公众投资者可通过观察股价变化进行决策,然而我国股票市场的股价与公司基本面严重脱节。[1] 另一方面,我国目前的外部专家制度无法有效实现消除利益冲突的效果。由于聘请外部专家的公司机构为董事会,而董事会处于控股股东的实际控制之下,故外部专家无法独立且中立地出具评估意见,无法实现良好的中小投资者保护效果。

(二) 内外机制相结合的利益冲突平衡机制的构建

立基于我国资本市场发展实际,结合域外经验,为了实质性地化解私有化退市情形的利益冲突,有必要构建内部机制与外部机制相结合的利益冲突平衡机制。内外部机制相互配合,共同致力于疏解中小投资者利益无人维护的困境,平衡私有化退市情形的利益冲突。

内部机制旨在通过公司内部组织机构的设立与表决机制的构建切实减少私有化退市情形的利益冲突,具体包括董事会特别委员会与作为任意性规范的少数股东多数决两项内容。一方面,宜借鉴美国经验构建能够切实代表中小投资者利益的由独立董事组成的董事会特别委员会。设置此类委员会的主要目的在于,弥补公司内部无机构为中小投资者利益代言的缺陷。为了确保独立董事的独立性,应合理设置控股股东与公众股东投票的权重,使独立董事能够代表中小投资者的利

---

① 参见沈朝晖:《上市公司私有化退市的"安全港"制度研究》,《法学家》2018 年第 4 期。

益参与谈判。无论是在要约收购型私有化退市情形还是在吸收合并型私有化退市情形下，董事会特别委员会均应代表中小投资者权益参与要约定价或者换股定价的讨论。另一方面，宜将少数股东多数决制度确定为任意性规范，且根据企业遵守该任意性规范的具体情况设计差异化的监管尺度。① 在董事会特别委员会代表中小投资者进行价格磋商的基础上，少数股东多数决制度可以进一步保障收购价格或者换股价格的公允性。鉴于少数股东多数决制度是证监会制定的行政管理性规定对公司法的入侵，故不应将其设置为强制性规范。任意性规范意味着，若公司已经采取少数股东多数决制度对中小投资者的权益进行额外保护，则证监会应采取加快审批流程、简化审批步骤等措施为公司提供相关便利。建议证监会广泛调研公司的实际需求，结合我国国情设计合理有效的差异化监管标准，切实发挥任意性规范的激励作用。

外部机制的主要目的是，作为内部机制的必要补充，通过信息披露制度与更加完善的外部专家制度切实提升中小投资者的保护水准，使控股股东与中小投资者之间失衡的利益关系恢复平衡。其一，建议借鉴美国 13e-3 规则，通过法定完善的信息披露制度确保价格条款的公平性。公司应披露定价依据与对价格公平性进行评估的过程。② 信息披露规则既可以约束公司的定价行为，又有助于投资者与其他利益相关者充分了解公司的定价依据与其对价格公平性的评估方式，其中的信息可作为日后可能发生的诉讼的重要证据，亦可为法官审理案件提供可供参考的事实依据。③ 其二，宜通过更加完善的人员遴选与费用支付机制切实保障外部专家的独立性与公允性。建议证监会设置外部专家库，并随机抽选负责评估的专家，切断专家遴选与公司董事会之间的可能的利益关联。此外，证监会宜在企业支付的费用中抽取一部分作为支付外部评估专家报酬的资金池，使专家的报酬与作为评估对象的企业脱钩，保障专家的独立性与评估的公平性。

① 参见沈朝晖：《上市公司私有化退市的"安全港"制度研究》，《法学家》2018 年第 4 期。
② 参见李文莉：《上市公司私有化的监管逻辑与路径选择》，《中国法学》2016 年第 1 期。
③ 参见李文莉：《上市公司私有化的监管逻辑与路径选择》，《中国法学》2016 年第 1 期。

第三节　余股强制挤出制度的构建

私有化退市通常伴随着"余股困境",即公司退市后少数股东出于各种原因拒绝或无法出售股份,成为"钉子户"股东。余股困境不仅会拖累公司的私有化进程,而且大量余股股东的存在在阻碍后续整合、减损公司经营效率的同时亦将给公司带来诸多涉诉风险。[①] 为了应对余股困境,消除公司的后顾之忧,美国、英国、欧盟等多个拥有成熟资本市场的国家与地区均将余股强制挤出制度作为私有化退市的重要保障。

余股强制挤出指能够使控股股东完全控制一个公司而无需负担任何少数股东的法律技术。[②] 私有化退市背景下,控股股东在获得公司绝大多数(例如90%)股份的情况下,可单方面将余股股东挤出公司。挤出属单方法律行为,行为主体为控股股东,行为对象为余股股东所持股份,行为条件为满足法律明确规定的特定触发条件,行为后果为控股股东成为公司的唯一股东,余股股东因丧失所持股份而退出公司。

在私有化退市情形下,挤出兼具公司法与证券法属性。在公司法层面,挤出可谓公司中控股股东与少数股东利益冲突的最极端体现。前者为了更有效率地管控公司试图强行购买后者所持股份将其逐出公司,后者则认为,作为股东其成员资格不得被随意剥夺,故公司法层面的探讨主要围绕挤出的正当性展开。在证券法层面,由于挤出多适用

[①] 以中石化和中石油私有化旗下子公司为例,历经四轮收购,公司退市后锦州石化和吉林化工仍分别有9.98%和12.04%的流通股股东未接受收购要约。此外,中石化的子公司中原油气退市后,少数余股股东对中石化提起诉讼。参见陈建军:《十一亿元余股拖累中石油和中石化私有化进程》,2006年5月9日,https://business. sohu. com/20060509/n243153130. shtml,2023年7月11日。蒋飞、岳军:《证监会指路"非公众化",业界建言"余股挤出机制"》,2012年8月10日,https://business. sohu. com/20120810/n350293246. shtml,2023年7月11日。

[②] See Tom Vos, "'Baby, it's cold outside...'—A Comparative and Economic Analysis of Freeze-outs of Minority Shareholders", ECFR 2018, p.149.

于上市公司且常与证券收购、私有化、退市等证券法律问题如影随形，如何将可能带有强烈自我交易意味的挤出行为恢复为臂长交易进而确定合理的补偿价格是证券法的关注要点。为了回应现实需求，我国曾于 2017 年《证券法（修订草案）》（二审稿）第 122 条在上市公司收购制度框架下引入挤出制度，遗憾的是其并未出现在最终生效的《证券法》中。[①]

为了实现挤出余股的效果，在我国目前的资本市场实践中，上市公司控股股东通常采取要约收购与吸收合并相结合的"曲线"方式实施私有化退市，[②]然而这一方案既不效率，又不公平。第一，公司须同时满足要约收购与吸收合并的双重条件，承担较多负累。第二，在上市公司希望保留商事主体资格的情况下，上述方案无法适用。第三，吸收合并环节的现金选择权与换股的定价通常有失公允，恐损害投资者利益。鉴于全面注册制背景下私有化退市将成为我国上市公司退市的主流形式，为切实保障私有化退市的顺利实施，有必要引入并构建余股强制挤出制度。由于挤出制度对少数股东的排除构成了对公司法体系的重大突破，故夯实其正当性基础是制度构建的前提。在制度构建方面，挤出的触发条件、挤出对价的确定以及挤出制度与卖出权制度的协调是十分重要的内容。[③] 本节致力于在理论与实践层面对挤出制度进行深入探讨，并试图回答以下问题：为什么允许挤出，何种情况得以挤出以及如何挤出。

---

① 众多学者、专家呼吁我国应适时引入余股强制挤出制度。参见郭雳：《进一步完善〈三审稿〉相关规定，构建规范透明开放有活力有韧性的资本市场》，《多层次资本市场研究》2019 年第 1 辑；赵万一、赵舒窈：《中国需要一部什么样的证券法》，《暨南学报（哲学社会科学版）》2018 年第 1 期；董新义、刘明：《收购人余股强制挤出权的保障及制衡》，《证券法苑》2017 年第 2 期；李文莉：《上市公司私有化的监管逻辑与路径选择》，《中国法学》2016 年第 1 期。

② 参见沈朝晖：《上市公司私有化退市的"安全港"制度研究》，《法学家》2018 年第 4 期。

③ 证监会于 2018 年 2 月在《关于修改〈关于改革完善并严格实施上市公司退市制度的若干意见〉的决定》中明确规定，要"研究建立包括触发条件、救济程序等内容的余股强制挤出制度"。

一、余股强制挤出制度的正当性基础

从体系性视角观察,余股强制挤出属于公司法中的股东排除制度范畴,后者泛指罔顾股东意愿将其强行排挤出公司的法律制度。鉴于股东排除制度是对股东资格的强行去除,其具体类型须受到法律严格限制。在公司法视域下,目前我国主要承认两种股东排除情形,一是公司章程中明确约定的排除情形,二是股东因过错违反法定义务导致的股东除名。[①] 余股强制挤出制度的主要内容是赋予控股股东强制交易权,不属于现行法框架下的股东排除制度范畴。挤出制度不仅构成了对公司法体系的重大突破,而且恐与宪法中的财产权保护规定相龃龉,故有必要对其正当性基础进行审查与论证。

(一)合宪性审查:权利转化

宪法是我国的根本大法,是制定其他法律的依据,一切法律法规都不得与宪法相抵触。我国宪法第 13 条明确规定,公民的合法私有财产不受侵犯,国家依照法律规定保护公民的私有财产权。在挤出制度中,被挤出的股权无疑是投资者的合法财产。那么,挤出行为是否属于宪法予以否定性评价的“侵犯”财产行为,继而与宪法相抵触就成为首先需要探讨的重大议题。合宪性审查的重点在于对挤出行为性质的认定,即挤出是否构成对余股股东所持股权的“侵夺”。要回答这一问题,须仔细审视以下两个要点:第一,余股股东在退市公司中的利益格局是什么?第二,可否将余股挤出理解为权利转化?

1. 余股股东在退市公司中的利益格局:财产性利益

公司股权可细分为管理权与财产权两个维度,分别包含表决、利润分配等不同内容。在上市公司中,投资者基于买入并持有股票成为公

---

① 《最高人民法院关于适用〈中华人民共和国公司法〉若干问题的规定(三)》第 17 条规定了有限责任公司中的股东除名制度,适用条件为股东未履行出资义务或抽逃全部出资。

司的小股东,尽管其具有社团成员(公司法)与投资者(证券法)的双重身份,然而成员身份的持续弱化与投资者身份的不断强化已成为国际共识。[1] 从主观意愿与客观效果观察,投资者持有的股权凸显出明显的重财产权、轻管理权的特征。一则,投资者购买股票的目的并非谋求对上市公司进行管理与控制,而是追求在资本市场上通过低买高卖获得经济利益。二则,因持股数量有限,投资者亦不具备对上市公司经营管理施加影响的现实可能性。因此,在上市公司中,中小投资者的利益格局主要体现为短期财产利益。有观点甚至认为,股票快速便捷的高频交易属性赋予投资者极大的经济自主空间,使股票在某种意义上具备了金钱属性,因此可将股票视为以特殊方式流通的金钱。[2] 将股票等同于金钱的观点可能过于激进,但投资者所持股票中财产性利益的压倒性比重由此可见一斑。

相较上市公司中的投资者,退市公司中余股股东所持股权呈现出极度弱化的管理性利益与显著强化的财产性利益。一方面,余股股东与控股股东(约 90%)的持股比例相差更加悬殊,更不具备影响公司决策的现实可能性。另一方面,退市使余股股东所持股份丧失了因股票上市而获得的强流动性,[3]余股股东意图通过买进卖出股票实现盈利的初始投资目的无法达成,既不能快捷地变现投资金额,又无法将其用于其他替代性投资。此时,余股股东手中的股票成为不易变现的投资品,提供足额经济补偿或许是最符合其利益的做法。鉴于余股股东在退市公司所持股权中的管理性利益过于微弱,可以认为,其在退市公司中的利益格局已限缩为纯粹的财产性利益。

2. 权利转化而非权利侵犯

由于可将余股股东在退市公司中的利益格局视为纯粹的财产性利益,因此若在挤出时给予其足额经济补偿,则可认为挤出制度并未

---

① 　Vgl. BVerfG, NJW 1962, 1667, 1668.

② 　Vgl. Hans Hanau, Der Bestandschutz der Mitgliedschaft anlässlich der Einführung des "Squeeze out" im Aktienrecht, NZG 2002, S. 1042.

③ 　参见张艳:《主动退市中投资者保护模式的反思与重构》,《环球法律评论》2020 年第 6 期。

"侵夺"余股股东的股权,而是将本已限缩为财产性利益的股权转化为"经济补偿请求权"。这种权利转化思想源于德国立法者对挤出制度合宪性基础的论证:立法者并未赋予任何主体剥夺他人股权的权利,而是在满足挤出条件时赋予相关主体权利,对控股股东与余股股东之间的私法关系进行"转化",将后者持有的股权转化为经济补偿请求权。①

尽管权利转化将导致投资者丧失股东资格,然而在私有化退市情形下,若股东资格的丧失已通过足额经济补偿得以弥补,则可认为投资者持有的股权并未遭受不可容忍的侵害。诚如德国联邦宪法法院法官在著名的 Moto Meter 案中所论证的:"投资者的股东资格应让位于经济补偿,只要能够给予投资者与其股权价值相当的经济补偿,就可以认为其利益并未遭受较大程度的损害,甚至成员资格的丧失亦可接受,因为投资者一定可以在获得补偿后在同类型企业中找到替代性的投资机会。"②在世界范围内,立基于权利转化理念的挤出制度不仅被多个大陆法系国家规定于成文法③之中,而且早已在英美法系国家的判例法④中得到广泛适用。

可见,挤出制度并非对股权的侵犯,而是立法者结合余股股东在公司中的利益格局,将后者持有的股权转化为经济补偿请求权的结果。只要挤出价格公平合理,挤出制度就完全符合我国宪法的规定,因而建议我国公司法明确将挤出制度规定为股东排除制度的第三种类型。但需注意,鉴于只有上市公司投资者所持股权具有纯粹的财产性利益,建议将该制度的适用限定于上市公司私有化退市情形,因此挤出制度不适用于未上市的股份有限公司,更不适用于具有强人合性的有限责任

---

① Vgl. BT-Drucks, 14/7034, S. 32.
② Vgl. BverfG, NJW 2001, 279, 280.
③ 德国、法国、西班牙、意大利等大多数欧洲国家皆在成文法中对余股强制挤出制度作出明确规定。
④ 在美国的上市公司私有化退市实践中,无论在长式合并还是短式合并情形下,控股股东都可以在给予足额经济补偿的基础上挤出少数股东。

公司。①

（二）利益冲突之平衡："容忍与补偿"

耶林认为，每个法律制度都决定着一种利益冲突，都建立在各种对立利益之间的相互作用之上，法律选择保护的是一种需要优先加以保护的利益。② 在私有化退市情形公司存在余股时，相互对立的利益是控股股东的公司效率最大化利益与余股股东的股权存续利益，二者是处于相同位阶的私利，亦可理解为效率与公平的博弈。结合《证券法》未引入挤出制度可知，相较控股股东的企业效率利益，目前立法者更倾向于优先保护余股股东的股权存续利益，即以公平压制效率。此种利益衡量的结果具有较大的负外部性，不仅使公司的效率利益受损，阻滞公司的私有化退市进程，而且还对公共利益产生了诸多不利影响。私有化退市是资本市场中重要的基础性制度，现有制度对公司退市的阻碍影响了资本市场正常的新陈代谢，对全面注册制下我国资本市场的健康可持续发展尤为不利。因此，有必要对控股股东与余股股东相互冲突的利益进行重新审视与平衡。

在处理控股股东与余股股东的私益冲突时，德国联邦宪法法院在Feldmühle案中引入的"容忍与补偿"原则极具启发意义。该案是替代性挤出情形③具有里程碑意义的案件，在本案中，持有目标公司75％以上股份的控股股东通过股东大会决议将公司的全部资产转移给自身，同时将少数股东挤出目标公司并给予经济补偿。法院在进行利益衡量

---

① 从比较法层面进行观察，各国对余股强制挤出制度适用的公司类型进行了截然不同的规定。例如，法国、比利时等国明确规定，挤出制度仅适用于上市公司。德国则将其适用范围确定为股份公司，根据《股份法》第327a条，若股份公司控股股东的持股比例已达95％，则可挤出少数股东。Vgl. Hans Hanau, Der Bestandsschutz der Mitgliedschaft anlässlich der Einführung des "Squeeze out" in Aktienrecht, NZG 2002, S.1046.

② 参见［德］赫克：《利益法学》，傅广宇译，《比较法研究》2006年第6期。

③ 替代性挤出是德国企业为了规避高门槛（95％）的法定挤出在实践中探索出的低门槛挤出方案，在德国公司挤出实践中具有较为广泛的应用。具体内容为，在控股股东持有75％目标公司股份的情况下，可通过股东大会决议将公司全部资产转移给自身，之后注销目标公司并挤出其他余股股东。

时认为,鉴于小股东所持股份具有纯粹的投资属性,故基于重要的公共利益[①]考量,可认为小股东的股权存续利益劣后于企业集团自由开展经营的利益。不过上述结论需要两个前提,一是允许少数股东以股东大会无效或撤销之诉等机制防止控股股东滥用控制力;二是须确保少数股东获得足额补偿。[②] 可见,"容忍与补偿"原则的内涵是,从社会经济发展的公共利益出发,在给予投资者足额补偿与充分救济机会的前提下,投资者的股权存续利益应让位于企业自由经营利益,投资者可以被挤出。"容忍与补偿"原则是挤出制度的重要理论基础,鉴于私有化退市关涉重大公共利益,且余股股东的股权具有纯粹的财产性利益,故余股股东应"容忍"其被挤出公司,但其可获得足额经济"补偿"。

挤出制度不仅能够更合理地平衡控股股东与余股股东的私益冲突,而且能够与公共利益相协调。一方面,挤出制度中的经济补偿能够使控股股东与余股股东的不同利益各得其所,各安其位,避免冲突,相互协调。[③] 另一方面,挤出使公司得以自由、高效地经营,不仅能够提升社会经济的整体效率,而且为私有化退市提供了重要制度保障。法国最高上诉法院曾就挤出制度对公共利益的促进作出如下论证:"余股强制挤出不会产生违背股东与公司之间协议的效果,因为挤出制度能够促进公用事业。尽管大众并未直接从中受益,然而由于挤出能够减轻企业集团的负担,因此具有促进公共利益的效果。"[④]欧盟人权委员会曾为公共利益设定如下边界:"控股股东与余股股东不可皆为私人,个人不得因私利剥夺另一个人之股权。"[⑤]这一限定对我国亦富有启发,只有在控股股东是企业时,才适用挤出制度。

---

① 联邦宪法法院认为挤出符合公共利益,原因在于,企业集团是现代经济中重要的经济组织,企业规模与资本总额决定了企业集团在社会经济中的影响范围除集团本身与集团内部的公司之外,还波及整个国民经济,甚至是劳动力市场、价格与货币政策。

② Vgl. NJW 1962, 1667, 1668.

③ 参见梁上上:《利益衡量论》,第三版,北京:北京大学出版社,2021 年,第 134 页。

④ Vgl. Holger Fleischer, Das neue Recht des Squeeze out, ZGR 2002, S. 765.

⑤ Kommission, EuGRZ 1983, S. 428.

(三) 余股困境之解决

虽然余股在公司股份中占比较低(不足 10%),但却给公司带来了不可小觑的困境,主要体现为增加经营管理成本与余股股东滥用股东权利两方面。

一方面,余股的存在对公司来说意味着较大的经济成本与合规负担。[①] 公司法中存在大量的股东保护规范,股东享有知情、质询、提案、表决、撤销等诸多权利。相应地,公司亦负有与上述权利相对应的义务,为股东行使权利提供相应便利。相较私有化退市欲追求的一人公司的结果,余股导致的股权分散使公司负担了较高的额外成本。此外,在企业集团中,有时集团的特定战略与资助计划仅在全资子公司中实施,因此余股的存在亦可能对公司发展产生不利影响。[②]

另一方面,余股使公司面临较高的股东滥用权利风险。有学者认为,在现代商业环境中,小股东独裁的危险似乎已高于大股东滥用权利的风险。[③] 实证研究表明,少数余股股东通常会滥用股东权利,阻碍控股股东的经营管理决策,例如提起股东大会决议撤销之诉。[④] 公司实践中亦存在公司重组方案因不符合小股东意志无法实现或被严重拖延的情形。[⑤] 通常来说,小股东滥用权利旨在为自己谋求更多经济利益,诉讼程序通常会以控股股东在经济上作出让步而结束。[⑥]

挤出制度能够有效解决私有化退市背景下的余股困境。挤出余股后,公司作为控股股东的一人公司得以更加自由、高效地运作,无需负担与余股股东相关的高额经济成本与滥诉风险。挤出制度高度契合

[①] Vgl. BT-Drucks, 14/7034, S. 31.

[②] Vgl. Alfred Kossmann, Ausschluß ("Freeze out") von Aktionären gegen Barabfindung, NZG 1999, S. 1200.

[③] See Elliott J. Weiss, "The Law of Take Out Mergers: A Historical Perspective", *New York University Law Review*, vol. 56 (October 1981), p. 632.

[④] Vgl. BT-Drucks, 14/7034, S. 31.

[⑤] Vgl. BT-Drucks, 14/7034, S. 32.

[⑥] Vgl. Theodor Baums, Astrid Keinath, Daniel Gajek, Fortschritte bei Klagen gegen Hauptversammlungsbeschlüße? Eine empirische Studie, ZIP 2007, S. 1629 f.

注册制理念,在挤出制度的保障下,私有化退市有望回归商业判断的本质,注册制时代市场化、法治化、常态化的私有化退市实践已经呼之欲出,一个进出更自由、新陈代谢更快速的健康资本市场已经初见雏形。

二、余股强制挤出制度的触发条件

余股强制挤出制度完全符合我国宪法的规定,可更精准地平衡控股股东与余股股东的利益冲突且有效解决余股困境,故宜尽快引入我国法律。在进行制度构建时,触发条件是值得探讨的首要问题,即在上市公司私有化退市场景下,何种情况将触发挤出。下文将从宏观与微观两个维度进行观察。

(一) 宏观维度:要约收购型私有化退市情形与"或然关系模式"

宏观维度的触发条件包括两项内容,一是挤出制度适用的私有化退市类型,二是私有化退市与挤出之间的关系。从国际范围来看,私有化退市主要包括以欧洲为代表的要约收购型与以美国为代表的吸收合并型两类,二者分别蕴含着或然关系模式与必然关系模式两种截然不同的私有化退市与挤出的关系模式。

要约收购型私有化退市以欧洲为典型代表。收购人首先通过发起强制性或自愿性全面收购要约收购公司股份,收购期间届满后,若被收购公司股权分布不再符合上市条件,则产生公司退市的法律效果。或然关系模式指挤出与私有化退市是两个完全独立的法律制度,二者边界清晰,并不必然相伴,挤出只是私有化退市满足法定条件后的特殊情形。在前序收购行为未达到挤出门槛时,仅产生公司退市的法律效果。只有当控股股东持股比例达到法定挤出门槛时,才触发余股强制挤出。或然关系模式下的挤出门槛普遍较高,控股股东持股比例需达90%—95%方可挤出余股。

吸收合并型私有化退市以美国为典型代表,可细分为长式合并与短式合并两种类型,前者更为主流。在美国,挤出与私有化之间的关系遵循必然关系模式,即私有化退市必然伴随着挤出。鉴于挤出是私有化退市的必然手段,私有化退市是挤出的必然结果,故美国的吸收合并型私有化退市又被称为"挤出式合并"(freeze out merger)。挤出式合并有两个突出特点,一是退市公司不再维持独立的商事主体资格,而是被吸收合并至其他存续公司后进行工商注销。二是控股股东可在吸收合并时直接以现金对价挤出少数股东。必然关系模式下的挤出门槛普遍较低,例如在美国一步式合并情形下,控股股东持股达 50% 左右即可挤出少数股东继而完成私有化退市。

总体来说,不同国家的模式选择根植于各国差异化的法律传统与资本市场实际情况。

一方面,各国对投资者身份有不同认知。美国倾向于将投资者持有的股权理解为纯粹的财产性利益,且更重视资本市场的效率价值,故采取更为自由与宽松的必然关系模式,认为私有化退市应以挤出为前提。立法者认为,获得现金对价的投资者完全可以在美国发达的多层次资本市场中寻找到替代性投资机会。[1] 欧洲国家则秉持传统欧陆法系公司法理念,将资本市场上的投资者视为公司股东,认为股东的成员权不得被随意剥夺,故采取更为慎重的或然关系模式。这一认知差异突出体现在欧美对待上市公司吸收合并情形的迥异做法。与美国不同,[2]欧陆法系国家普遍禁止挤出式合并,只允许投资者以换股方式获得存续公司的股份。欧洲立法者认为,投资者持有的上市公司股权是一种既定权利,在上市公司被另一存续公司吸收合并时,不得以现金为对价剥夺投资者的股东身份,必须通过换股使投资者获得存续公司的

---

[1]　See Marco Ventoruzzo, Freeze-Outs: Transcontinental Analysis and Reform Proposals, *Virginia Journal of International Law*, vol. 50, no. 4 (Summer 2010), p. 912.

[2]　在吸收合并型私有化退市情形下,美国亦历经由换股至现金挤出的发展历程。在 20 世纪 50 年代之前,美国不存在挤出式合并制度,与欧洲相同,少数股东只能通过换股获得存续公司股份,直至特拉华州制定挤出式合并制度。See Richard A. Booth, "Majority-of-Minority Voting and Fairness in Freeze-out Mergers", *Villanova Law Review*, vol. 59, 2014, p. 87.

股份,使其成为存续公司的股东。[1]

另一方面,各国资本市场的成熟度、法制健全程度与股权集中度不同。相较欧洲,美国资本市场更为成熟且法律制度更为健全。美国将公平的挤出对价视为挤出式合并的规制重点,在通过著名的Weinberger案正式确立以公平交易和公平价格为主要内容的实质公平审查标准后,[2]美国特拉华州法院又通过 In Re MFW 和 Kahn v. MFW 两个案件确立了董事会特别委员会[3]与少数股东多数决[4]两项广受赞誉的少数股东救济机制。[5] 此外,监管部门亦对少数股东保护问题给予充分重视。20 世纪 70 年代,股市萧条引发了人们对控股股东利用低股价强制挤出少数股东继而侵害后者利益的担忧,SEC 及时回应社会关切,专门制定 13e‑3 信息披露规则,要求公司披露对交易是否公平的评价以及对公平性进行评估的过程。[6] 可见,即使美国的挤出制度相对激进,得益于包括立法、司法、监管规则在内的少数股东保护制度,少数股东也可以获得合理补偿。此外,美国上市公司的股权较为分散,达到 50% 已殊为不易。[7] 反观欧洲,上市公司股权普遍较为集中,故需要更高的挤出门槛。

结合我国公司法、证券法传统与资本市场法治水平,我国宜在要约收购型私有化退市中引入余股强制挤出制度,并遵循或然关系模式将挤出作为私有化退市的特殊情形予以规定。

其一,我国不宜引入美国挤出式合并制度。从立法与实践角度观

---

① See Marco Ventoruzzo, " Freeze‑Outs: Transcontinental Analysis and Reform Proposals", *Virginia Journal of International Law*, vol. 50, no. 4 (Summer 2010), p. 877.

② See Weinberger v. UOP, 457 A. 2d 701(1983).

③ 董事会特别委员会是临时遴选的由独立董事等无利害关系董事组成的非常设机构,旨在作为少数股东的代理人与控股股东就合并协议中的价格条款进行谈判。

④ 少数股东多数决(MOM)指公司的私有化退市方案需在股东大会中被少数股东中的大多数同意。

⑤ 参见沈朝晖:《上市公司私有化退市的"安全港"制度研究》,《法学家》2018 年第 4 期。

⑥ 参见李文莉:《上市公司私有化的监管逻辑与路径选择》,《中国法学》2016 年第 1 期。

⑦ See Tom Vos, " 'Baby, it's cold outside...' — A Comparative and Economic Analysis of Freeze‑outs of Minority Shareholders", ECFR 2018, p. 183.

察,我国现行公司法与证券法大体上仍遵循欧陆法系传统,将投资者所持股权理解为财产权与成员权的结合。尽管我国法律并未对吸收合并型私有化退市情形合并交易的对价类型作出明确规定,然而实践中的案例悉数以换股方式进行,与欧洲的做法如出一辙。从必要性角度观察,在实施吸收合并型私有化退市时,实践中我国上市公司的控股股东不仅没有表现出以现金为对价"挤出"少数股东的强烈意愿,反而普遍将换股视为减少公司资金压力、避免大量现金流出的优先选择。此外,从文意解释角度观察,吸收合并型私有化退市在我国无法落入"挤出制度"范畴。原因在于,吸收合并属于上市公司重大资产重组范畴,根据《上市公司重大资产重组管理办法》第24条,在股东大会就合并事项进行表决时,控股股东须回避表决。因此,上市公司吸收合并事项的生杀大权掌握在少数股东手中,不存在少数股东被强制挤出的情况。

其二,建议我国在要约收购型私有化退市情形引入余股强制挤出制度,并遵循或然关系模式将挤出规定为私有化退市的特殊情形。挤出制度可以更妥适地平衡要约收购型私有化退市情形控股股东与余股股东之间的利益冲突。原因在于,控股股东的收购行为往往以全面收购为目标,但在挤出制度缺位的情况下,其耗费大量收购成本却仍无法实现上述目标,这不仅是对公司经营效率的损耗,更是对市场经济公平价值的背离。[①] 此外,我国《证券法》第74条仅对余股股东卖出权作出规定,进一步激化了控股股东与余股股东的利益失衡。因此,引入余股强制挤出制度已迫在眉睫。作为新兴市场国家的典型代表,我国资本市场尚处于初期探索阶段,投资者保护制度尚不完善,故在制度引入之初不宜激进地将挤出设置为私有化退市的必要手段。此外,我国上市公司的股权集中度普遍较高,故更适合借鉴欧洲经验,在制度运行之初遵循或然关系模式,设置相对高的挤出门槛,在满足特殊条件下方启动

---

① 参见赵万一、赵舒窈:《中国需要一部什么样的证券法》,《暨南学报(哲学社会科学版)》2018年第1期。

挤出制度。

(二) 微观维度:单一比例门槛

如果说要约收购型私有化退市与或然关系模式是挤出触发条件在宏观维度的布局,那么具体挤出门槛阈值就是触发条件在微观维度的落实,主要回答收购后控股股东需达到多高持股比例方可挤出余股的问题。在要约收购型私有化退市情形下,世界范围内主要存在三种不同的挤出门槛。

一是"单一比例门槛",即是否触发挤出取决于要约收购后控股股东的持股比例是否达到法定门槛阈值,达到即可挤出余股。该类型遵循了极为简洁的规制逻辑,即挤出的原因是余股股东持股比例过低。实践中单一比例门槛被大多数欧洲国家采纳,可细分为90%与95%两个具体门槛值。从各国的实际选择来看,德、法、意等传统工业国家通常以95%作为挤出门槛,波兰、匈牙利、捷克等东欧国家更倾向于选择90%这一更低的挤出门槛。[1]

二是"少数中的多数",即是否触发挤出取决于前序全面收购要约是否获得绝大多数目标股份(通常为90%)的接纳,此为英国和爱尔兰采纳的挤出门槛。与单一比例门槛不同,"少数中的多数"的挤出逻辑与前序收购价格息息相关,因此它不只是挤出门槛,更是确定挤出价格的基础。具言之,若要约收购已获逾90%的目标股份接纳,则意味着收购价格公平合理,故可作为后续挤出余股之收购价格,即按照已被市场验证的公平价格强制收购少数股东的股份。尽管这一门槛类型并未对控股股东可实施挤出的持股比例作出直接规定,然而通过计算可知,相较单一比例门槛,"少数中的多数"的挤出门槛普遍更高。例如,即便控股股东的持股比例仅为30%,也需成功收购63%[2]的股份方可触发

---

[1] See Marco Ventoruzzo, "Freeze-Outs: Transcontinental Analysis and Reform Proposals", *Virginia Journal of International Law*, vol. 50, no. 4 (Summer 2010), p. 895.

[2] 计算方式为:$(1-30\%)*90\%=63\%$。

挤出,此时其实际持股比例已达 93%。在股权相对集中的国家,若控股股东已持有公司 80% 的股份,则其需收购 18%[1]的股份方可挤出余股,此时控股股东所持股份高达 98%,可谓极高的挤出门槛。

三是"双重门槛",即同时适用前述两个挤出门槛。由于双重门槛的挤出条件过于苛刻,实践中只有极少国家采纳此标准,例如葡萄牙与西班牙。可见,三种门槛下的挤出难度逐个递增。过高的挤出门槛与过于苛刻的挤出条件不仅会直接阻碍挤出制度的实施,而且将导致少数人独裁。以英国采取的"少数中的多数"门槛为例,可能高达 98% 的挤出门槛无疑将挤出的决定权赋予 2% 的少数股东,构成对少数股东不适当的过分保护。

建议我国在引入挤出制度之初选择相对温和的单一比例门槛,并根据不同的股权分布情况设置差异化的门槛阈值。鉴于沪、深两市"股票上市规则"根据不同的上市公司股本总额设置了 25% 与 10%(股本总额超过 4 亿元公司)两种差异化的社会公众股东最低持股比例,建议将一般上市公司的挤出门槛设置为 90%,将股本总额超过 4 亿元上市公司的挤出门槛设置为 92%—95%,具体比例可由专家进行精确计算后确定。

法律不宜对控股股东所持股份的来源作过多限制,除要约收购之外,收购人亦可同步通过场内外多种渠道收购股份,但单纯以增资形式企图达到挤出门槛的行为应被禁止。[2] 在计算控股股东的持股比例时,应遵循实质性与物权性判断标准。实质性指不是从形式上,而是穿透式地从实质上判断控股股东的持股比例,因此控股股东通过关联公司的间接持股亦应计算在内。[3] 物权性意味着,控股股东的持股应理解为物权层面的所有,故尚未履行的收购协议中载明的比例不能被计算在内。多个股东临时将股份转让至控股股东,达到挤出门槛后再予

---

[1] 计算方式为:$(1-80\%)*90\%=18\%$。

[2] Vgl. Rainer Süßmann, in Lutz Angere/Tim Oliver Brandi/Rainer Süßmann (Hrsg.), Wertpapiererwerbs- und Übernahmegesetz, 4. Aufl., 2023, §39a, Rn.14.

[3] Vgl. Holger Fleischer, Das neue Recht des Squeeze out, ZGR 2002, S.774.

以恢复的规避性做法同样是不被允许的。[①] 在存在类别股时,应适用分类挤出规则。为效率考量,挤出制度宜配备三个月的权利行使期限,避免余股股东长期处于不确定状态。[②]

三、余股强制挤出中挤出对价的确定

(一) 类型化区分:臂长交易与自我交易

在确定宏观维度与微观维度的触发条件之后,接下来的核心议题是构建妥适的救济规则,即确定公平的挤出对价。此时,前序收购要约的定价是无法忽略的参照物。从提高效率与避免搭便车行为等角度考量,若要约价格已通过公平保障机制得以约束,则可直接将其确定为挤出对价。以可否直接参照前序要约价格为标准,可将挤出对价的确定细分为两种情况,一是前序要约收购为独立收购人实施的臂长交易,此时可直接将要约价格确定为挤出对价。二是前序要约收购为上市公司控股股东发起的隐含自我交易风险的交易,由于前端要约报价缺乏约束机制,故无法直接将其确定为挤出对价,尚需其他公平价格保障机制的介入。相较而言,后一种情形在我国私有化退市实践中更为常见。

在臂长交易情形下,可直接将前序收购要约价格确定为挤出价格。原因在于,一方面,由于收购人是独立的第三方机构,因此在整个收购磋商过程中,目标公司的董事会始终处于独立地位与收购人就收购价格等要约条件进行磋商,以谋求公司与股东利益的最大化。可以认为,最终达成的收购价格是双方博弈后的公允结果。另一方面,达到挤出门槛意味着前序收购要约已被足够多的股东接受,可补充说明收购价格的公允性。有学者认为,在此情形下完全可以将挤出视为臂长交易

---

① Vgl. Barbara Grunewald, Die neue Squeeze out Regelung, ZIP 2002, S. 19.
② 参见赵万一、赵舒窈:《中国需要一部什么样的证券法》,《暨南学报(哲学社会科学版)》2018年第1期。

的第二个步骤。[①] 需注意，虽然收购价格可由双方自由约定，但其仍需受《收购办法》中相关规定的约束。具言之，收购价格不得低于前六个月内收购人购买该股票的最高对价，若收购价格低于前 30 日该股票的加权平均价，则收购人须聘请财务顾问就是否存在操纵股价等行为展开调查分析。此外，在挤出对价的类型选择方面，若前序收购为现金收购，则挤出对价必须是现金形式。若前序收购不是现金收购，则挤出对价可采用其他形式，但必须同时存在现金选项。[②]

在自我交易情形下，由于前序收购行为恐存在较为严重的利益冲突，故不仅无从保证收购价格的公平性，而且无法直接将其确定为挤出对价。原因在于，在控股股东发起前序收购行为时，其往往具有明显的时机选择优势、内部信息优势以及要约定价优势。此外，控股股东控制下的公司董事会已丧失独立性，无法实质性地代表其他股东的利益与控股股东磋商收购条件。在此情况下，挤出行为同样存在严重的利益冲突与自我交易风险。此时挤出对价的确定逻辑是，通过公平价格保障机制消减挤出行为的自我交易属性，化解利益冲突，使之恢复为臂长交易。

（二）自我交易情形挤出对价的确定

在自我交易情形的挤出对价确定方面，国际上主要存在外部机制与内部机制两种公平价格保障机制。

外部机制普遍尝试从公司外部寻找可以介入挤出价格确定的第三方力量，例如法院、监管部门、独立专家等。荷兰便是由阿姆斯特丹法院商事法庭确定挤出价格。法官可自由裁量挤出价格是否公平并自行决定是否求助专家提供辅助判断。若当事人不服法院确定的挤出价

---

① See Tom Vos, "'Baby, it's cold outside...' — A Comparative and Economic Analysis of Freeze-outs of Minority Shareholders", ECFR 2018, p.156.

② Vgl. Rainer Süßmann, in Lutz Angere/Tim Oliver Brandi/Rainer Süßmann (Hrsg.), Wertpapiererwerbs- und Übernahmegesetz, 4. Aufl., 2023, §39a, Rn.15.

格,可向荷兰最高法院提出申诉。① 在法国,要约收购价格与挤出对价须由法国金融市场管理局(AMF)进行事先合规性审查,该机构将结合公司资产、过去收益、市值和商业前景等因素对上述价格是否公允作出判断。在其认为相关价格有失公允时,有权建议公司进行调整。若公司拒绝调整或监管机构认为相关价格未能保障少数股东利益,则有权拒绝审查。② 另有国家倾向求助于投资银行等外部机构的第三方专家,通过出具"公平价格意见"提供定价指导。虽然法院、监管部门等国家公权力机关的介入能够真正实现第三方机构的独立性,有利于利益冲突的彻底消除,但其也具有显而易见的缺点。从效率角度考量,求助上述外部机构将极大增加公司成本且延长挤出的时间链条。此外,法院等机构是否具备判断价格合理与否的专业技能亦存在疑问。对于投资银行等商业机构来说,有学者认为此类机构通常与上市公司董事会关系密切,故质疑外部专家的独立性。③

　　内部机制更倾向于借助公司内部制衡机制消除利益冲突,从而确定合理的挤出价格,例如借助起源于英国的"少数中的多数"制度构建公平价格推测。具体内容是,在自我交易情形下,若超过法定比例(例如 90%)的要约已被其他股东承诺,则可认为前序要约定价公平,此时挤出价格可直接参照收购价格确定。实际上,此亦为德国《有价证券收购法》第 39a 条第 3 款的规制思路,即通过市场检验收购价格的公允性。德国学者认为,市场检验法在确定挤出对价时具有经济分析等其他方式不可比拟的优势,因为高达 90% 的承诺门槛足以反映出要约价格的合理性。④ 此时,上述报价与股票挂牌价无关,重要的是少数股东

---

① See Christoph van der Elst, Lientje van den Steen, Balancing the Interests of Minority and Majority Shareholders: A Comparative Analysis of Squeeze-out and Sell-out Rights, ECFR 2019, p. 429.

② See Christoph van der Elst, Lientje van den Steen, Balancing the Interests of Minority and Majority Shareholders: A Comparative Analysis of Squeeze-out and Sell-out Rights, ECFR 2009, p. 426.

③ See LA Bebchuk, M Kahan, "Fairness Opinions: How Fair Are They and What Can Be Done about It?", *Duke Law Journal*, vol. 1989, no. 1 (February 1989), pp. 43 – 46.

④ OLG Frankfurt, BB 2009, S. 125.

认为有吸引力进而会接受的价格,在实践中该报价普遍存在溢价。相较外部机制,内部机制具有明显的高效、节约成本等优势。然而,在承诺率未达法定门槛时,仍需借助外部机制确定公平的挤出价格。此外,有学者指出,内部机制更加适合机构投资者占多数的国家,因为机构投资者往往能够更好地获取信息、更有机会与董事会进行磋商,最终理性地投票。[①]

可见,外部机制与内部机制各有优劣。在自我交易情形下,立基于我国资本市场实际情况,我国宜制定整体主义视角下内外机制相结合的公平价格保障机制。整体主义视角意味着,应将私有化与挤出视为一个整体,在前端率先保障收购要约定价的公平性,具体包括董事会特别委员会与信息披露两大机制。内外机制相结合的含义是,在挤出时首先从效率角度出发适用公平价格推测制度,并在实际收购情况无法达到法定承诺门槛时适用外部机制。

首先,应通过董事会特别委员会构建完善的要约价格公平保障机制。目前,我国现行《收购办法》仅对臂长交易情形进行规定,尚未关注更需规制的自我交易情形,这一漏洞亟需填补。建议借鉴美国董事会特别委员会制度,该委员会由独立董事组成,作为临时性谈判机构代表余股股东与控股股东就收购要约对价进行磋商。特别委员会作为少数股东利益的捍卫者积极参与价格条款谈判过程,旨在使原本蕴含着巨大利益冲突的自我交易恢复为臂长交易。在挤出对价形成的过程中,独立谈判机构是否尽到注意义务是监管与裁判的关注重点。[②] 诚然,应从独立董事的选举和责任制度两方面保障独立董事的独立性与公正性。一方面,独立董事选举办法已从原来由控股股东主导的资本多数决转变为更能反映中小股东意志的累积投票制,[③]可从源头上保障独立董事的独立性和客观性。另一方面,应严格落实独立董事违反注意义务时的民事责任与行政责任,并将责任大小与过错程度和薪资水平相挂钩,通过打造权责利相统一的责任追究机制实现激励与约束的双重效果。

其次,完善要约收购情形的信息披露制度,使少数股东在充分知情的前提下作出是否接受要约的决定。一方面,借鉴美国 13e-3 信息披露规则,要求上市公司披露收购要约的定价依据与公平性评价。上市公司须结合市场价格、账面价格、公司业绩等多项指标详细披露要约定价依据,并结合第三方评估报告等外部意见对交易公平性作出评价。投资者基于对信息披露内容真实性的信赖对要约作出承诺,若信息披露内容有误,则公司须承担相应法律责任。另一方面,上市公司须同时披露挤出行为的实施方案,包括达到挤出门槛后公司是否实施挤出行为、挤出对价的确定方式、挤出行为的实施路径、投资者享有的救济手段等内容,以便投资者在整合多种信息的基础上作出理性的承诺决定。

再次,通过设置合理的承诺比例构建符合我国国情的公平价格推测制度。在超过法定比例的要约被其他股东承诺时,即可认为要约价格已被市场验证为公平合理且不可推翻,[①]可直接被确定为挤出价格。鉴于我国上市公司股权较为集中,且投资者以散户为主,从效率与公平的平衡出发,不宜直接照搬域外高达 90% 的承诺比例,建议将公平价格推测的承诺比例设定为 75% 左右,具体数值可在专家进行精确计算后确定。在计算个案中的承诺比例时,与要约对价、条件与时间要求相一致是重要的判断标准。完全符合要约内容与时间要求的不可撤销的承诺(irrevocable undertakings)与直接收购所涉及的股份可涵盖在内。[②] 控股股东的关联公司作出的承诺不可被计算在内,原

---

① Vgl. Henrik Drinkuth, in Reinhard Marsch-Barner/Frank A. Schäfer (Hrsg.), Handbuch Börsennotierte AG, 4. Aufl., 2018, Rn. 60. 344.

② Vgl. Barbara Grunewald, in Wulf Goette/Mathias Habersack/Susanne Kalss (Hrsg.), Münchener Kommentar zum Aktiengesetz, Band 6, 5. Aufl., 2021, § 39a, Rn. 29 - 30.

因在于,关联公司无法作出不受控股股东影响的决定,不符合市场检验理念。[1]

最后,若前序收购未能达到法定承诺门槛,无法适用公平价格推测制度,则应采取积极的外部机制确定公平合理的挤出价格。此时,由独立董事组成的董事会特别委员会应求助于在监管机构备案的评估机构,由独立专家对挤出价格进行评估并出具专门的评估意见。若投资者仍对挤出价格存在疑问,则可诉诸司法审查。

四、余股股东卖出权的联动修改

我国证券法在挤出权缺位的情况下,在"上市公司的收购"一章第74条第1款单独对卖出权进行规定。据此,若上市公司已满足要约收购型私有化退市条件,即被收购公司股权分布不符合交易所上市要求,则其余股东有权向收购人以收购要约的同等条件出售其股票。可见,我国证券法将卖出权的适用情形确定为公司私有化退市。这种安排不仅割裂了卖出权与挤出权之间的有机联系,而且无法实现卖出权的制度目的。因此,在引入挤出权之后,卖出权制度亟需联动修改。

(一) 余股股东卖出权的适用情形:挤出而非退市

余股股东卖出权是欧洲立法者为制衡控股股东挤出权而创设的权利,故从制度起源来看,卖出权与挤出权是互为镜像、相互呼应的一组权利。[2] 在前序收购要约的承诺期间届满后,要约已经失效。法律通过规定卖出权将已经失效的收购要约拟制为继续有效,故卖出权具有延长收购要约承诺期间的法律效果。[3] 卖出权制度的设立是法律对私

---

[1] Vgl. Tobias Nikoleyczik, Neues zum übernahmerechtlichen Squeeze-out, GWR 2014, S. 209.

[2] Vgl. Kai Hasselbach, Das Andienungsrecht von Minderheitsaktionären nach der EU-Übernahmerichtlinie, ZGR 2005, S. 389.

[3] Vgl. Matthias Santelmann, Matthias Hoppe, Andreas Suerbaum, Michael Bukowski, Squeeze out: Handbuch für die Praxis, Schmidt, 1. Aufl., 2010, S. 261.

法自治原则的强力介入,故其须具备充分的正当性基础。从实施效果和制度目的观察,将卖出权的适用情形确定为退市有诸多不妥之处,宜将其适用情形变更为挤出。

就实施效果而言,将卖出权的适用情形确定为退市恐导致上市公司难以满足退市条件。在法律性质上,卖出权类似后悔权,即在前序收购要约的承诺期间届满后,余股股东仍有权以收购要约的同等条件向控股股东出售股权。可见,卖出权具有使少数股东在要约收购期间免于陷入股份出售压力的实际效果,即收购期限届满后其仍有机会以合理价格出售股份。① 卖出权是对私法自治的严重干预,而后者是作为理性人的投资者遵循的核心行为指南。现行法以退市作为卖出权适用情形,适用门槛过低,易使投资者不认真对待前序收购要约继而拒绝承诺,恐导致公司私有化退市目标的落空。从比较法维度进行观察,德国、法国等欧洲国家大多将挤出确定为卖出权的适用情形。因此,我国宜遵循国际惯例作相应调整,将卖出权的适用条件从退市提高至挤出。

就制度目的而言,卖出权旨在通过赋予少数股东退出权以保护其免受控股股东压迫,此种压迫以达到挤出门槛为前提。② 当前序收购行为将触发挤出,即控股股东已持有公司 90% 以上股份时,余股股东面临着巨大的压迫感。一方面,余股股东与公司唯一控股股东的持股比例过于悬殊。另一方面,余股股东的命运完全掌握在控股股东手中。即便余股股东无意继续持有公司股份,也只能被动依赖控股股东的挤出行为。如果后者不行使挤出权,那么前者只能继续持有公司股份。在此情况下,法律赋予余股股东卖出权,使其可以主动向控股股东出售股份从而退出公司。可见,卖出权是对挤出权的合理平衡,在控股股东已享有挤出权时,余股股东可行使卖出权以对抗巨大的实际与潜在压迫。如果说卖出权是法律撬动私法自治的杠杆,那么该杠杆的支点是

---

① Vgl. Barbara Grunewald, in Wulf Goette/Mathias Habersack/Susanne Kalss(Hrsg.),Münchener Kommentar zum Aktiengesetz, Band 6,5. Aufl., 2021,§39c, Rn.3.

② Vgl. Barbara Grunewald, in Wulf Goette/Mathias Habersack/Susanne Kalss(Hrsg.),Münchener Kommentar zum Aktiengesetz, Band 6,5. Aufl., 2021,§39c, Rn.2 f.

挤出,而非退市。原因在于,退市仅导致流通股股东手中的股票丧失在场内市场交易的机会,此时控股股东与其他股东之间不存在严重的压迫关系。

(二)余股股东卖出权的制度构建

就卖出权制度的具体构建而言,将其拟制为前序收购要约承诺期间的延长是重要的理念。行权条件、行权主体、行权期间、行权方式与对价确定是卖出权制度的核心内容。

在行权条件方面,前序要约收购须满足挤出门槛。在行权主体方面,适用"认股不认人"规则。只要相关主体"卖出"的股份是前序收购要约的目标股份,其就是适格的权利人。权利人不必是收购要约有效时持有股份的原始股东,可以是要约承诺期间届满后继受股份的新股东。因此,收购期限届满后通过增资获得股份的股东不在此列。[1] 宜将卖出权的行权期间确定为三个月,即余股股东须在前序收购要约承诺期间届满后三个月内行使卖出权。在行使卖出权时,控股股东须尚未实施挤出行为。需注意,控股股东负有信息披露义务,其须毫不迟延且准确、全面地披露其在收购期限届满后的持股比例与余股股东享有挤出权的情况。[2] 若控股股东迟延披露,则卖出权的起算时间以披露时间为准。

在行权方式方面,由于卖出权是对收购要约生效期间的延长,故余股股东作出的卖出股份的意思表示实际上是对前序收购要约的承诺。在卖出股份的意思表示到达控股股东处时,双方的股权转让合同即发生法律效力,就好像余股股东在承诺期间内作出承诺意思表示一样。[3] 在对价确定方面,由于卖出权将前序收购要约拟制为继续有效,

---

① Vgl. Matthias Santelmann, Matthias Hoppe, Andreas Suerbaum, Michael Bukowski, Squeeze out: Handbuch für die Praxis, 1. Aufl., Schmidt, 2010, S. 268.

② Vgl. Stephan F. Oppenhoff, in Florian Drinhausen/Hans-Martin Eckstein (Hrsg.), Beck'sches Handbuch der AG, 3. Aufl., 2018, § 23 Rn. 195.

③ Vgl. Rainer Süßmann, in Lutz Angere/Tim Oliver Brandi/Rainer Süßmann (Hrsg.), Wertpapiererwerbs- und Übernahmegesetz, 4. Aufl., 2023, § 39c Rn. 8.

故卖出股份的对价与前序收购要约中对价的种类与金额完全一致。如果前序收购要约中的对价是股份,那么卖出权的对价也只能是股份,卖出权人不得主张现金对价。即便卖出权人对对价不满,其也不享有任何主张变更对价的权利。一方面,从私法自治的角度考量,卖出权人享有在掌握对价信息的基础上独立判断其合理性并决定是否行使权利的自由。另一方面,从保护效果方面考量,享有卖出权的余股股东的法律地位不宜优于前序收购要约的目标股东,否则将导致股东因等待未来行使更有利的卖出权故意拒绝前序要约。[①] 在行权期限内,卖出权人既可以一次性全部卖出所持股份,也可以部分卖出。当存在类别股时,与分类挤出规则类似,适用分类卖出规则。

在我国全面实行股票发行注册制的当下,私有化退市将成为我国上市公司退市的主流形态,余股强制挤出是私有化退市的重要制度保障。挤出制度完全符合我国宪法规定,能够更好地平衡控股股东与余股股东的利益冲突且有效解决余股困境,故应尽快引入我国法律。建议在我国《证券法》第四章"上市公司的收购"项下增设余股强制挤出条款,并在第一款和第二款分别对余股强制挤出制度与余股股东卖出权进行规定。对于余股强制挤出制度来说,宜根据不同的股权分布情况设置差异化的门槛阈值,将一般上市公司的挤出门槛设置为90%,将股本总额超过4亿元上市公司的挤出门槛设置为92%—95%,具体比例可由专家进行精确计算后确定。在挤出对价确定方面,在臂长交易情形下,可直接将前序收购要约价格确定为挤出价格。在自我交易情形下,宜制定整体主义视角下内外机制相结合的公平价格保障机制。从实施效果和制度目的观察,将卖出权的适用情形确定为退市存在诸多不妥之处,宜将其适用情形变更为挤出,并从行权条件、行权主体、行权期间、行权方式与对价确定等方面构建卖出权制度。

[①] Vgl. Andreas Austmann, Petra Mennicke, Übernahmerechtlicher Squeeze-out und Sell-out, NZG 2004, S. 855.

第六章 类型化规制之三:强制退市

　　强制退市指上市公司由于违反证券市场法律法规以及交易所的"股票上市规则",导致其不再满足上市条件从而被交易所要求退出挂牌市场。与成熟资本市场国家不同,强制退市是现阶段我国上市公司退市的主流类型。原因在于,核准制下上市难导致的退市难问题使大量应退未退的上市公司在股市里苟延残喘,严重阻碍了市场的优胜劣汰。新时代如火如荼进行的注册制改革要求资本市场要有进有出,遵循正常的新陈代谢规律。在注册制理念的影响下,我国出现了前所未有的强制退市高潮,2019 年和 2020 年共有 24 家上市公司被强制退市,超过之前十余年强制退市公司的总数,且这一趋势仍在持续。①

　　我国历次退市制度改革皆以强制退市改革为重头戏,强制退市规则向着更严格、更快速、更高效的趋势不断演进,彰显出监管部门致力于通过快速出清劣质公司实现资本市场高质量发展的决心。然而,强制退市规则在愈发严格、高效的同时,却因对投资者利益有所忽视而屡遭诟病。从法律规制角度观察,目前的效率导向型规制理念忽视了资本市场中的公平价值,无法有效弥补强制退市投资者的损失。为构建市场化、法治化、常态化的退市制度,及时矫正强制退市规制的理念与路径已迫在眉睫。本章主要探讨强制退市的法律规制问题,主要分为规制理念转型与规制路径转型两节,第一节论证规制理念应由效率导

---

① 　参见证监会上市公司监管部副主任孙念瑞于 2020 年 11 月 19 日在"2020 上市公司高质量发展论坛"上的讲话,https://new. qq. com/omn/20201121/20201121A025A100. html,2023 年 12 月 5 日。

向型规制转为兼顾公平型规制,第二节探讨以非诉程序为主、诉讼程序为辅,常规高效的投资者损害赔偿救济体系的构建。

第一节　规制理念转型

强制退市法律规制同样是效率与公平的博弈,但现有退市规则几乎悉数从提高强制退市效率着手,鲜少考虑补偿投资者因强制退市而遭受的财产损失。在效率导向型规制理念的指导下,越来越多的"害群之马""空壳僵尸"和"股市差生"被迅速逐出市场,然而持有退市公司股票的投资者求偿无门,已成为退市损失的实际承担者。尽管现有规则试图通过等待期与降板交易制度弥补投资者因强制退市丧失的交易机会,然而此种奉发达资本市场国家保护理念为圭臬的做法缺乏对本土问题的回应力,"形式上"的交易机会补偿无力"实质性"地弥补投资者因强制退市遭受的巨大财产损失。因此,现行法所奉行的效率导向型规制理念亟需转向兼顾公平型规制理念,切实弥补投资者的财产损失应成为下一阶段强制退市改革的主要内容。

一、效率导向型规制理念的弊端

以提高退市效率为主要内容的强制退市制度改革已经取得了较为亮眼的成绩,自 2022 年起,强制退市公司数量呈井喷之势,2022 年强制退市公司数量为 42 家,2023 年为 44 家,截至 2024 年 5 月,已有 24 家公司锁定退市。① 强制退市制度闪耀着效率至上的光辉,与此形成鲜明对比的是,大量购买公司股票的投资者默默承担了公司强制退市给其造成的损失。虽然现行规则试图通过等待期制度与降板交易制度

---

① 参见雷晨:《退市新规威力凸显,今年已有 24 家公司锁定退市》,2024 年 5 月 7 日,https://m.21jingji.com/article/20240507/herald/508d3d8d6fecbd03c05b025b887f5a63.html,2024 年 6 月 19 日。

弥补投资者因强制退市而丧失的交易机会，但是交易机会补偿无法弥补投资者的财产损失。因此，强制退市法律规制理念因对公平价值的忽视而呈现出明显失衡的利益格局。

投资者保护制度的实际效果是公平价值在强制退市法律规制领域的突出体现。现行"股票上市规则"中的强制退市投资者保护理念是交易机会补偿，即首先通过延长股票在场内市场的交易时间使投资者有机会与即将退市的股票相分割，继而通过降板至股转系统使退市后的股票仍可在特定场所继续交易。交易机会补偿是我国借鉴美国经验引入的规制理念，但由于我国与美国资本市场发展阶段不同，交易机会补偿无法实质性地弥补我国投资者因强制退市而遭受的损失。美国的多层次资本市场较为发达，场外市场亦具有较好的流动性与规范性，同时，场外市场中的公司亦需要履行注册制下的信息披露义务。因此，等待期制度与降板制度足以实现对美国退市投资者的完善保护。

反观我国，交易机会补偿存在着较为突出的局限性。一方面，处于退市整理期的股票一般无人问津，投资者很难在此期间将股票转让出去。尽管新近的退市制度改革在退市整理期方面进行了重新调整，例如取消交易类退市情形的退市整理期，然而此类微调无法改变退市整理期内的股票欠缺流动性的事实。另一方面，我国资本市场尚处于新兴加转轨时期，作为场外市场的股转系统在流动性、定价机制与监管强度方面仍与场内市场存在较大差距，加之强制退市隐含着对股票的负面评价，因而该市场上存在潜在买家的可能性较小。近年来的退市制度改革专注于使退市公司更加顺畅地进入退市板块，注重主板与退市板块的无缝衔接，例如，2022年4月，相关机构联合发布《关于退市公司进入退市板块挂牌转让的实施办法》。遗憾的是，基于我国资本市场的实际情况，以提升降板顺畅度为主要目标的投资者保护制度犹如隔靴搔痒，交易机会补偿理念无异于缘木求鱼，无法实际补偿投资者在强制退市情形的巨大财产损失。

在效率导向型规制理念的指引下，虽然退市效率逐年提升，但退市投资者保护问题并未得到妥善解决。随着强制退市公司的数量逐年攀升,越来越多的投资者成为上市公司强制退市的牺牲品,严重影响了投资者对资本市场的信心,亦损害了注册制背景下我国资本市场的可持续健康发展。仔细审视,可将强制退市制度改革划分为两个阶段。第一阶段是注册制改革试行阶段,这一阶段的退市制度以提升效率为主旨,通过刚性的退市制度富有效率地将不符合上市标准的企业逐出市场。从目前的实际效果来看,第一阶段的改革运行良好,在很大程度上达成了改革目标。第二阶段是注册制全面实行阶段,这一阶段的退市制度应兼顾公平价值,针对投资者的损失类型为投资者提供更为完善的保护。结合我国退市实践,以兼顾公平型规制为主导理念的第二阶段退市制度改革亟待开启。

二、兼顾公平型规制理念的正当性

强制退市法律规制理念亟需由效率导向型转向兼顾公平型,更加重视投资者的实际利益,即填补投资者因退市而遭受的财产损失。

从宏观维度观察,兼顾公平型规制理念能够更均衡地处理效率利益、社会公共利益与投资者个体利益之间的利益平衡。退市规则的制定过程是利益衡量的过程。规则制定者将退市效率与投资者保护这组相互冲突的利益置于制度利益与社会公共利益的大背景下进行考察与权衡,进而将利益平衡之后的结果呈现于具体法律制度之中。[①] 强制退市制度有两大功能,一是市场运行保护,即保障市场的健康可持续运转,将不再符合上市要求的公司清出市场。二是投资者利益保护,其又可细分为两个层次,一是对投资者群体的保护,即全体投资者;二是对个体投资者的保护,仅指受退市影响的投资者。[②] 仔细审视,市场运行保护与投资者群体保护在某种程度上是退市制度功能的一体之两面,因为市场运行保护服务于保障更有效率的资本市场这一公共利益,既

---

① 参见梁上上:《利益的层次结构与利益衡量的展开》,《法学研究》2002 年第 1 期。
② Vgl. Petra Buck-Heeb, Kapitalmarktrecht, C.F. Müller, 2013, S.3 ff.

能提升投资者对证券市场的信心,又能提高投资者的投资利益,故与全体投资者的利益息息相关。总体而言,市场运行保护/投资者群体保护与个体投资者利益保护这两大功能互相交织,是不可分割的整体,退市制度既要保障股票市场的有序运行,又要妥善安置好受退市影响的投资者的利益,不可偏废。效率导向型理念使强制退市法律规制过于偏重效率利益与社会公共利益,而疏于对个体利益的保护。从更好发挥强制退市制度功能的角度出发,应向兼顾公平型理念转型。

从微观维度观察,兼顾公平型规制理念能够更有针对性地满足强制退市情形投资者的受保护需求,即补偿投资者的财产损失。如上文所述,我国资本市场发展的初期阶段性决定了强制退市将给持有公司股票的投资者造成严重的经济损失,相较主动退市,强制退市情形公司的股票将更加无人问津。因此,强制退市情形投资者的受保护需求突出地体现为对财产损失的补偿。以补偿交易机会为主要内容的现行投资者保护制度形成错位式保护,无法切实有效地补偿投资者的财产损失。因此,退市绝非一退了之,在上市公司的控股股东、实际控制人、董监高以及中介机构确因过错负有责任时,强制退市制度中应包括完善的投资者救济机制,赋予投资者主张经济赔偿的权利与渠道从而实现个体利益保护。

第二节 规制路径转型

在兼顾公平型规制理念的指引下,退市规制领域亟需引入及时高效的投资者损害赔偿救济体系。应以过错原则为依据区分违法类与经营类强制退市情形,前者主要指重大违法强制退市和部分规范类强制退市,退市原因在于上市公司或者特定责任人违反了法律规定或者合规性要求,此时应向投资者提供相应的损害赔偿救济渠道。后者则指交易类、财务类退市等因公司市值规模、经营业绩等指标不满足持续挂牌交易条件而导致的退市,此时适用买者自负原则,即退市是投资者基于投资行为应当承担的风险,无需补偿。下文将以重大违法类强制退市为切入点构建强制退市中的投资者救济体系,即应建立以非诉程序为主、诉讼程序为辅,常规高效的投资者损害赔偿救济体系。就非诉程序而言,先行赔付制度与欺诈发行责令回购制度是典型的保护制度。对诉讼程序来说,代表人诉讼制度可作为有益尝试。上述制度既并行不悖又相互配合,共同实现强制退市中的投资者保护目标。①

一、强制退市情形先行赔付制度的构建与完善

先行赔付制度是源于我国金融实践继而通过立法固定化的诉讼外纠纷解决机制,是一种高效便捷的投资者损害赔偿制度。先行赔付制度在重大违法类强制退市情形拥有广阔的适用空间,在发行人实施了欺诈发行、虚假陈述和其他重大违法行为导致公司强制退市时,赔付主体可在行政处罚、司法裁判作出之前先行对退市投资者的损失予以赔付。② 先行赔付是私法行为,先行赔付主体与退市投资者可就后者率先获得民事赔偿事宜达成和解协议,此外其亦将产生公法上的溢出效应,起到行政和解的效果,形成对作为自愿措施的先行赔付制度的软性约束。

(一)先行赔付制度的产生背景:从社会保险法到证券法

先行赔付并非证券市场中首创的纠纷解决机制,而是已在保险和消费者权益保护领域得到较为广泛的应用。为避免个人垫付大量医疗费、保证工伤职工及时得到救治,早在2010年《中华人民共和国社会保险法》第30条与第42条已规定,在第三人不支付或无法确定第三人的情况下,由基本医疗保险基金先行支付医疗费用,由工伤保险基金先行支付工伤医疗费用。2011年修订的《中华人民共和国道路交通安全法》第75条和76条规定了第三者责任强制保险中保险公司的先行赔

---

① 详见张艳:《注册制下科创板退市法律规制模式转型——以投资者妥适保护为核心》,《上海财经大学学报》2021年第3期。
② 参见陈洁:《证券市场先期赔付制度的引入及适用》,《法律适用》2015年第8期。

付义务,保险公司在第三者责任强制保险的责任限额范围内先行支付抢救费用,赔偿有关人身伤亡、财产损失;若费用超过责任限额,未参加强制保险或肇事后逃逸的,由道路交通事故社会救助基金先行垫付。上述规定不仅能够使受害方得到及时救助,而且将索赔责任转嫁给具有较强实力的保险公司,有效平衡了各方当事人的权益。2013年修订的《中华人民共和国消费者权益保护法》第44条规定,在网络交易平台提供者不能提供销售者和服务者相关真实信息的情况下,应当向消费者承担先行赔付责任,该规定在一定程度上解决了基于电子商务市场特殊性所导致的索赔困境。[①]

可见,作为应急措施或替代性机制的先行赔付始终以保护弱势一方为宗旨,在兼顾他方能力和权益的基础上,将原本应由弱势方耗费大量时间和精力完成的赔偿请求,转由实力相对较强的当事方或第三方通过追偿来实现。尽管可能存在无法追偿的情形,但基于本身的职责功能或先行行为,由先行赔付人承担损失的风险亦有其正当性基础。[②]

聚焦于专业性更强的资本市场领域,退市投资者作为弱势方的无助与乏力更为明显。投资者本身缺乏足够的专业知识和风险承受能力,尤其中小投资者往往无法获取充分信息。相反,证券发行人为了以较低成本快速获得足额融资,通常会利用信息优势,以自身需要为导向调整重要信息披露的广度和深度。作为投资者,发行人的控股股东与普通投资者的目标存在本质差异,在事实上与普通投资者形成利益对抗。此外,保荐人、主承销商等相关证券公司及证券服务机构受潜在巨大利益的驱使,在一些情形下甚至不惜触犯法律的底线铤而走险。尽管立法者已明令禁止包括欺诈发行、虚假陈述等在内的证券违法行为,并规定了严厉的处罚措施,但个别市场主体为了逐利总是心存侥幸,对

[①] 参见张东昌:《证券市场先行赔付制度的法律构造——以投资者保护基金为中心》,《证券市场导报》2015年第2期;赵吟:《证券市场先行赔付的理论疏解与规则进路》,《中南大学学报(社会科学版)》2018年第3期。

[②] 参见赵吟:《证券市场先行赔付的理论疏解与规则进路》,《中南大学学报(社会科学版)》2018年第3期。

法律规定视若无睹。

在上市公司强制退市情形下,先行赔付制度具有突出的投资者保护效果。原因在于,一旦上市公司被强制退市,事前与事中监管已无力回天,事后监管也只能对违法行为人形成有限威慑,无法有效弥补退市投资者的实际损失。退市投资者仅能以传统诉讼方式维护自身权益,通过提起证券民事赔偿诉讼,请求有关主体承担民事责任。就实践情况来看,退市证券投资者的民事救济路径难言畅通。相较于让互不相识的退市投资者各自借助现有行政、司法救济手段保护自身利益,耗费大量成本等待却可能毫无结果,更有效率的做法是要求有能力的发行人或相关方先行作出统一安排,确保退市投资者及时获得相对确定的赔偿结果。在经过一定数量的反复操作后,先行赔付人会获得强制退市情形有关先行赔付与事后追偿的有益经验,不断提高赔付和追偿的效率,进而形成行之有效的惯常模式,实现退市投资者个体化的经验积累并形成规模效应。

万福生科虚假陈述案是证券市场中具有里程碑意义的先行赔付案例。2013 年 5 月 10 日,万福生科的保荐机构平安证券出资 3 亿元设立"万福生科虚假陈述事件投资者利益补偿专项基金",在以该基金偿付符合条件的投资者之后,再通过法律途径向万福生科虚假陈述案的责任方追偿(先偿后追),正式开启了虚假陈述案件中的先行赔付实践。尽管该案开辟了投资者保护的新途径,但毕竟只是个案,如何将证券市场中的先行赔付制度化和常态化,尤其是,如何将该项制度有针对性地应用到资本市场上大量出现的强制退市案例中,使遭受经济损失的投资者得到足额补偿,应由证券法律制度及时有所作为。①

2013 年 12 月,国务院办公厅发布《关于进一步加强资本市场中小投资者合法权益保护工作的意见》,提出要建立保荐机构先行赔付制度。证监会 2015 年 12 月颁布的《公开发行证券的公司信息披露内容

---

① 参见赵吟:《证券市场先行赔付的理论疏解与规则进路》,《中南大学学报(社会科学版)》2018 年第 3 期。

与格式准则第 1 号——招股说明书》第 18 条规定,IPO 发行文件如存在虚假陈述等违法行为且造成投资者损失的,保荐人将承诺先行赔偿投资者损失。上述我国的原创性规则源于实践,又回归实践接受检验,此后相继出现"海联讯""欣泰电气"等先行赔付案例,并影响着接下来的《证券法》修改。然而需要注意的是,鉴于将保荐人自行承诺设置为单方强制义务恐引发诸多不利后果,这些规定也遭到一些质疑。[①]

2019 年新《证券法》第 93 条首次确立了先行赔付制度,[②]规定发行人的控股股东、实际控制人在发行人欺诈发行、虚假陈述或实施其他重大违法行为造成投资者损失的情况下,相关证券公司可以委托投资者保护机构就赔偿事宜与投资者达成协议,予以先行赔付,此模式是解决我国资本市场民事责任的新尝试。先行赔付制度在重大违法类强制退市情形应用广泛,可在一定程度上解决强制退市情形投资者的索赔困境,相关赔付主体可在行政处罚、司法裁判作出之前先行对投资者的损失予以赔付。[①]

(二) 先行赔付制度的法律性质

通常情况下,如果行为人实施了欺诈发行、虚假陈述等违法行为导致公司强制退市,并使投资者遭受损失,此时违法行为人应当承担侵权责任。但我国立法者在《证券法》第 93 条中使用了"可以委托"的表述,表明先行赔付制度具有平等主体之间基于意思自治形成法律关系的特征,一般仅具有指导性和倡导性作用。原因在于,自觉自愿地实施超出

---

① 详见赵吟:《证券市场先行赔付的理论疏解与规则进路》,《中南大学学报(社会科学版)》2018 年第 3 期;汪金钗:《先行赔付制度的构建与探索——兼评〈证券法〉第九十三条》,《南方金融》2020 年第 6 期。

② 部分国家(如英国、美国、德国)设立的"投资者保护基金制度"与"证券市场先行赔付制度"休戚相关,两者都是针对在证券市场遭受损失的适格投资者进行民事救济的重要制度,不过两者的内涵不同。许多国家或地区设立的"投资者保护基金"并非对证券市场上遭受损失的全部投资者类型进行保护,而是限定了赔付对象的范围,如不包括受证券市场波动而遭受损失的投资者,也不包括因证券市场违法行为而在证券发行与交易市场中遭受投资损失的投资者。

① 参见陈洁:《证券市场先期赔付制度的引入及适用》,《法律适用》2015 年第 8 期。

法律义务范围之外的行为,总能比主动或被动履行法律义务取得更好的社会评价和效果。在上市公司强制退市情形,先行赔付协议的主体分别为愿意进行赔付的违法行为人和遭受损失的退市投资者。双方在自愿平等的基础上,由先行赔付人通过委托投资者保护机构公告设立赔付基金的行为发出"要约",而退市投资者通过线上或线下自愿接受专项补偿方案的登记确认行为作出"承诺",先行赔付协议由此形成,一般意义上的侵权之债转化为合同之债。①

在上市公司强制退市情形下,先行赔付制度赋予了作为赔偿主体的违法行为人和作为受偿主体的投资者一定的选择权,具言之,对违法行为人来说,其既可以选择依司法判决履行连带赔偿责任,也可以选择先行赔付,再向其他主体追偿。对退市投资者来说,其既可以选择起诉所有的连带责任主体,也可以与先行赔付主体就赔偿数额、方式达成协议并获得赔付。由于先行赔付跳过了冗长的司法程序,再加上专业投资者保护机构可以提供帮助,实践中绝大多数投资者均愿意接受先行赔付,并放弃向其他连带责任主体索赔。由此可见,先行赔付本质上是一种和解,先行赔付协议在性质上属于作为平等主体的赔付人与退市投资者自愿协商达成的和解协议,属于替代性纠纷解决制度的一种。

从契约角度观察,先行赔付具有两大特点:一是自愿协商的不充分性。先行赔付协议通常由先行赔付人单方面提供,退市投资者无法参与磋商,只能选择接受或者放弃。二是协议的涉他性,即所达成的协议涉及第三方的权利义务。先行赔付人通常不是唯一责任人,其在先期承担赔偿义务后有权向其他连带责任人追偿。而且为保证先行赔付的公平公正,资金的监管和使用通常需要委托第三方完成。② 强制退市实践中先行赔付方案往往载明,退市投资者签署和解协议或和解承诺

① 参见何庆江:《论我国证券民事赔偿中的弱者保护——以虚假陈述制度为中心》,《政法论丛》2003年第6期;肖宇、黄辉:《证券市场先行赔付:法理辨析与制度构建》,《法学》2019年第8期;汪金钗:《先行赔付制度的构建与探索——兼评〈证券法〉第九十三条》,《南方金融》2020年第6期。

② 参见赵吟:《证券市场先行赔付的理论疏解与规则进路》,《中南大学学报(社会科学版)》2018年第3期。

函即意味着放弃通过诉讼向其他责任人请求赔偿的权利。若退市投资者不接受和解或者不同意协议内容，则可通过诉讼途径请求责任主体赔偿损失，自行承担相关风险和费用。这既是对退市投资者诉讼选择权的尊重，又是确保和解协议得以顺利履行的有效手段。

（三）强制退市情形先行赔付制度的功能优势

强制退市将给投资者造成严重的经济损失。在损失赔偿方面，与传统的民事诉讼追责机制相比，强制退市情形的先行赔付制度具有两大功能优势：一是加强对退市投资者的保护力度，提供完善的非诉投资者保护路径，使退市投资者的经济损失得到及时有效的赔偿。先行赔付制度可维护证券市场的稳定性，及时迅速平息证券欺诈等违法行为引起的纠纷，防止因信息传递效应出现大规模的混乱。二是借助可能的巨额赔偿责任对证券发行人产生威慑，督促其自觉遵守发行交易规则，依法合规审慎经营，预防强制退市的发生。在先行赔付制度的保障下，证券经营机构水平得到提高，其通过事前的专业尽责和事后的主动赔偿显著提升其服务能力，增加业界信誉度。

1. 提供完善的退市投资者保护体系，充分、及时保护退市投资者权益

保护投资者的合法利益是证券市场监管的根本出发点。甚至可以说，保护投资者合法权益就是保护证券市场。但在强制退市情形下，上市公司因违反法律法规或者交易所的自律管理性规定损害投资者的权益，从而导致证券发行的参与主体与投资者之间产生纠纷。要解决这一问题，就必须在立法层面逐步完善退市投资者保护制度。司法实践中，退市投资者在其利益受到损害时可以寻求多方面的救济。

在强制退市情形下，在对投资者的事后保护方面，先行赔付制度发挥着关键作用。此时，退市投资者无需保护机构介入或提起代表人诉讼便可以获得救济。先行赔付制度能够有效降低社会成本和司法成本，且有助于退市投资者及时、充分地获得赔付。长期以来，我国主要通过行政和刑事责任来规制可能导致上市公司强制退市的重大违法行

为,而缺少民事责任方面的规定。早在 2002 年,最高人民法院即发布《关于审理证券市场因虚假陈述引发的民事赔偿案件的若干规定》(以下简称《若干规定》),将行政处罚或刑事判决作为证券诉讼的前置程序。《若干规定》本意在解决投资者举证困难的问题,但却变相提高了投资者的诉讼门槛,导致只有不到三成的证券违法案件进入审判程序(平均耗时 13.5 个月)。这一现象大大增加了投资者的诉讼成本,亦导致相关责任主体在缴纳巨额罚款或罚金后多无法再为投资者提供足额的赔付。虽然我国在 2015 年推行立案登记制改革后取消了证券诉讼前置程序,但仍有许多法院基于各种理由拒绝立案。即便成功立案,投资者的一审胜诉率也仅有三成,二审胜诉率更是只有 3.41%,投资者对证券市场的信心遭受严重打击。[1]

在强制退市的情形下,先行赔付制度的适用能够使投资者避免进入司法诉讼中繁琐的责任认定和分配程序。退市投资者无需主动追究违法者的民事责任以及举证证明责任主体的违法行为,也无需等待证监会作出行政处罚,只需将其购买涉案股票的相关情况进行线上或线下登记以确认为适格的受偿人,即可"坐等"获得几乎全额的赔付。[2] 综上,先行赔付制度可成功破解强制退市情形投资者的"维权难、赔偿难"问题,弥补证券市场纠纷解决机制的缺陷,充分、及时保护退市投资者权益,显著提升退市投资者保护水平。[3]

2. 督促上市公司及其他主体自律合规

虚假陈述等重大违法行为将导致上市公司强制退市,在我国加大对证券欺诈和虚假陈述等违法行为的打击力度、大幅度提升证券市场主体违法成本的背景下,先行赔付制度有助于督促证券发行人勤勉尽职地履

---

[1] 相关实证数据及分析详见吴维锭:《论中国存托凭证投资者保护机制的完善——从虚假陈述民事责任角度切入》,《南方金融》2019 年第 11 期;黄辉:《中国证券虚假陈述民事赔偿制度:实证分析与政策建议》,《证券法苑》2019 年第 3 期;曹真真、李芊:《论先行赔付制度的构建与完善》,《金融理论与实践》2017 年第 11 期;赵吟:《证券市场先行赔付的理论疏解与规则进路》,《中南大学学报(社会科学版)》2018 年第 3 期。

[2] 参见肖宇、黄辉:《证券市场先行赔付:法理辨析与制度构建》,《法学》2019 年第 8 期。

[3] 参见肖宇、黄辉:《证券市场先行赔付:法理辨析与制度构建》,《法学》2019 年第 8 期。

行职责。随着先行赔付制度不断完善，当虚假陈述的违法所得远低于行政处罚及其对投资者进行赔偿的金额时，上市公司在权衡利弊后，必然会自觉遵守证券市场的有关规定，从源头上遏制违法行为的发生。对保荐人、会计师事务所、律师事务所来说，为避免自己因发行文件存在虚假陈述而承担连带责任的后果，其将更严格地审查发行文件并审慎出具相关意见书。可见，先行赔付制度作为一种预防性制度，亦有助于推动证券服务机构和从业人员依法依规经营，营造良好的证券市场秩序。

（四）强制退市情形先行赔付制度的构建

先行赔付制度在重大违法类强制退市中具有广阔的适用空间。先行赔付制度可适用于发行人因实施欺诈发行、虚假陈述或者其他重大违法行为导致上市公司强制退市的案件。欺诈发行、虚假陈述等违法行为不仅严重影响了证券市场的稳健运行，而且承担违法责任的主体易于监控，通常具有较为雄厚的经济实力，具有向退市投资者进行先行赔付的可能性。①

1. 适用主体

在新《证券法》修订过程中，赔付主体经过多次修改。一审稿中作为先行赔付主体的投资者保护机构在二审稿中被删除，主要原因有二：一是投资者保护机构主体不适格。《证券法》明确规定，虚假陈述的责任主体为发行人及控股股东、实际控制人、董事、监事、高级管理人员和其他责任人员以及保荐人、承销的证券公司及直接责任人员，而投资者保护机构未列其中；二是投资者保护机构设立的基金具有一定的政策性，而先行赔付是为了弥补市场违法行为造成的损失，投资者保护机构没有理由为发行人的经营过错买单。三审稿规定的赔付主体是"发行人的控股股东、实际控制人、相关的证券公司、证券服务机构"，与证券法规定的虚假陈述的责任人范围有所不同。从理论

---

① 参见汪金钗：《先行赔付制度的构建与探索——兼评〈证券法〉第九十三条》，《南方金融》2020 年第 6 期。

上讲,虚假陈述的法定责任人当然可以自愿成为先行赔付人。从实践层面来看,在已有的三起案件中,保荐人和大股东在先行赔付中均起到关键作用。[①] 作为证券市场的持牌机构,保荐人更有意愿进行先行赔付,以降低违法行为对后续经营产生的影响。作为证券市场的"看门人",保荐人将声誉资本视为其开展业务和长远发展的依凭,而先行赔付正有助于此。[②]

但《证券法》最终稿删除了证券服务机构作为先行赔付主体,原因可能是律师事务所和会计师事务所承担的先行赔付风险要高于其在证券市场中获得的收益,况且以它们的经济实力,实在难以承担巨额的先行赔付款。对此,可以考虑的方案是,鼓励律师事务所和会计师事务所以按份参与的方式与其他机构共同完成先行赔付。新《证券法》最终将先行赔付的主体限制为发行人的控股股东、实际控制人、相关证券公司共三种类型,原因是这三类主体均具有较强的赔付能力,尤其是证券公司基于维护商誉、尽可能减少违法行为对后续业务的影响等考虑,通常有较强的先行赔付意愿。

值得进一步探讨的是,被强制退市的上市公司能否成为先行赔付的主体。要解决这一问题,首先需要明确先行赔付的概念是否特指中介机构的先行垫付。本书认为,先行赔付的"先",不应仅狭义地理解为中介机构为发行人事先垫付赔偿款,而应涵括各种相关侵权人在退市投资者提起诉讼之前的主动赔付,当然也包括上市公司本身。[③] 将上市公司纳入先行赔付主体可将相关争议绕开成本高昂的诉讼机制,退市投资者权益也由此得到更有效的保护。若将上市公司排除在先行赔付的主体之外,则有可能引致不当的责任分配,违背过错与责任相匹配原则。实践中,当上市公司的赔付能力不足时,保荐人的补充责任显然

---

① 参见赵吟:《证券市场先行赔付的理论疏解与规则进路》,《中南大学学报(社会科学版)》2018年第3期;肖宇、黄辉:《证券市场先行赔付:法理辨析与制度构建》,《法学》2019年第8期。

② 参见肖宇、黄辉:《证券市场先行赔付:法理辨析与制度构建》,《法学》2019年第8期。

③ 参见肖宇、黄辉:《证券市场先行赔付:法理辨析与制度构建》,《法学》2019年第8期。

很重要,但如果公司具备一定的赔偿能力,虽不够足额赔偿,但也应在能力范围内承担第一责任。[1]

2. 适用对象

在上市公司强制退市情形下,要发挥先行赔付制度的功能优势,必须先明确先行赔付的对象范围。对此,《证券法》第 93 条明确规定,先行赔付的对象是"受到损失的投资者"。在目前的先行赔付实践中,只要受损投资者符合投资者补偿公告规定的赔付要求,均可视为适格的赔付对象。可见,立法和实践均未严格按照证券投资者的类型对先行赔付的对象进行区分,然而,在赔付资金有限的情况下,这种处理方式可能引发诸多问题。[2]

在重大违法类强制退市情形下,普通投资者因经济上处于弱势地位,极易成为证券市场欺诈发行、虚假陈述等违法行为的受害者,故有必要将其列入先行赔付的对象范围,在制度供给上为他们提供更多倾斜保护。关于先行赔付的对象范围,存在较大争议的是专业投资者。相较于普通投资者,专业投资者在专业知识储备、投资经验、风险意识和财务状况等方面具备更多优势,但这是否代表要在强制退市情形将其排除在先行赔付的对象范围之外? 答案是否定的,原因在于,要界定先行赔付对象范围,关键在于强制退市案件中重大违法行为与利益受损结果之间是否存在因果关系,而专业投资者相较普通投资者的优势主要体现在对证券交易时点的判断上。前文述及的三起先行赔付案件亦遵循此思路,即采用证券交易时间段标准,参考《新虚假陈述司法解释》的要求,将虚假陈述的实施日、揭露日和更正日列为重要时点,形成了不同的投资者适格情形。因此,借助证券交易的关键时间点来判断单个投资者是否属于先行赔付的适格主体有一定的合理性。因此,在

---

[1] 参见肖宇、黄辉:《证券市场先行赔付:法理辨析与制度构建》,《法学》2019 年第 8 期;郭艳芳:《新〈证券法〉视角下先行赔付制度的探讨》,《金融与法律》2021 年第 8 期。

[2] 参见赵吟:《证券市场先行赔付的理论疏解与规则进路》,《中南大学学报(社会科学版)》2018 年第 3 期;肖宇、黄辉:《证券市场先行赔付:法理辨析与制度构建》,《法学》2019 年第 8 期;朱晓婷:《对〈证券法〉先行赔付制度改良进路的解析》,《财经理论与实践》2022 年第 2 期。

强制退市情形下,先行赔付的适格主体应进行个案判断,若普通投资者与专业投资者没有本质上的区别,则应当确认专业投资者属于适格赔付的投资者,理应获得与普通投资者相同的待遇。

当然,先行赔付的对象范围不宜过宽,应以导致强制退市的重大违法行为与投资者损害后果之间是否存在因果关系为主要判断标准,排除市场风险等无关因素,合理排除那些不满足先行赔付要求的投资者。但不可否认的是,要形成统一、可识别、可判断的适格投资者判断规范十分困难,采取开放式列举并形成"负面清单"的方式排除部分投资者的先行赔付资格似乎更具可行性。结合现有实践经验和证券法理论,有可能被排除的投资者包括证券违法事件的责任方、在证券公开发行前引入的战略投资者、为发行目的增资的股东、因政策性增持买入证券的机构。①

3. 资金来源

在强制退市情形下,持续稳定的资金来源是先行赔付制度有效运行的保障。在实践中,先行赔付的资金主要来源于担任保荐人的证券公司或者发行人的控股股东出资设立的专项补偿基金。但《证券法》第93条并未强制要求先行赔付的资金必须出自违法责任主体,其实资金来源的多元化将极大提高先行赔付的效率。

首先,出于尊重私法自治的考虑,应允许并鼓励发行人的董监高及其他直接责任人员、会计师事务所、律师事务所、资产评估机构等专业中介服务机构以按份参与的方式共同出资设立专项基金,丰富先行赔付的资金来源。

其次,有学者认为建立先行赔付专项基金与投资者保护基金的对接是"非强制性"先行赔付制度的内生需求,《证券法》第93条已为投资者保护基金纳入先行赔付的资金来源提供了法律依据。② 由于我国的

---

① 参见朱晓婷:《对〈证券法〉先行赔付制度改良进路的解析》,《财经理论与实践》2022年第2期。

② 参见朱晓婷:《对〈证券法〉先行赔付制度改良进路的解析》,《财经理论与实践》2022年第2期。

投资者保护基金制度系于大量证券公司倒闭、破产和失去清偿能力这一特殊背景下产生，故投资者保护基金的用途有着严格限制，其所具备的风险补偿功能难以得到有效发挥。因此多位学者建议扩大投资者保护基金的适用范围，使之为退市投资者提供救济。

最后，应当进一步充实先行赔付的资金供给，不少学者建议参酌美国公平基金制度，将证券市场罚没收入作为投资者保护基金的资金来源之一。这是因为违法行为人用以承担公法责任的财产本就源自受损投资者，将这些收入作为先行赔付的资金来源完全符合公平正义的法治理念。然而，为避免公益性先行赔付可能产生的道德风险，可考虑将投资者保护基金模式作为先行赔付责任主体市场化赔付能力不足时的一种次优选择和"底线"式保护方式，即采用"自愿赔付＋法定最低赔付"的双轨制结构。投资者保护基金的使用应受到一定的限制，避免市场主体产生一种"兜底"的错觉。

4. 方案制定

先行赔付的本质是民事和解，但具有较强的附和性和涉他性。一方面，受损退市投资者的数量众多，地域分布广泛，让先行赔付的责任主体与每位退市投资者一对一磋商，并听取他们的补偿要求是不现实的。另一方面，先行赔付的责任主体通常不是唯一责任人，其事后还可以向其他连带责任人进行追偿。因此，先行赔付方案的制定程序将对结果正义产生极大影响，针对这一问题，可以从以下两个方面展开思考。

第一，因退市而遭受经济损失的投资者是自身利益的最佳代言人，因此应尽可能地保证退市投资者参与赔付方案的确定过程。在既往案例中，损失补偿方案均由先行赔付的责任主体制定，即使责任主体可能会征求专业人士的意见，该方案依然没有体现不同利益群体投资者的实质意见，这一程序上的瑕疵显然与赔付方案的本质目的相违背。在重大违法类强制退市情形下，在确定投资者以何种方式、何种程度参与赔付方案制定的过程中，必须兼顾公平与效率。具体而言，先行赔付主体在初步拟定赔付方案后可以召开听证会，积极听取退市投资者代表的意见,并和与会专家共同就赔偿范围、赔偿标准、赔偿方式、系统性风险等核心问题进行磋商。为确保磋商过程的公开透明,听证程序应自觉接受新闻媒体和公众的监督。①

第二,引入独立第三方机构参与赔付方案的拟定有利于提高赔付方案的权威性。在重大违法类强制退市情形下,先行赔付具有极强的自决性,若赔付方案没有权威机构的"背书",很可能造成赔付主体与投资者以意思自治方式形成的方案仍不被其他连带责任人接受的结果。虽然专业人士的参与在某种程度上提升了赔付方案的专业性,但其他连带责任人仍可能就赔付方案是否公正提出质疑。为此,建议由退市投资者代表与先行赔付主体共同委托指定第三方机构参与赔付方案的确定,如此有助于提高赔付方案的公正性。在第三方机构的选择上,证券投资者保护基金公司和证监会无疑是较为理想的对象。不过,考虑到投资者保护基金公司已经参与了赔付方案的执行,未参与先行赔付制度整体运行的证监会似乎具有更强的中立性,故由其或其指派的机构作为独立第三方介入方案的制定会更为合适。

(五) 强制退市情形先行赔付制度的完善路径

从更有效率地保护因强制退市而遭受损失的投资者的角度出发,建议证监会制定"先行赔付实施办法",指导先行赔付主体更加便捷地完成赔付。在赔付主体与资金来源方面,考虑到先行赔付基金的规模通常较大,赔付能力更强的发行人控股股东、实际控制人与作为保荐机构的证券公司被《证券法》确定为赔付人。在基金架构和运作机制方面,基于公信力的考量宜由中国证券投资者保护基金公司等公益性投资者保护机构担任基金管理人,并由独立的商业银行担任托管银行以确保基金财产的安全。在基金规模方面,在根据《新虚假陈述司法解释》初步估算赔付金额的基础上,再加算基金管理费与预留一定余量进

---

① 详见朱晓婷:《对〈证券法〉先行赔付制度改良进路的解析》,《财经理论与实践》2022 年第 2 期。

行最终的额度确定。①

在因虚假陈述触发强制退市的情形下，赔付范围与赔付金额是先行赔付制度的重中之重。在赔付范围方面，适格投资者的范围确定是较为重要的内容，此时需区分两种情况。一方面，若虚假陈述实施日为股票在公司上市（二级市场）之后，则适格投资者为因虚假陈述遭受投资损失的投资者。具言之，在虚假陈述实施日之后，至揭露日或者更正日之前买入股票，且在揭露日或者更正日以后因卖出股票产生亏损或者因继续持有股票产生亏损的投资者为适格投资者。需注意，虚假陈述实施日之前持有股份的股东及其关联人、发行人控股股东及董事、监事、高级管理人员以及政策性增持的股东不属于适格投资者。另一方面，若虚假陈述存在于"招股说明书"中，则适格投资者的范围将扩大至一级市场。具体而言，在发行人首次公开发行股票时申购新股，并在股票上市后卖出股票或仍持有新股而存在亏损的投资者为一级市场上的适格投资者。在首次公开发行前已持有发行人股票的股东及其关联人不属于适格投资者。② 强制退市情形的赔付金额以退市投资者因欺诈发行、虚假陈述等违法行为实际遭受的直接损失为限，包括交易损失与退市损失。就交易损失而言，计算原则为买入价格与卖出价格的价差乘以卖出股票的数量。若投资者在退市整理期出售了股票，则需按照实际卖出价格计算二次赔付金额于退市后补偿。此处存在一级市场与二级市场的两个区别：（1）一级市场的发行价格需作除权除息处理；（2）二级市场上投资者的损失需扣减证券市场风险因素所致损失。就退市损失而言，若投资者在退市时仍持有公司股份，则对一、二级市场的适格投资者存在差异化的处理。一级市场适格投资者享有选择权，即退市后是否继续持有新股。若选择继续持有，则赔付金额为除权后的发行价格与退市价格的差额乘以退市时仍持有的属于赔付范围的新股数

---

① 参见张艳：《注册制下科创板退市法律规制模式转型——以投资者妥适保护为核心》，《上海财经大学学报》2021年第3期。

② 参见张艳：《注册制下科创板退市法律规制模式转型——以投资者妥适保护为核心》，《上海财经大学学报》2021年第3期。

量。若拒绝继续持有,则赔付金额为除权后的发行价格乘以退市时仍持有的属于赔付范围的新股数量,同时投资者将新股过户给基金出资人,即发生股份转让的法律效果。对二级市场上的适格投资者来说,由于股票规模更大且流动性更强,故其不享有退出权。退市损失分两部分赔付。退市决定作出之前的赔付金额为投资者因持有股票而产生的损失,即买入平均价格与股票被强制退市前一交易日的收盘价格之差,乘以投资者所持有股票的数量,再扣减市场风险因素所致损失。退市决定作出之后的赔付金额则根据强制退市前一交易日的收盘价格与退市整理期最后一个交易日的退市价格之差,乘以投资者所持股票的数量计算。①

强制退市情形的先行赔付制度能够优先、高效、便捷地对退市投资者进行经济赔偿,非常契合兼顾公平型规制理念。然而在实践中,由于该项制度并非强制性规定,而是以自愿为基础,故赔付主体通常没有充分的动机实施先行赔付。② 是故,"非强制性"先行赔付的常态化有赖立法的支持与配合。在此背景下,建议证监会积极进行相关激励制度的先行先试。关键是通过制度设计确定先行赔付与行政和解之间的必然因果关系。③ 宜将先行赔付确定为应该从轻减轻行政处罚的情形,并初步搭建相对量化的对应规则,以增加先行赔付制度的吸引力,此即所谓的正向激励。具言之,理论界和实务界均认识到:适当减轻先行赔付主体的行政责任和刑事责任,有助于提高责任主体赔付的积极性。特别是在新《证券法》大幅度提高针对证券违法行为的行政处罚力度的背景下,从轻或减轻处罚更有可能成为责任主体先行赔付的正向激励。此时研究的重点应放在如何联合运用第 93 条和第 171 条的规定以更

① 参见张艳:《注册制下科创板退市法律规制模式转型——以投资者妥适保护为核心》,《上海财经大学学报》2021 年第 3 期;《丹东欣泰电气股份有限公司转兴业证券股份有限公司关于设立欣泰电气欺诈发行先行赔付专项基金的公告》,2017 年 6 月 9 日,http://static. cninfo. com. cn/finalpage/2017-06-09/1203606545. PDF,2021 年 1 月 2 日。
② 参见张艳:《注册制下科创板退市法律规制模式转型——以投资者妥适保护为核心》,《上海财经大学学报》2021 年第 3 期。
③ 目前二者之间仅存在或然因果关系,即若赔付主体通过先行赔付消除了违法行为对投资者的不利影响,则证监会将大概率地减轻行政处罚的程度。参见肖宇、黄辉:《证券市场先行赔付:法理辨析与制度构建》,《法学》2019 年第 8 期。

好地发挥此种激励效果。可从以下方面展开思考:

首先,先行赔付的程序宜在证监会对涉案当事人"进行调查期间"启动,但先行赔付工作不必在证监会对违法行为人作出行政处罚之前全部完成。理论上讲,证券行政和解的"进行调查期间"指的是从行政相对人收到《立案调查通知书》开始,至证监会作出《行政处罚决定书》的整个期间。也就是说,违法责任主体可在《行政处罚决定书》作出前的任何时点主张先行赔付。在实践中,先行赔付是一个复杂的连续过程,因此应允许实际赔付工作在某些特殊情况下顺延至行政处罚或刑事处罚作出之后结束。其次,行政和解金可以包含先行赔付金。这是因为行政和解金与先行赔付专项基金的性质和发挥作用是完全一致的,前者属于行政相对人根据行政和解协议缴纳的资金,由投资者保护基金公司负责运作,用来赔偿因违法行为遭受损失的投资者,且提出行政和解申请的行政相对人通常为有先行赔付意愿的责任主体。行政和解制度的适用可以有效提高责任主体参与设立专项基金的积极性。最后,应当通过证券行政和解来增强先行赔付协议的效力。前已述及,先行赔付协议虽属民事和解协议,但同时又具有较强的附和性与涉他性,这意味着先行赔付协议带有一定的强制性。就《证券法》第 171 条的内容而言,立法者意在将先行赔付协议作为先行赔付责任主体消除违法行为影响的具体措施并纳入行政和解体系,从而达到增强赔付协议效力的目的。另外,由证券监管机构保障先行赔付协议的执行,可以最大程度地排除赔付协议执行过程中可能出现的不稳定因素。同时,证监会适度介入赔付协议的执行过程还可以将事先确认先行赔付方案作为行政和解协议的内容,使赔付方案的制定更具公允性。[①]

除此之外,将责任主体的主动赔付作为投资者保护机构判断是否需要开展法律救助的重要考量因素,这一因素与证券支持诉讼、投资者保护机构派生诉讼、特别代表人诉讼相衔接,能够起到反向激励的作

[①] 参见朱晓婷:《对〈证券法〉先行赔付制度改良进路的解析》,《财经理论与实践》2022 年第 2 期。

用。此外,由于赔付金额较大,充足的资金来源也是影响先行赔付制度发挥效用的重要原因。为避免该项制度陷入休眠状态,亟需通过制度设计督促、激励赔付主体实施先行赔付。可考虑试行强制性的保荐机构先行赔付责任险。[①] 上市公司的保荐机构必须在购买上述保险后方可开展保荐业务,此举将在一定程度上解决先行赔付资金的来源问题。宜将目前正在运行的证券投资者保护基金(下称"投保基金")的赔付范围扩大至强制退市中适用先行赔付制度的情形,由投保基金按比例对投资者进行先行赔付。[②] 投保基金作为底线式保护,与先行赔付责任险共同为先行赔付提供资金支持。

二、强制退市情形欺诈发行责令回购制度的适用

在由欺诈发行导致的强制退市情形下,若先行赔付制度未启动或者赔付不充分,则监管机构可以责令责任人回购股票。责令回购制度是借鉴我国香港地区经验继而规定于《证券法》第 24 条第 2 款中的一项新制度,该条款明确规定:"股票的发行人在招股说明书等证券发行文件中隐瞒重要事实或者编造重大虚假内容,已经发行并上市的,国务院证券监督管理机构可以责令发行人回购证券,或者责令负有责任的控股股东、实际控制人买回证券。"其目的是在欺诈发行案件中为投资者提供一种民事诉讼程序之外的简便、快捷的救济途径。随后证券监管部门于 2020 年 8 月发布了《欺诈发行上市股票责令回购实施办法(试行)(征求意见稿)》(以下简称《征求意见稿》)及起草说明,并将该办法纳入证监会年度重点立法计划。在总结吸收 116 条意见后,证监会于 2022 年 4 月 28 日审议通过《欺诈发行上市股票责令回购实施办法(试行)》(以下简称《实施办法(试行)》),2023 年 2 月 17 日,《实施办法(试行)》正式向社会公布。

---

① 我国已存在保荐机构先行赔付险这一险种,然而其并非强制性保险。
② 参见巩海滨、王旭:《证券市场先行赔付制度研究》,《财经法学》2018 年第 6 期。

　　在由欺诈发行导致的强制退市情形下，相较于先行赔付制度，责令回购制度可为投资者提供更高程度的保护。与先行赔付制度仅赔偿投资者的投资损失不同，责令回购制度赋予证监会如下自由裁量权，即责令发行人或负有责任的控股股东、实际控制人回购证券。责令回购制度是与欺诈发行所引发的其他行政处罚并行的独立的行政处罚，其既不属于新《公司法》第 162 条明确列举的六种情形，亦非规定于《关于进一步推进新股发行体制改革的意见》中的承诺回购制度。

　　责令回购制度能否真正得到实施，能否在投资者利益受损时发挥作用，还有待检验。目前来看并不十分乐观，例如泽达易盛和紫晶存储两家科创板上市公司在收到证监会《行政处罚及市场禁入事先告知书》后公告表示公司股票可能被实施重大违法类强制退市。两家公司在"招股说明书"中承诺将在有关部门确认欺诈行为后 5 个工作日内回购股票。然而其并未依约积极回购股票，证监会也未责令两家公司及其控股股东、实际控制人采取行动。①

　　域外欺诈发行股票回购制度实践多种多样，体现出不同国家和地区通过该制度对资本市场生态塑造和投资者保护的价值考量、理论基础和实现方式。② 相较于美国③和德国④的股票回购制度主要遵循民事

---

① 参见齐飞：《欺诈发行责令回购制度的理论、现实与展望》，《金融发展研究》2023 年第 6 期。

② 详见齐飞：《欺诈发行责令回购制度的理论、现实与展望》，《金融发展研究》2023 年第 6 期。

③ 美国《1933 年证券法》第十二节规定投资者有权向虚假陈述或疏漏重要事实的发行人提起诉讼，取回因购买证券所支付的资金及利息，但要扣减因此获得的收益。基于该法，美国建立了受损害投资者请求法院回购股票的救济模式。从该制度在美国最新实践的情况看，股票一级市场投资者可依据该规则要求发行人回购股票，股票二级市场投资者则无法得到法院的支持。美国欺诈发行回购制度的显著特点是对股票投资者进行有限范围的保护。

④ 德国欺诈发行回购制度的最大特点是将回购价格上限定为股票发行价。德国对股票发行市场的立法重点是信息披露，相关规定主要集中在《交易所法》中。该法第 44 条规定，受资本市场虚假陈述损害的投资者可以请求赔偿义务人将其财产状况恢复到购买证券前的原状。投资者只能在企业首发上市后六个月内请求赔偿。由于德国法不允许受害投资者继续持有股票，亦不允许发行人通过赔偿价差的方式承担责任，因此，发行人仅能采取股票回购的方式。同时，为避免损害其他发行人参与资本市场的积极性和热情，德国法对回购的价格予以限定，要求不得超过股票的发行价。

诉讼路径,我国香港地区的股票回购制度允许行政力量的介入,构建起极富特色的责令回购制度。

具体来讲,我国香港地区《证券及期货条例》将发行人在"招股说明书"中的虚假陈述或重大遗漏规定为犯罪行为,授权香港证监会提出司法请求,法院可责令交易各方恢复原状。这样一来,原本仅由民事主体参与的法律关系融入了行政力量,形成了"民事+行政"的混合法律关系。自创设以来,该制度在我国香港地区的运行实践平稳良好。通过对比观察洪良国际案①和群星纸业案②这两个比较典型的案例可以发现,欺诈发行责令回购制度的有效运行需要多种有利因素共同作用。③第一,需要在发行人上市后短时间内发现其"招股说明书"存在欺诈行为,保证所募集资金尚未被大量转移和使用;第二,监管机关需第一时间采取资产冻结、股票停牌、调查处理等措施,确保发行人有充足资产回购股票;第三,欺诈发行信息的知悉范围在股票停牌前被严格控制,未造成股价大幅波动。④

从《证券法》及《实施办法(试行)》相关内容中不难发现,我国建立的欺诈发行责令回购制度与我国香港地区的制度较为接近。然而由于实践经验极其匮乏,理论界与实务界对该制度的价值定位(惩戒机制抑或

---

① 该案作为欺诈发行责令回购制度落地的典型个案,有必要作一简介。洪良国际上市后因试图向审计师职员行贿而被审计师启动紧急核查工作,审计师发现了发行人财务舞弊行为并向证监会及廉政公署报告。2010年3月29日,我国香港证监会申请法院强制发行人召开特别股东大会,由控股股东外的独立股东投票表决是否接受回购建议,并最终同意其按停牌时每股2.06港元的价格回购公司股份。最终,洪良国际按照该价格回购了5亿股股份。香港证监会:《洪良因首次公开招股章程内容失实被命令以10.3亿元提出回购建议》,香港证监会官网,2012年6月20日,https://apps. sfc. hk/edistributionWeb/gateway/TC/news-and-announcements/news/doc? refNo=12PR63,2023年5月22日。
② 2013年香港证监会发现群星纸业存在欺诈发行行为,随后向法院申请责令发行人回购股票并冻结19.68亿港元资产。但由于造假线索发现时点距群星纸业上市已久,募集资金已几乎被使用完毕,彼时可供执行的财产仅1.22亿港元。而且,股价已较发行价大幅下跌,控股股东、实控人的股票几无价值可言。由于欺诈发行责令回购制度并不具备实施的基础,法院决定不再由发行人回购股票。最终,发行人进入破产程序。
③ 参见汤欣、谢日曦:《从洪良国际案到证券民事赔偿》,《证券法苑》2019年第3期。
④ 参见齐飞:《欺诈发行责令回购制度的理论、现实与展望》,《金融发展研究》2023年第6期。

退出机制)、法理基础(合同撤销抑或侵权责任)、法律性质(行政强制抑或行政命令)、法律依据(《证券法》第 24 条与新《公司法》第 162 条)以及在维护资本市场运行秩序、投资者保护中的角色定位和价值追求等方面[1]尚未形成共识,需要学界密切关注制度实践动向并提供智识支持。

在强制退市场景下,责令回购制度的具体内容由回购主体、回购对象、回购价格、资金保障等方面组成。就回购主体而言,鉴于责令回购的正当性基础在于违法责任的认定,因此除发行人外,只有确实对欺诈发行负有责任的控股股东和实际控制人才承担回购责任。回购对象应包括欺诈发行实施日至揭露日或更正日之间买入股票且在回购方案实施时仍持有股票的投资者。基于诚实信用的考量,以下两类投资者被排除出回购对象之外,一是对欺诈发行负有责任的主体,例如公司董事、监事、高级管理人员、控股股东、实际控制人等;二是买入股票时知悉或者应当知悉欺诈发行事项的投资者。回购价格以市场交易价格为原则,但若投资者的买入价格高于交易价格,为足额赔偿投资者,则按照买入价格来确定。回购资金保障是责令回购制度的重点,主要路径为资产冻结。根据《证券法》第 180 条,对有证据证明已经或者可能转移或隐匿涉案财产的,经批准可冻结或查封。香港洪良国际案就是通过提前冻结公司资产实现顺利回购的典型案例。

在重大违法类强制退市情形下,在公司被科以高额行政罚款的个案中,责令回购制度的施行有可能会陷入困境。为扫清回购资金保障不足所导致的现实障碍,建议在欺诈发行情形试行行政罚款暂缓入库与财政回拨机制。具体而言,若罚款决定已被作出但尚未执行,则适用暂缓入库制度,即收缴的罚款在扣除回购所需金额后方收入国库。具体而

---

[1] 相关讨论参见杨成长、龚芳、袁宇泽:《资本市场投资端改革研究》,《证券市场导报》2022年第 1 期;胡建淼、胡晓军:《行政责令行为法律规范分析及立法规范》,《浙江大学学报(人文社会科学版)》2013 年第 1 期;马亦骋:《行政法视野中的召回制度》,《东南大学学报(哲学社会科学版)》2020 年第 S1 期;梁俊凯:《证券欺诈发行中的责令回购制度研究》,《上海法学研究》2021 年第 22 期;周佑勇:《健全行政裁量基准的新使命新任务》,《行政法学研究》2023 年第 1 期;郭雳、吴韵凯:《虚假陈述案件中证券服务机构民事责任承担再审视》,《法律适用》2022 年第 8 期。

言,证监会可指定中证中小投资者服务中心(以下简称"投服中心")代为保管行政罚款,待规定的期限经过后上述罚款方纳入国库。考虑到暂缓入库机制同样可适用于民事诉讼程序中的投资者赔偿情形,暂缓入库的期限宜包括诉讼时效以及完整的民事诉讼司法程序所需要的时间。① 若行政罚款已执行完毕,则适用财政回拨机制。证监会可向行政部门提出申请,使罚没进入国库的资金回流至企业,专项用于股份回购。

三、强制退市情形代表人诉讼制度的适用与完善

在上市公司因强制退市导致投资者遭受经济损失的情形下,若先行赔付与责令回购制度尚未启动或者虽已启动但尚未完全补偿投资者的损失,则退市投资者可通过代表人诉讼继续主张损害赔偿。在强制退市投资者保护领域,诉讼路径是非诉讼路径的重要补充。与证券市场的蓬勃发展和关键地位形成强烈反差,目前我国涉及证券投资者保护的民事诉讼规则较为单薄,针对证券群体纠纷的处置机制亦不完善,这一问题在强制退市情形尤其突出。② 在证券群体纠纷数量日益上升③、注册制改革稳步推进的背景下,为强化投资者保护的事后救济机制,《证券法》特新设第 95 条第 3 款。根据该条款,投资者保护机构受五十名以上投资者委托,可以作为代表人参加诉讼。"普通"与"特别"

---

① 参见陈洁:《证券民事赔偿责任优先原则的实现机制》,《证券市场导报》2017 年第 6 期。
② 由于我国证券市场起步较晚,监管部门治理水平有待提高,导致与证券纠纷代表人诉讼相关的民事实体法和民事程序法长期缺位。在民事实体法方面,直至 2019 年全国人大常委会方对《证券法》进行修订,新增代表人诉讼(第 95 条),由此奠定了证券纠纷代表人诉讼的实体法基础。在民事程序法方面,除了《民事诉讼法》对代表人诉讼的原则性规定之外,最高人民法院先后出台《关于受理证券市场因虚假陈述引发的民事侵权纠纷案件有关问题的通知》《关于审理证券市场因虚假陈述引发的民事赔偿案件的若干规定》和《全国法院民商事审判工作会议纪要》等司法文件,但这些规范都较为分散且适用范围较窄。直到 2020 年 7 月 31 日,最高人民法院发布并施行《关于证券纠纷代表人诉讼若干问题的规定》,对证券群体纠纷在程序法上进行了系统规范,证券群体纠纷自此才步入民事诉讼常态化处置阶段。
③ 2015 年至 2019 年间,我国监管部门对证券市场中虚假陈述、内幕交易、操纵市场等行为作出的行政处罚分别为 103 件、142 件、156 件、221 件和 219 件。

并行的"双轨制"证券纠纷代表人诉讼制度体系[①]由此确立。普通代表人诉讼与特别代表人诉讼在受案范围、裁判文书效力等方面并无差异，仅在参与方式、代表人范围等方面适用不同规则。必须承认，由于现行证券法规范对二者的定位、功能和程序衔接的规定处于事实缺位状态，导致司法实践中二者的程序转换呈现"职权主导"和"不公开"的特征，普通代表人诉讼中投资者及其代理人的实体和程序权益经常遭到忽视。[②]

就"双轨制"证券纠纷代表人诉讼制度的解释适用而言，有学者指出："应当将普通代表人诉讼与特别代表人诉讼在实体要件上的'一般—特别'构造转换为程序要件上的'阶段化'构造，尽量促进普通代表人诉讼在投资者损害赔偿的私益救济中发挥主导作用；特别代表人诉讼原则上仅在调解程序和上诉等救济程序中'有限'介入，使其归回公益救济的制度定位。"[③]

具体原因是，我国立法者之所以作出"双轨制"证券纠纷代表人诉讼模式的制度安排，其原因是希望同时享有"市场化"[④]和"科层化"[⑤]两

---

① 参见刘君博：《"双轨制"证券纠纷代表人诉讼的阶段化重构》，《西南民族大学学报（人文社会科学版）》2021 年第 11 期。

② 参见刘君博：《"双轨制"证券纠纷代表人诉讼的阶段化重构》，《西南民族大学学报（人文社会科学版）》2021 年第 11 期。

③ 参见刘君博：《"双轨制"证券纠纷代表人诉讼的阶段化重构》，《西南民族大学学报（人文社会科学版）》2021 年第 11 期。

④ "市场化"证券群体诉讼模式主要以美国的集团诉讼（class action）、英国的代表人诉讼（representative proceedings）和集体诉讼命令（group litigation order）以及德国 2005 年确立并于 2012 年修正的投资者示范诉讼为代表。集团诉讼起源于衡平法下英国的代表诉讼，1853 年美国联邦最高法院通过判例确立了集团诉讼制度，而美国现代意义上的集团诉讼制度则确立于 1966 年《联邦民事诉讼规则》第 23 条的修订，在该次修订中增加了原告"选择退出"规则。后来，为了应对司法实践中涌现的新问题，美国国会多次对集团诉讼的相关规则进行修改和完善。在程序法方面，《联邦民事诉讼规则》第 23 条在 1987 年、1998 年、2003 年、2006 年与 2007 年进行了多次修订；在实体法方面，美国国会先后于 1995 年、1998 年与 2005 年出台了《私人证券诉讼改革法》《证券诉讼统一标准法》和《集团诉讼公平法》。美国集团诉讼的主要规则包括：第一，集团诉讼启动的先决条件和维持条件；第二，集团诉讼首席原告和首席律师的确定；第三，集团诉讼的诉讼费用分担。德国投资者示范诉讼的主要规则包括：第一，投资者示范诉讼的启动程序；第二，投资者示范诉讼中示范原告的确定；第三，投资者示范诉讼的诉讼费用分担。参见唐豪、朱琳：《我国证券纠纷代表人诉讼的程序解构及其重塑》，《南方金融》2021 年第 3 期。

⑤ 欧陆国家，例如德国的团体诉讼（Verbandsklage）以及我国台湾地区的证券团体（转下页）

种迥然不同的证券群体诉讼模式的制度优势。"市场化"证券群体诉讼模式将提起证券群体诉讼的诉讼实施权直接赋予投资者,使其可直接以自己的名义提起损害赔偿之诉,并由专业的律师团队协助其推进诉讼程序,而法院仅负责对集团诉讼的成立、和解协议等个别诉讼环节进行确认和监督。将诉讼实施权实质性地配置给律师有两大好处:一是有助于有效化解众多、分散的当事人的集体行动难题;二是借助胜诉酬金制和诉讼进程的司法监控促成激励"私人执法"与防止权利滥用的制度均衡。然而理想很丰满,现实却很骨感,该制度设计在司法实践中出现了严重的律师滥用代理权问题,引发了较高的律师垄断诉讼实施权、与被告方通谋损害投资者的制度风险,对原告方的成员利益和作为被告方的上市公司的发展均造成负面影响。

相较于"市场化"证券群体诉讼模式,"科层化"证券群体诉讼模式亦有其优势。该模式通常将提起群体诉讼的权利配置给特定公益团体或者行政机关,由其通过法定诉讼担当或者公益诉讼的方式行使诉权,这些社会团体或者行政机关提起证券群体诉讼的动力并非自身的利益驱动,而是特定领域内实体法律规范的授权,这确实有利于预防"市场化"证券群体诉讼模式所带来的代理权滥用问题。但"科层化"证券群体诉讼模式亦有明显弊端,这种带有较强"公益诉讼"色彩的群体诉讼模式不可避免地存在诉讼担当人激励机制不足的固有缺陷,在面对数量庞大的证券群体纠纷案件时往往显得力不从心,其适用范围和裁判效力也会相应地受到较多限制。

"市场化"与"科层化"的博弈同样存在于强制退市情形。一方面,规则制定者希望通过"激活"普通代表人诉讼规范上市公司行为、为退

(接上页)诉讼大抵属于此类模式。团体诉讼是德国解决群体纠纷的重要制度,1896 年颁布的《反不正当竞争法》和 2001 年颁布的《不作为之诉法》构成了德国团体诉讼制度的主体。但是长期以来,德国团体诉讼的适用范围局限于不正当竞争、消费者权益保护、环境保护等领域。2003 年德国电信案的发生充分暴露了德国民事诉讼规则在处理证券群体纠纷时的无能为力,并直接促使德国国会于 2005 年通过《投资者示范诉讼法》,该法填补了相关制度空白。参见唐豪、朱琳:《我国证券纠纷代表人诉讼的程序解构及其重塑》,《南方金融》2021 年第 3 期。

市投资者提供充分有效的事后救济，从而实现证券监管的"私人执法"；另一方面，为了避免诉权滥用、损害上市公司利益，又赋予投服中心等投资者保护机构提起特别代表人诉讼的适格当事人资格，使其可以随时介入普通代表人诉讼。然而，如何才能扬长避短，实现普通与特别代表人诉讼二者之间的顺畅衔接和有效配合，是强制退市情形投资者实施代表人诉讼的重中之重。可考虑依据"私益救济"优先、"公益救济"监督的体系性解释进路阶段化地重构二者的内部逻辑关系。在此基础上，进一步促使投服中心等投资者保护机构在投资者强制退市诉讼中的诉讼地位向公益机构定位回归，使之符合实质性程序保障法理的要求。[①]

（一）投资者群体纠纷诉讼模式的演进历程

相较于一般民事纠纷，包括退市投资者代表人诉讼在内的证券纠纷通常具有涉案金额大、案情复杂、专业程度高、社会影响广泛等特点。为了应对这些特点带来的诸多难题，有必要探索专门的证券纠纷解决机制。

针对强制退市中投资者的财产损失，主要存在四种救济途径：诉讼、调解、仲裁、和解。其中，诉讼方式因其具有权威性、强行性、终局性等优势而成为投资者青睐的维权途径，然而，我国有限的司法资源已经难以满足目前高速增长的证券纠纷处理需求。为解决这一问题，可以考虑逐步建立健全多元纠纷解决机制，充分发挥调解、和解等诉讼之外其他方式的纠纷化解功能。当然，不可否认的是，诉讼是诸多纠纷解决机制中最重要的方式之一，尤其是代表人诉讼制度能够很好地解决强制退市情形下的群体性诉讼问题，维护我国退市投资者的权益。简而言之，代表人诉讼制度属于民事纠纷代表人诉讼制度在强制退市领域的具体表现。

虽然自我国开始建立现代证券资本市场以来，证券群体纠纷的妥善解决一直困扰着立法者和司法者，但在相当长的一段时间内，代表人

---

① 相似观点参见刘君博：《"双轨制"证券纠纷代表人诉讼的阶段化重构》，《西南民族大学学报（人文社会科学版）》2021年第11期。

诉讼却不是司法机关解决证券群体纠纷的优先考虑。其原因可能在于,现行《中华人民共和国民事诉讼法》(以下简称《民事诉讼法》)预设的代表人诉讼适用对象限定在熟人社会中发生的小规模群体性纠纷,无法促使互不相识的包括退市投资者在内的广大投资者之间形成诉讼行为合意。同时包括重大违法类强制退市投资者纠纷在内的相关司法裁判均涉及对损害行为、因果关系、损害赔偿额等事实的专业认定,自然人投资者通常只能借助律师等专业人士的帮助参与诉讼活动。此外,避免群体性聚集事件等因素的考量也可能是原因之一。

1. "虚置"阶段

应当承认,代表人诉讼制度引入我国的时间比较晚,直至1991年《民事诉讼法》才首次确立了人数确定及人数不确定的代表人诉讼制度。虽然后续的司法解释对该制度进行了有限的补充,①但这些法律规范对代表人诉讼的规定仍然非常单薄,对具体实践的指导作用十分有限。特别是针对代表人诉讼制度的适用范围、管辖权、上诉、胜诉后财产分配等重要问题的规定均付之阙如,②再加上我国在代表人诉讼制度方面缺乏相关的司法经验,导致该制度始终处于虚置状态。1998年颁行的《证券法》同样没能建立起证券投资主体权益的诉讼保障机制。

受制于当时立法和司法条件,最高人民法院曾于2001年发布《关于涉及证券民事赔偿案件暂不予受理的通知》,短暂地拒绝受理因证券纠纷(操纵市场、内幕交易、欺诈行为)引起的民事赔偿案件。此种司法上消极回避的态度导致相关案件大量滞存,不仅投资者的合法权益无法得到及时救济,证券市场的安全稳定更是遭受严重威胁。

2. "重启"阶段

随着我国证券市场的快速发展,证券市场中各类违法行为屡禁不止,化解证券纠纷的现实需求与司法机关的消极回避之间的矛盾日趋尖锐,司法界亟需对此作出回应。2002年初,最高人民法院发布《关于

---

① 例如规定"人数众多是指十人以上",还明确了诉讼代表人的选定方法。
② 参见杨峰:《德国团体诉讼对完善我国证券侵权诉讼制度的借鉴》,《求索》2007年第12期。

受理证券市场因虚假陈述引发的民事侵权纠纷赔偿案件有关问题的通知》(以下简称《通知》),指出各地法院宜采取单独或共同诉讼的形式受理虚假陈述所引发的民事赔偿案件。2002 年 12 月,最高人民法院又发布《若干规定》,再次重申针对虚假陈述所导致的侵权赔偿案件,原告可以采取单独诉讼或共同诉讼的方式提起诉讼。[①]《通知》和《若干规定》对我国当时极其单薄的规则予以一定程度的充实和细化,标志着我国证券纠纷民事诉讼制度正式确立,代表人诉讼制度在证券纠纷案件中的适用由此获得法律依据。

然而整体而言,《通知》和《若干规定》对证券纠纷诉讼受案类型、诉讼方式和程序的规定仍然相对粗疏。具言之,受理范围仅限于证券虚假陈述民事赔偿案件,侵害投资者合法权益的内幕交易、操纵市场等证券纠纷案件则不在处理范围之内;原告仅可以单独或共同诉讼方式起诉,人数不确定的代表人诉讼(集团诉讼)方式被排除在外;将行政处罚或刑事裁判作为提起证券纠纷诉讼的前置条件。[②] 可见,证券纠纷代表人诉讼制度彼时仍受到诸多限制,其原因可能在于当时的代表人诉讼制度尚不完善,且极易引发群体性事件。

3. "升级"阶段

自《通知》和《若干规定》正式确立证券纠纷民事诉讼制度以来,各级法院逐渐积累起丰富的司法实践经验,形成了诸多优秀判例,[③]取消《通知》和《若干规定》中设立的前置程序的呼声亦随之日益高涨。设置

---

① 由于我国《民事诉讼法》中并无"集团诉讼"概念,因此《通知》中所称"集团诉讼"应指人数不确定的代表人诉讼。这意味着《通知》原则上否定了人数不确定代表人诉讼制度在证券纠纷案件中的适用。参见张国平:《证券群体诉讼:路径与模式》,《江苏社会科学》2013年第 4 期。

② 对证券纠纷案件受理设立前置程序可能出于以下三方面考虑:一是防止滥用诉讼手段解决证券纠纷,二是为了解决原告起诉时举证困难的问题,三是法院人力和法官能力有限。参见方军雄、张国康:《美国审计相关法律制度的新趋势及对我国的启示》,《上海立信会计学院学报》2006年第 2 期。

③ 例如"大庆联谊、申银万国虚假陈述案""柏松华诉广夏虚假陈述案""东方电子虚假陈述案"。这三个典型案件充分表明了证券纠纷代表人诉讼制度的合理性,同时也奠定了该制度的实践基础。参见刘云亮:《证券民事纠纷代表人诉讼制度的适用性》,《法治研究》2013年第 7 期。

前置程序是特定历史时期因应证券市场不成熟和审判经验不足的权宜之计。随着我国在代表人诉讼制度方面的司法经验不断丰富以及证券市场逐渐成熟，前置程序所发挥的作用日渐微弱，不仅阻碍了证券纠纷群体诉讼制度的发展，更可能削弱代表人诉讼制度对于证券市场的净化作用。2015 年年底，最高人民法院发布《关于当前商事审判工作中的若干具体问题的意见》，证券侵权纠纷立案的前置条件"寿终正寝"，各地法院被允许就代表人诉讼的具体方式展开探索和实践。[1]

直至 2019 年《证券法》修订前，各地法院受理虚假陈述等证券群体纠纷案件的"主流"诉讼模式其实是以拆分案件为基础的中国式"示范诉讼"。[2] 该诉讼模式的最大特点是减少甚至省略了投资者之间就诉讼行为进行沟通、协商的过程，直接由法院全程掌控案件审理节奏。虽然也强调"选取具有共通事实和法律争点的案件"先行审理，但实质上是在法院主导的基础上，通过对"典型"案件进行判决或调解作出"示范"，以其他平行案件参照适用的方式化解证券群体纠纷。可见其属于典型的法院"职权主导式"诉讼程序。此类司法实践可谓毁誉参半，其虽然回应了平稳化解证券群体纠纷的现实需求，但因其适用范围有限且代理成本高而无法完全实现群体性诉讼程序的制度功能。[3] 在虚假陈述民事赔偿

---

[1] 证券市场的一大矛盾是投资主体追求合理投资回报和资本市场发展不平衡之间的矛盾，该矛盾主要体现为违法者失信收益远高于失信损失、守法者守信成本远高于守信收益、中小投资主体维权门槛过高三个方面。参见刘俊海：《〈证券法〉修订完善资本市场治理》，《中国金融》2020 年第 2 期。为了进一步规范证券市场发展、加强投资者权益保护，最高人民法院于 2019 年 11 月发布的《全国法院民商事审判工作会议纪要》在"关于证券纠纷案件的审理"部分，对代表人诉讼制度作了较为详细的规定。例如，第 80 条规定，有条件的人民法院可以开展代表人诉讼制度的个案试点工作；第 81 条规定了由虚假陈诉所引发的证券侵权案件立案登记的适用原则，即法院可根据虚假陈述的数量、性质、时间点等，将涉案投资主体作为共同原告一并进行立案登记。

[2] "示范诉讼"（Musterprozess）与"示范判决"（Musterrurteil）概念均源自德国的司法实务，系指某一诉讼的纠纷事实与其他纠纷事实的主要部分相同，该诉讼经过法院审理并作出判决后，其裁判结果可以成为其他纠纷裁判的依据。参见沈冠伶：《示范诉讼契约之研究》，《台湾大学法学论丛》2004 年第 33 卷第 6 期。

[3] 参见叶林、王湘淳：《我国证券示范判决机制的生成路径》，《扬州大学学报（人文社会科学版）》2020 年第 2 期。

案件中,律师们的代理行为走在了立法者前面,[①]尽管此类案件的裁判文书依然坚持"分别立案""分别裁判"的原则,但已有部分律师通过各种渠道积极"募集"投资者授权、协调其一致行动,形成了"实质性"代表人诉讼程序操作模式。有学者在对部分律师进行调研后发现,相较于案件本身的代理费用,专门"募集"投资者、从事此类诉讼业务的执业律师大多更注重通过代理此类案件锻炼团队、扩大社会影响力、获得上市公司及中介机构等潜在客户关注。因此,证券纠纷代表人诉讼在实务层面的发展其实是以律师为代表的法律服务业积极拓展业务方向的结果。[②]

新《证券法》在"投资者保护"一章新增代表人诉讼制度,是我国证券法律规范在投资者保护问题上的重大进步。根据该法第 95 条第 2 款,所有在法院完成登记的涉案投资者均有资格分享胜诉成果。该条第 3 款还进一步引入了"默示加入、明示退出"的代表人诉讼方式,为投资者的权益提供了更全面的保护。[③] 2020 年 3 月 13 日,杭州市中级人民法院首次采用人数不确定的代表人诉讼方式审理证券纠纷案件。[④] 3 月 24 日,上海金融法院在全国率先发布《关于证券纠纷代表人诉讼机制的规定(试行)》,为证券纠纷代表人诉讼制度的适用提供系统的规则指引。至此,我国证券纠纷代表人诉讼制度体系在《民事诉讼法》《证券法》以及相关司法解释和规范性文件的统领下得到全面升级。

(二) 强制退市情形代表人诉讼制度的现实困境

目前,"双轨制"代表人诉讼制度在强制退市情形的适用面临困境。应当承认,"双轨制"证券纠纷代表人诉讼的制度安排是为了协调和配

---

① 在 2019 年新修订的《证券法》增加第 95 条之前,已有部分律师事务所和执业律师积极投身其中,只是实际参与代理投资者进行诉讼的律所数量不多,法律服务市场集中程度较高。徐文鸣:《证券民事诉讼制度的实证研究》,《中国政法大学学报》2017 年第 2 期。

② 参见刘君博:《"双轨制"证券纠纷代表人诉讼的阶段化重构》,《西南民族大学学报(人文社会科学版)》2021 年第 11 期。

③ 在康美药业案件中,由于投资者在揭露日等区间计算方面与投服中心意见不同,共有 9 位投资者以"明示"方式退出代表人诉讼。

④ 参见该院发布的《"15 五洋债""15 五洋 02"债券自然人投资者诉五洋建设集团股份有限公司等人证券虚假陈述责任纠纷系列案件公告》。

合《民事诉讼法》第53条、第54条的实施，同时也反映出我国立法者希望借此实现保护投资者合法权益、遏制滥用诉讼实施权和规范上市公司行为这三大核心立法目标的兼顾和协同推进。随着注册制改革全面实行，进一步强化退市投资者的事后救济途径成为规范上市公司履行投资者保护职责的应有之义。2024年4月，证监会发布《关于严格执行退市制度的意见》，明确提出要以更大力度落实投资者赔偿救济，在上市公司重大违法类强制退市情形推动代表人诉讼制度的应用，切实维护退市投资者的合法权益。

代表人诉讼制度属于舶来品，若全盘移植美国集团诉讼相关制度设计、采取"默示加入、明示退出"的诉讼机制，在强制退市情形下，则可能引发律师等相关主体恶意挑讼的不利后果，损害证券市场的有序发展。在此意义上，《证券法》第95条第1款和第2款其实是《民事诉讼法》第53条、第54条规定的人数确定代表人诉讼和人数不确定代表人诉讼在证券群体纠纷中的"投射"，虽然原有司法解释对代表人诉讼司法适用的限制得以解除，但退市投资者的诉讼权利并无实质性变化。《证券法》修订最大的制度亮点可能要属第95条第3款的引入，该条款明确赋予投资者保护机构提起"默示加入、明示退出"型代表人诉讼的适格主体资格。有学者认为这种诉讼资格的"有限赋予"表明立法者担心全面放开代表人诉讼可能对证券市场造成冲击。[1] 然而如前所述，由于现行证券法规范在普通代表人诉讼与特别代表人诉讼的关系方面的缺位，立法者这种兼顾"放权"与"收权"的制度设计可能引发"放权不充分、收权不到位"的混乱。[2]

《证券法》第95条仅规定，对于已经启动的人数不确定的普通代表人诉讼来说，投资者保护机构接受50名以上投资者委托即可启动特别代表人诉讼程序，但却未就"双轨制"证券纠纷代表人诉讼的程序要件

---

[1] 参见刘君博：《"双轨制"证券纠纷代表人诉讼的阶段化重构》，《西南民族大学学报（人文社会科学版）》2021年第11期。

[2] 参见刘君博：《"双轨制"证券纠纷代表人诉讼的阶段化重构》，《西南民族大学学报（人文社会科学版）》2021年第11期。

作出系统规定,留下很大的制度漏洞。① 其实,普通代表人诉讼在化解退市群体纠纷中同样存在适用空间,之所以目前效果不彰主要是现行诉讼费用转付制度为律师提供的直接激励不足所致。更为严重的是,本就对诉讼担当人激励不足的普通代表人诉讼还面临着被投资者保护机构随时"接手"的风险,代理律师前期付出的沟通、协调成本可能完全付之东流。② 因此,规范解释"双轨制"证券纠纷代表人诉讼司法适用的程序要件对该制度设计能否实现其立法目的和预设的制度功能至关重要。此外,在强制退市情形下,投资者保护机构在代表人诉讼程序中扮演的角色多达四种:特别代表人诉讼的适格原告、支持起诉原则下普通代表人诉讼中的代理人、鉴定人以及证券纠纷调解程序中的调解人。各角色之间的利益冲突问题在所难免,甚至可能因其在特别代表人诉讼中的"垄断"地位而带来权力寻租的新风险。③ 由此可见,为有效发挥"双轨制"证券纠纷代表人诉讼制度的优势,清晰界定投资者保护机构在强制退市投资者诉讼纠纷中的权与责是必须完成的作业。

综上所述,相较于我国特色的"示范诉讼"司法实践,在强制退市情形引入代表人诉讼制度无疑是可喜的进步。代表人诉讼程序的正确适用可以有效缓解法院在退市案件中的审判压力,法院与当事人权责的合理配置也将得到进一步明晰。然而同样应该清楚地认识到,要想实现立法者所设定的多重立法目标,必须在理顺"双轨制"证券纠纷代表人诉讼内在制度逻辑的基础上对现行制度予以完善、明晰投资者保护机构在纠纷解决程序中的权与责。

(三) 强制退市情形代表人诉讼制度的完善方案

1. 强制退市情形普通代表人诉讼制度的完善方案

在强制退市情形下,我国的普通代表人诉讼仍属于典型的"市场

---

① 参见王瑞贺:《中华人民共和国证券法释义》,北京:法律出版社,2020 年,第 191 页。

② 参见陈洁:《证券纠纷代表人诉讼制度的立法理念与制度创新》,《人民司法》2020 年第 28 期。

③ 参见程合红:《〈证券法〉修订要义》,北京:人民出版社,2020 年,第 204 页。

化"证券群体诉讼模式。虽然在《证券法》修订之前已有律师积极开展普通代表人诉讼的相关实践,但多数法院仍对此类诉讼持排斥态度。其实,普通代表人诉讼之所以长期被搁置,主要因为对代理律师缺乏有效激励。[①] 若不及时化解这一难题,则未来强制退市领域的普通代表人诉讼仍将被原告方代理律师与被告方通谋的高风险所笼罩。实际上,普通代表人诉讼应然功能的发挥,需要妥适的诉讼参与主体激励机制和程序控制保障机制的保驾护航。

在强制退市领域的普通代表人诉讼中,第一,普通代表人诉讼中代理律师应当在退市投资者集体行动的协调方面起到主导作用。[②] 第二,应充分发挥律师费等费用转付机制的激励功能。[③] 第三,需要对法院的程序管理权进行大幅调整。作为化解退市投资者纠纷的主要程序形态,代表人诉讼相较于示范诉讼最大的优势在于能够更合理地平衡法院与当事人之间的权责分配。具言之,通过让渡部分程序管理的权责给代理律师,激励其更好地承担与退市投资者进行沟通并协调其集体行动的职责。此外,法院的核心任务聚焦于对所有诉讼当事人的诉讼行为进行裁判和监督。[④] 再者,鉴于退市投资者群体纠纷案件的诸多特点,为

---

① 目前,从事虚假陈述民事赔偿案件业务的律师大多希望通过扩大案件的影响力进而获得作为被告方的中介机构、上市公司及其控股股东或者实际控制人的关注。

② 尽管《证券法》第95条明确规定,"默示加入"规则仅适用于特别代表人诉讼,但依据2019年修订的《最高人民法院关于民事诉讼证据的若干规定》第20条,主导普通代表人诉讼的律师完全可以通过申请法院向中国证券登记结算有限责任公司调查收集证据的方式,获取权利人名单,进而通过个别沟通获得相应的委托授权。这样既可以在诉讼初期尽早明确权利人范围,又可以提高普通代表人诉讼中的诉讼标的额,促进证券群体纠纷的一次性解决。

③ 参见《关于证券纠纷代表人诉讼若干问题的规定》第25条的规定。在采取"明示加入"规则的普通代表人诉讼中,律师在诉讼前期为了协调投资者一致行动所付诸的沟通成本较高,如果仍按照现行《诉讼费用交纳办法》以及律师收费相关行业准则的要求,律师只能从自然人投资者那里收取律师费。即使采取胜诉酬金制,也可能会引发新的纠纷,故而收入并不稳定。若采取败诉方支付律师费的方式,则能更好地激励原告律师积极协调投资者集体行动。因此,可以考虑在解释论上将第25条的适用范围扩大至法院委托或委派调解程序,进一步激励律师积极参与法院调解。

④ 一方面,法院要对代表人及代理律师提出的撤诉、和解、变更或者放弃诉讼请求、承认对方当事人诉讼请求等诉讼行为进行实质审查,在必要情况下可以裁定驳回并与全体当事人协商更换代表人及代理律师;另一方面,就调解程序而言,除了需要满足不存在违反法律、行政法规的强制性规定,违背公序良俗以及损害他人合法权益等实质要(转下页)

进一步提高司法效率法院可考虑扩大电子送达和在线诉讼的适用。

2. 强制退市情形特别代表人诉讼制度的完善方案

现行《证券法》未界定"投资者保护机构"的含义,证监会在《关于做好投资者保护机构参加证券纠纷特别代表人诉讼相关工作的通知》中将其限定为投服中心和中国证券投资者保护基金有限责任公司(以下简称为"投保基金公司")。此二者在性质上虽均属于企业法人,但亦是证监会直属的证券金融类公益机构。可见,我国的特别代表人诉讼可以定性为"科层化"证券群体诉讼模式。不过,"科层化"证券群体诉讼模式虽然具有有效防止诉讼权利滥用的优势,但其劣势同样明显,其对诉讼主体的激励不足、独立性存疑、诉讼能力欠缺,在处理数量巨大的证券群体诉讼案件时往往捉襟见肘。① 加上现行《证券法》及司法解释未明确规定投资者保护机构启动特别代表人诉讼程序的条件,导致普通代表人诉讼律师完成的工作可能随着特别代表人诉讼程序的启动而化为"无用功",这是立法缺位导致的明显不合理结果。因此,为了摘掉悬在普通代表人诉讼头上的"达摩克利斯之剑",有学者认为特别代表人诉讼必须回归"公益救济"的定位,具体实现路径是对其启动条件进行目的性限缩解释,明确其对普通代表人诉讼运行的事后监督职能。②

在强制退市情形下,特别代表人诉讼与普通代表人诉讼之间的关系应当是"递进式"或者"阶段化"的,即仅在普通代表人诉讼无法发挥应有制度功能时,特别代表人诉讼方可启动。这也得到了立法的肯认,最高人民法院起草《关于证券纠纷代表人诉讼若干问题的规定》(以下简称《代表人诉讼规定》)的过程中曾有"递进说""并行说"③和"排斥说"

（接上页）件外,法院还应当给予对调解协议草案有异议的原告充分的程序保障。

① 参见吕成龙:《投保机构在证券民事诉讼中的角色定位》,《北方法学》2017 年第 6 期。

② 参见刘君博:《"双轨制"证券纠纷代表人诉讼的阶段化重构》,《西南民族大学学报(人文社会科学版)》2021 年第 11 期。

③ 有学者认为特别代表人诉讼与普通代表人诉讼是并列关系,原因主要有以下几点。第一,二者内在逻辑存在差异。特别代表人诉讼以"投保机构主导"和"选择退出制"为核心特征,而普通代表人诉讼的特点是"推荐代表人"与"选择加入制"。第二,普通代表人诉讼在实践中适用比例较低。第三,不同管辖法院对权利人登记范围可能存在不同认知。参见华东政法大学肖宇课题组:《证券特别代表人诉讼实践若干问题研究》,(转下页)

三种观点,《代表人诉讼规定》最后采纳了符合《证券法》原意的"递进说",[①]认为普通代表人诉讼是特别代表人诉讼的启动前提。就强制退市情形特别代表人诉讼程序启动的实质性要件而言,特别代表人诉讼应当以普通代表人诉讼运行失范为前提。[②] 鉴于法院职权主导式的程序转换经常超出退市投资者的诉讼预期,同时对律师参与普通代表人诉讼的积极性造成打击,因此特别代表人诉讼可以通过诉讼参加、提起上诉以及提起审判监督程序等方式启动,以便恢复代表人诉讼的"对抗制"程序架构。需注意的是,特别代表人诉讼本质上属于事后的救济和监督程序,不应随时主动发起。

在案件选取机制方面,鉴于目前的证券群体诉讼主要以虚假陈述为主,故选取的退市案件应是由虚假陈述导致的重大违法类强制退市案件,且案件应当具有重大性、典型性、社会影响恶劣等突出特点。此外,选取案件时还需考虑其他因素,例如退市投资者自助维权的难度、胜诉可能性、被告赔付能力等。[③] 就可被投服中心代表的退市投资者的范围而言,总体原则是,遭受退市损害的投资者应当平等获得保护。但是在个案中,还需注意如下情形。第一,退出权的权利主体不宜区分个人投资者与机构投资者。第二,明显不符合条件的投资者应被排除在外,如对公司强制退市负有责任的控股股东。第三,对于是否应排除机构投资者,法院宜在个案中根据案件的具体情况作出决定,尤其需要关注投资者所受的损失与违法行为之间是否存在因果关系。在投资者参与诉讼的激励机制方面,除不预缴案件处理费、申请财产保全可不提供担保、可申请减交或免交诉讼费等优惠之外,为进一步提高退市投资

(接上页)郭文英主编:《投资者》第18辑,第63页。

① 最高人民法院民事审判第二庭:《最高人民法院证券纠纷代表人诉讼司法解释理解与适用》,北京:人民法院出版社,2021年,第22—188页。《证券法》第95条第3款使用的是"参加"而非"提起",即特别代表人诉讼与普通代表人诉讼在逻辑上存在着一种"递进关系"。
② 一般指普通代表人诉讼的代表人或代理律师与被告存在通谋、损害其他投资者利益等情形。
③ 参见华东政法大学肖宇课题组:《证券特别代表人诉讼实践若干问题研究》,郭文英主编:《投资者》第18辑,第64—65页。

者参与诉讼的意愿,可考虑由投保机构与证券投资者保护基金联动,在无法实现全额赔付时由投资者保护基金率先对退市投资者进行一定比例的赔付,之后再向相关责任主体进行追偿。[①]

在赔偿金分配方面,退市投资者的损失数额一般根据移动加权平均法、同步指数对比法、收益率曲线同步对比法进行核定,然后根据退市投资者的损失数额比例对赔偿金进行分配。目前,赔偿金主要由法院进行分配。为了实现更加及时、准确的赔偿金分配结果,可考虑选任赔偿金分配管理人,由分配管理人在法院的监督下实施分配。在我国,可考虑由证监会设立相关部门或直接由投资者保护基金担任上述分配管理人角色。[②] 在公益律师激励方案方面,仅提供食宿交通补助的现行方案无法为优秀的公益律师提供可持续性的履职保障,不利于特别代表人诉讼制度的长远发展。建议从赔偿金中抽取一定比例,与津贴及其他财政拨款共同组建专项律师补贴基金,并参考案件复杂程度、律师工作量、工作时长等因素形成浮动的律师补助标准,切实保障公益律师的收入。[③]

3. 强制退市情形投资者保护机构在代表人诉讼中的权与责

有必要深入讨论现行《证券法》规定的"投资者保护机构"在普通代表人诉讼、特别代表人诉讼以及退市投资者经济纠纷调解程序中的权责配置问题。根据《证券法》的界定,投资者保护机构在退市投资者群体诉讼中至少扮演如下四种程序主体角色,分别是特别代表人诉讼的适格原告、退市投资者与发行人、证券公司之间纠纷的调解人、代理人、鉴定人。不难发现,投资者保护机构的定位在非诉讼程序与诉讼程序中存在明显的角色冲突,而这种冲突很可能源于投资者保护的实体法

[①]　参见华东政法大学肖宇课题组:《证券特别代表人诉讼实践若干问题研究》,郭文英主编:《投资者》第 18 辑,第 67 页。

[②]　参见华东政法大学肖宇课题组:《证券特别代表人诉讼实践若干问题研究》,郭文英主编:《投资者》第 18 辑,第 72 页。

[③]　参见华东政法大学肖宇课题组:《证券特别代表人诉讼实践若干问题研究》,郭文英主编:《投资者》第 18 辑,第 74 页。

逻辑与证券纠纷群体诉讼的程序法逻辑之间的竞合。[1] 就前者而言，作为重要的非诉讼纠纷解决机制之一，投资者保护机构在尊重退市投资者意思自治的前提下行使调解权理所当然。而后者作为诉讼程序以协调退市投资者的集体行动为其制度设计的根本宗旨，着眼于应对证券市场中的集团诉讼问题。因此，投资者保护机构原则上不得同时参与解决同一实体问题的两类不同性质的程序。虽然在对普通代表人诉讼与特别代表人诉讼的关系进行重新梳理后，可在某种程度上避免该问题，但基于避免程序利益冲突的考虑，在调解不成时，投资者保护机构也不得再以其他程序主体身份参加普通代表人诉讼程序。

接下来的问题是如何清晰界定"双轨制"退市投资者纠纷代表人诉讼中投资者保护机构的权与责。根据现有司法实践，投服中心等投资者保护机构通常以两种途径参与退市投资者诉讼活动：一是直接作为退市投资者的代理人参与诉讼，代理原告方陈述案件事实、调查证据和进行法庭辩论；二是为证券民事赔偿诉讼中的因果关系、损害赔偿数额的认定提供评估意见。不论采取何种途径，投服中心的行为依据均为《民事诉讼法》第 15 条规定的支持起诉原则。[2] 根据其章程，投服中心作为营利性的公益机构（企业法人），被理解为"机关、社会团体、企业事业单位"等支持起诉主体应无问题。然而在司法实践中，支持起诉原则的制度落实主要体现在物质援助和事实、证据提供等方面的支持。可见，现行《民事诉讼法》上的支持起诉原则实际上并没有将支持起诉人视为此类诉讼的适格原告，甚至亦未赋予其此类诉讼的参加权。然而，既然《证券法》第 95 条第 3 款已经直接赋予投资者保护机构提起特别代表人诉讼的适格原告资格，那么投资者保护机构参与退市投资者群

---

① 参见刘君博：《"双轨制"证券纠纷代表人诉讼的阶段化重构》，《西南民族大学学报（人文社会科学版）》2021 年第 11 期。

② 在制度渊源上，支持起诉原则源于苏联法上的"社会干预人起诉和参与诉讼"的相关内容，但 1982 年《民事诉讼法（试行）》在立法过程中全面删除了社会干预的相关内容。参见陈刚：《支持起诉原则的法理及实践意义再认识》，《法学研究》2015 年第 5 期。修订后的《证券法》第 94 条第 2 款也规定，投资者保护机构对损害投资者利益的行为，可以依法支持投资者向人民法院提起诉讼。

体纠纷诉讼无疑应遵循支持起诉原则。因此,在退市投资者群体纠纷诉讼中,投资者保护机构必须在"当事人"与"中立裁判者"之间作出取舍,若其选择接受法院的委托或者委派对虚假陈述民事赔偿案件进行调解,则其提起特别代表人诉讼的权利必将受限。

为保护投资者合法权益、促进证券市场发展,我国立法者针对证券群体性诉讼程序创造性地作出"双轨制"证券纠纷代表人诉讼这一独特制度安排,其规范适用对于兼顾公平理念指导下的我国退市投资者诉讼路径的完善具有重大意义。作为新生事物,对该制度的解释适用既应遵循程序法理的基本要求,又应在兼顾多重立法目标的前提下合理区分其制度功能,其中"阶段化重构"是必须完成的工作。此外,《证券法》作为商事特别法,需要依循实体与程序的多重制度逻辑继续坚持投资者保护机构公益性机构的基本属性,同时加强其核心职能,适度剥离可替代性功能,以实现清晰的权责划定。再有,鼓励更多的研究性机构和社会组织通过多种方式协助证券群体纠纷的解决,以证券纠纷代表人诉讼程序的"社会化"发展激励法律服务行业的积极参与。

结　　论

　　本书的主要研究对象是注册制下上市公司退市法律规制。退市包括主动退市与强制退市两类，上市公司退市制度是资本市场重要的基础性制度。核准制下行政权力的过度干预导致我国 A 股市场陷入"上市难，退市更难"的窘境，严重阻碍了市场的优胜劣汰。注册制改革在通畅市场"入口"的同时亦为作为市场"出口"的退市制度改革提供了绝佳历史机遇。法律是利益平衡的艺术，退市中的利益冲突主要体现为效率与公平的博弈，为中小投资者提供适切保护是退市法律规制的核心。遗憾的是，现行法暴露出严重的规制理念扭曲与规制路径偏差，导致主动退市中的"赋权型"规制因"错位保护"异化为"阻碍退市制度"，而强制退市中的"效率导向型"规制因"保护不足"无法有效弥补投资者的实际损失。为构建市场化、法治化、常态化的退市制度，及时矫正并重构退市规制路径已迫在眉睫。

　　对于决议式主动退市来说，在规制理念层面，应推动投资者"赋权型"规制理念向投资者"补偿型"规制理念转换。投资者"赋权型"规制理念的重点在于强化少数股东的表决权，主要通过创设类别决议使少数股东在退市决策中发挥更大的影响力。然而投资者的损失主要体现为财产损失，为补偿财产损失赋予其以保障人身权为核心要义的表决权存在供需错位。投资者"补偿型"规制理念能更精准地满足投资者在主动退市中的受保护需求，更均衡地处理公司自治与投资者保护之间的利益冲突，且更契合退市投资者保护问题的法教义学归属。在规制路径层面，应推动规制路径由"公司法"路径向"证券法"路径转换。现行法将退市等同于公司结构性措施，将投资者等同于类别股股东，试图通过强化投资者的表决权压制退市决议，是按照公司法中的股东保护理解证券法中的投资者保护的产物。退市投资者保护问题的部门法归属并非公司法中的股东保护，而是证券法中的投资者保护。二者在保护功能方面存在区别，前者保护的是作为股份"所有者"的股东，而后者保护的是作为股份"交易者"的投资者。投资者"补偿型"证券法路径的定位是证券收购制度框架内的强制要约，收购人须向所有投资者发出以特定价格收购股票的公开要约，该要约须为完全要约，且须以现金为对价。

对于私有化退市来说，控股股东的战略抉择自由与中小投资者权益保护之间存在着较为严重的利益冲突，铺设合理的中小投资者权益保护路径是解决上述利益冲突的重中之重，亦是私有化退市法律规制的核心问题。为了实质性地化解私有化退市情形的利益冲突，有必要构建内部机制与外部机制相结合的利益冲突平衡机制。对于内部机制来说，宜借鉴美国经验构建能够切实代表中小投资者利益的由独立董事组成的董事会特别委员会，并将少数股东多数决确定为任意性规范。为了确保独立董事的独立性，应合理设置控股股东与公众股东投票的权重，使独立董事能够代表中小投资者的利益参与谈判。无论是在要约收购型私有化退市情形还是在吸收合并型私有化退市情形，董事会特别委员会均应代表中小投资者权益参与要约定价或者换股定价的讨论。将少数股东多数决制度确定为任意性规范意味着，根据企业遵守该任意性规范的具体情况设计差异化的监管尺度。在外部机制方面，建议借鉴美国 13e - 3 规则，通过法定完善的信息披露制度确保价格条款的公平性。公司应披露价格制定的依据与对价格公平性进行评估的过程。此外，我国宜在要约收购型私有化退市中引入余股强制挤出制度，并遵循"或然关系模式"将挤出确定为私有化退市的特殊情形。应选择更为温和的"单一比例门槛"，并根据不同的股权分布情况设置差异化的挤出门槛阈值。在臂长交易情形下，可直接将前序收购要约价格确定为挤出价格。在自我交易情形下，宜制定整体主义视角下内外机制相结合的公平价格保障机制。

对于强制退市来说,在规制理念层面,应推动由"效率导向型"规制理念向"兼顾公平型"规制理念转换。现行法遵循"效率导向型"规制理念,试图通过等待期与降板交易制度弥补投资者因强制退市丧失的交易机会,此种奉发达资本市场国家保护理念为圭臬的做法缺乏对本土问题的回应力,"形式上"的交易机会补偿无力"实质性"地弥补投资者遭受的巨大财产损失。"兼顾公平型"规制理念能够更好地平衡效率利益与公平利益、更有针对性地补偿投资者因退市遭受的经济损失。在规制路径层面,应推动建立以非诉程序为主、诉讼程序为辅,及时高效的常规投资者损害赔偿救济机制。在反思强制退市中孱弱的等待期制度与降板交易制度的基础上,构建以先行赔付与欺诈发行责令回购制度等非诉路径为主,以代表人诉讼等诉讼路径为辅的证券法保护路径。对先行赔付制度来说,从赔付主体、资金来源、赔付范围、赔付金额与赔付激励多个方面提出强制退市情形适用先行赔付制度的若干建议。对于欺诈发行责令回购制度来说,在回购主体、回购对象、回购价格、资金保障等方面铺设回购制度在强制退市情形的优化路径。对于代表人诉讼制度来说,分别针对强制退市情形普通代表人诉讼与特别代表人诉讼提出相应完善路径。

参考文献

一、中文著作

1. 程合红:《〈证券法〉修订要义》,北京:人民出版社,2020 年。
2. 程啸:《侵权责任法》(第三版),北京:法律出版社,2021 年。
3. 范健、王建文:《证券法》,北京:法律出版社,2007 年。
4. 郭锋等:《中华人民共和国证券法制度精义与条文评注》,北京:中国法制出版社,2020 年。
5. 韩颂善主编:《市场机制概论》,济南:山东大学出版社,1997 年。
6. 郭文英主编:《投资者》第 18 辑,北京:法律出版社,2022 年。
7. 李东方:《证券监管法论》,北京:北京大学出版社,2019 年。
8. 刘东涛:《中国股票发行注册制:法律理论与实务》,北京:法律出版社,2021 年。
9. 安青松主编:《创新与发展:中国证券业 2020 年论文集》,北京:中国财政经济出版社,2021 年。
10. 缪若冰:《中国公司法的制度建构要素分析》,北京:中国社会科学出版社,2022 年。
11. 屠光绍主编:《证券交易所:现实与挑战》,上海:上海人民出版社,2000 年。
12. 王汝芳:《中国资本市场化研究》,天津:南开大学出版社,2009 年。
13. 王瑞贺:《中华人民共和国证券法释义》,北京:法律出版社,2020 年。
14. 王泽鉴:《侵权行为》,北京:北京大学出版社,2016 年。
15. 王泽鉴:《债法原理》(第一册),北京:中国政法大学出版社,2001 年。
16. 肖钢:《中国资本市场变革》,北京:中信出版社,2020 年。
17. 周正庆主编:《证券知识读本》,北京:中国金融出版社,1998 年。
18. 朱锦清:《证券法学》,北京:北京大学出版社,2019 年。
19. 最高人民法院民事审判第二庭:《最高人民法院证券纠纷代表人诉讼司法解释理解与适用》,北京:人民法院出版社,2021 年。

二、中文论文

1. 安青松:《以注册制改革为牵引推动中国特色投资者保护新实践》,《清华金融评论》2022 年第 6 期。
2. 曹凤岐:《从审核制到注册制:新〈证券法〉的核心与进步》,《金融论坛》2020 年第 4 期。

3. 曹凤岐:《推进我国股票发行注册制改革》,《南开学报(哲学社会科学版)》2014年第2期。

4. 曹真真、李芊:《论先行赔付制度的构建与完善》,《金融理论与实践》2017年第11期。

5. 陈醇:《意思形成与意思表示的区别:决议的独立性初探》,《比较法研究》2008年第6期。

6. 陈刚:《支持起诉原则的法理及实践意义再认识》,《法学研究》2015年第5期。

7. 陈辉、金山、顾乃康、吴梦菲:《我国多层次资本市场的制度变迁逻辑研究》,《西部论坛》2023年第1期。

8. 陈见丽:《基于注册制视角的上市公司退市制度改革研究》,《学术交流》2009年第3期。

9. 陈洁:《科创板注册制的实施机制与风险防范》,《法学》2019年第1期。

10. 陈洁:《投资者到金融消费者的角色嬗变》,《法学研究》2011年第5期。

11. 陈洁:《证券纠纷代表人诉讼制度的立法理念与制度创新》,《人民司法》2020年第28期。

12. 陈洁:《证券民事赔偿诉讼取消前置程序的司法应对——以虚假陈述民事赔偿为视角》,《证券市场导报》2021年第5期。

13. 陈洁:《证券民事赔偿责任优先原则的实现机制》,《证券市场导报》2017年第6期。

14. 陈洁:《证券市场先期赔付制度的引入及适用》,《法律适用》2015年第8期。

15. 陈明森:《企业进入退出:社会资源有效配置的微观机制》,《中国经济问题》2001年第3期。

16. 陈甦:《商法机制中政府与市场的功能定位》,《中国法学》2014年第5期。

17. 陈霄:《德国宪法上的财产权保障与股东权利》,《华东政法大学学报》2016年第1期。

18. 陈邑早、王圣媛:《论中国式注册制信息披露革新:理念、实践与建议》,《当代经济管理》2019年第12期。

19. 戴豫升、韩寒:《注册制下我国证券市场信息披露的优化路径——基于供给义务与市场约束视角》,《银行家》2021年第5期。

20. 戴豫升:《以全面注册制为契机深化资本市场改革》,《清华金融评论》2023年第3期。

21. 丁丁、侯凤坤:《上市公司退市制度改革:问题、政策及展望》,《社会科学》2014年第1期。

22. 丁宇翔:《证券虚假陈述前置程序取消的辐散效应及其处理》,《财经法学》2021年第5期。

23. 东北证券-复旦大学课题组:《注册制新股发行市场化改革成效及其优化研究》,《证券市场导报》2022年第2期。

24. 董安生、吴建丽:《退市中的投资者保护》,《中国金融》2016年第12期。

25. 董登新:《A股退市中的政府角色》,《中国金融》2016年第12期。

26. 董新义、刘明:《收购人余股强制挤出权的保障及制衡》,《证券法苑》2017年第2期。

27. 方军雄、张国康:《美国审计相关法律制度的新趋势及对我国的启示》,《上海立信会计学院学报》2006年第2期。

28. 方鸣、谢敏:《中国共产党领导下的资本市场发展:历史回溯、理论探索与实践趋向》,《上海经济研究》2021年第8期。

29. 冯根福、石军、韩丹:《股票市场、融资模式与产业结构升级——基于中国A股市场的经验证据》,《当代经济科学》2009年第3期。

30. 冯卉、李鹏:《完善资本市场转板制度》,《中国金融》2023年第7期。

31. 冯科、李钊:《中外退市制度比较分析》,《首都师范大学学报(社会科学版)》2014年版第5期。

32. 付彦、邓子欣:《浅论深化我国新股发行体制改革的法治路径——以注册制与核准制之辨析为视角》,《证券市场导报》2012年第5期。

33. 傅捷、华生、汲铮:《关键历史节点与资本市场股票发行制度演进》,《东南学术》2022年第5期。

34. 傅祥斐、张开元、李想:《注册制以信息披露为核心的理念与资本市场功能提升:路径与机理》,《财会通讯》2022年第20期。

35. 甘培忠、张菊霞:《IPO注册体制下证券监管机构的功能调整——从证监会和交易所分权视角观察》,《法律适用》2015年第7期。

36. 高西庆:《论证券监管权——中国证券监管权的依法行使及其机制性制约》,《中国法学》2002年第5期。

37. 高永深:《论异议股东股份回购请求权》,《河北法学》2008年第4期。

38. 戈宏、惠佳颖:《从退市标准的差异看完善我国的退市制度》,《金融论坛》2001年第7期。

39. 葛其明、徐冬根:《多层次资本市场建设下的差异化信息披露制度——兼论科创板信息披露的规制》,《青海社会科学》2019年第3期。

40. 耿志民:《论中国股票发行变迁的内在机制》,《郑州大学学报(哲学社会科学版)》2007年第3期。

41. 巩海滨、王旭:《证券市场先行赔付制度研究》,《财经法学》2018年第6期。

42. 辜胜阻、庄芹芹、曹誉波:《构建服务实体经济多层次资本市场的路径选择》,《管理世界》2016年第4期。

43. 顾连书、王宏利、王海霞:《我国新股发行审核由核准制向注册制转型的路径选择》,《中央财经大学学报》2012年第11期。

44. 郭雳、吴韵凯:《虚假陈述案件中证券服务机构民事责任承担再审视》,《法律适用》2022年第8期。

45. 郭雳:《进一步完善〈三审稿〉相关规定,构建规范透明开放有活力有韧性的资本市场》,《多层次资本市场研究》2019年第1辑。

46. 郭雳:《上市公司私有化交易的审查标准与利益平衡——主动退市的境外经验与启示》,《证券法苑》2014年第3期。

47. 郭雳:《证券欺诈法律责任的边界——新近美国最高法院虚假陈述判例研究》,《中外法学》2010年第4期。

48. 郭艳芳:《新〈证券法〉视角下先行赔付制度的探讨》,《金融与法律》2021年第8期。

49. 何牧原、张昀:《中国新三板市场的兴起、发展与前景展望》,《数量经济技术经济研究》2017年第4期。

50. 何庆江:《论我国证券民事赔偿中的弱者保护——以虚假陈述制度为中心》,《政法论丛》2003年第6期。

51. 胡海峰、罗惠良：《多层次资本市场建设的国际经验及启示》，《中国社会科学院研究生院学报》2010年第1期。

52. 胡建淼、胡晓军：《行政责令行为法律规范分析及立法规范》，《浙江大学学报（人文社会科学版）》2013年第1期。

53. 黄辉：《中国证券虚假陈述民事赔偿制度：实证分析与政策建议》，《证券法苑》2019年第3期。

54. 黄悦昕、罗党论、张思宇：《全面注册制下的IPO发行：更易或者更难——来自资本市场的经验证据》，《财会月刊》2023年第10期。

55. 蒋大兴：《隐退中的"权力型"证监会——注册制改革与证券监管权之重整》，《法学评论》2014年第2期。

56. 况昕：《对经济下行形势下推行股票发行注册制的思考》，《财经科学》2016年第4期。

57. 冷静：《科创板注册制下交易所发行上市审核权能的变革》，《财经法学》2019年第4期。

58. 冷静：《注册制下发行审核监管的分权重整》，《法学评论》2016年第1期。

59. 李东方：《证券监管机构及其监管权的独立性研究——兼论中国证券监管机构的法律变革》，《政法论坛》2017年第1期。

60. 李曙光：《论宪法与私有财产权保护》，《比较法研究》2002年第1期。

61. 李曙光：《新股发行注册制改革的若干重大问题探讨》，《政法论坛》2015年第3期。

62. 李文莉：《公司股东现金选择权制度构建探析》，《政治与法律》2012年第5期。

63. 李文莉：《上市公司私有化的监管逻辑与路径选择》，《中国法学》2016年第1期。

64. 李文莉：《证券发行注册制改革：法理基础与实现路径》，《法商研究》2014年第5期。

65. 李新天、王成鸿：《强制退市中投资者保护的法律调整——以中证投服持股行权为中心展开》，《北京科技大学学报（社会科学版）》2021年第5期。

66. 李燕、杨淦：《美国法上的IPO"注册制"：起源、构造与论争——兼论我国注册制改革的移植与创生》，《比较法研究》2014年第6期。

67. 梁俊凯：《证券欺诈发行中的责令回购制度研究》，《上海法学研究》2021年第22期。

68. 梁上上：《利益的层次结构与利益衡量的展开》，《法学研究》2002年第1期。

69. 梁上上：《制度利益衡量的逻辑》，《中国法学》2012年第4期。

70. 林义相：《证券市场的第三次制度创新与国有企业改革》，《经济研究》1999年第10期。

71. 林涌：《股票发行制度内在机理的产权解释》，《中央财经大学学报》2004年第10期。

72. 刘辅华、李敏：《论资本多数决原则——对股东大会决议规则的反思》，《法学杂志》2008年第1期。

73. 刘君博：《"双轨制"证券纠纷代表人诉讼的阶段化重构》，《西南民族大学学报（人文社会科学版）》2021年第11期。

74. 刘俊海：《〈证券法〉修订完善资本市场治理》，《中国金融》2020年第2期。

75. 刘云亮：《证券民事纠纷代表人诉讼制度的适用性》，《法治研究》2013年第7期。

76. 卢文道、谭婧:《交易所审核新股发行注册是行政许可吗?》,上海证券交易所法律部内部研究报告,2014年1月23日。

77. 卢文道:《证券交易所及其自律管理行为性质的法理分析》,《证券法苑》2011年第2期。

78. 吕成龙:《投保机构在证券民事诉讼中的角色定位》,《北方法学》2017年第6期。

79. 马亦骋:《行政法视野中的召回制度》,《东南大学学报(哲学社会科学版)》2020年第S1期。

80. 缪因知:《股票发行注册制下的行政权再定位》,《财经法学》2016年第6期。

81. 彭雨晨:《欺诈发行责令回购制度的法理误区与制度构建》,《证券法苑》2020年第3期。

82. 齐飞:《欺诈发行责令回购制度的理论、现实与展望》,《金融发展研究》2023年第6期。

83. 钱康宁、蒋健蓉:《股票发行制度的国际比较及对我国的借鉴》,《上海金融》2012年第2期。

84. 邱玲玲、金道政:《公司治理对我国上市公司退市的影响研究》,《安徽工业大学学报(社会科学版)》2020年第5期。

85. 邱永红:《我国上市公司退市法律制度的历史变迁与演进实证研究——兼论〈证券法〉相关规定的修改完善》,《证券法苑》2014年第2期。

86. 屈源育、沈涛、吴卫星:《上市公司壳价值与资源配置效率》,《会计研究》2018年第3期。

87. 沈朝晖:《论证券法的地方竞争体制》,《北方法学》2013年第3期。

88. 沈朝晖:《上市公司私有化退市的"安全港"制度研究》,《法学家》2018年第4期。

89. 沈冠伶:《示范诉讼契约之研究》,《台湾大学法学论丛》2004年第33卷第6期。

90. 时晋、曾斌:《发审委制度的困境与反思》,《证券市场导报》2012年第6期。

91. 宋顺林:《IPO市场化改革:共识与分歧》,《管理评论》2021年第6期。

92. 孙光焰:《我国证券监管理念的市场化》,《中南民族大学学报(人文社会科学版)》2007年第2期。

93. 孙国茂:《从根本上改革股票发行制度》,《理论学刊》2014年第3期。

94. 汤欣、谢日曦:《从洪良国际案到证券民事赔偿》,《证券法苑》2019年第3期。

95. 万晓文、王丽苹:《代理成本、投资者信心与企业价值》,《财务研究》2019年第1期。

96. 汪金钗:《先行赔付制度的构建与探索——兼评〈证券法〉第九十三条》,《南方金融》2020年第6期。

97. 王楚:《注册制下发行审核权与上市审核权分配建议办法》,《河北法学》2016年第7期。

98. 王国刚:《建立多层次资本市场体系,保障经济的可持续发展》,《财贸经济》2004年第4期。

99. 王林:《我国股票发行制度变迁及若干思考》,《经济理论与经济管理》2011年第3期。

100. 吴维锭:《论中国存托凭证投资者保护机制的完善——从虚假陈述民事责任角度切入》,《南方金融》2019年第11期。

101. 吴晓求：《中国资本市场：从制度和规则角度的分析》，《财贸经济》2013 年第 1 期。

102. 吴泽勇：《〈投资者示范诉讼法〉：一个群体性法律保护的完美方案?》，《中国法学》2010 年第 1 期。

103. 肖宇、黄辉：《证券市场先行赔付：法理辨析与制度构建》，《法学》2019 年第 8 期。

104. 徐良平：《资本市场退市制度创新与实施框架》，《证券市场导报》2004 年第 9 期。

105. 徐文鸣：《证券民事诉讼制度的实证研究》，《中国政法大学学报》2017 年第 2 期。

106. 杨成长、龚芳、袁宇泽：《资本市场投资端改革研究》，《证券市场导报》2022 年第 1 期。

107. 杨峰：《德国团体诉讼对完善我国证券侵权诉讼制度的借鉴》，《求索》2007 年第 12 期。

108. 杨淦：《上市公司差异化信息披露的逻辑理路与制度展开》，《证券市场导报》2016 年第 1 期。

109. 杨慧：《我国上市公司主动退市制度研究》，《时代金融》2021 年第 12 期。

110. 叶林、王湘淳：《我国证券示范判决机制的生成路径》，《扬州大学学报（人文社会学科版）》2020 年第 2 期。

111. 叶林：《以信息披露为核心构建股票发行注册制》，《中国金融》2023 年第 10 期。

112. 袁碧华：《异议股东股权回购请求权适用范围探讨》，《广东行政学院学报》2014 年第 5 期。

113. 张东昌：《证券市场先行赔付制度的法律构造——以投资者保护基金为中心》，《证券市场导报》2015 年第 2 期。

114. 张国平：《证券群体诉讼：路径与模式》，《江苏社会科学》2013 年第 4 期。

115. 张红：《走向"精明"的证券监管》，《中国法学》2017 年第 6 期。

116. 张戡、刘怡：《保荐人制度研究》，《武汉大学学报（哲学社会科学版）》2004 年第 3 期。

117. 张文瑾：《注册制改革背景下上市公司差异化信息披露制度探究》，《中国应用法学》2020 年第 1 期。

118. 张艳：《主动退市规制的德国经验与启示》，《南大法学》2021 年第 4 期。

119. 张艳：《主动退市中投资者保护模式的反思与重构》，《环球法律评论》2020 年第 6 期。

120. 张艳：《注册制下科创板退市法律规制模式转型——以投资者妥适保护为核心》，《上海财经大学学报》2021 年第 3 期。

121. 张子学：《公众公司应如何披露政府调查事项》，《证券法苑》2017 年第 4 期。

122. 张宗新、杜长春：《完善退市制度 重塑股市生态》，《西南金融》2012 年第 8 期。

123. 赵万一、赵舒窈：《中国需要一部什么样的证券法》，《暨南学报（哲学社会科学版）》2018 年第 1 期。

124. 赵万一：《合规制度的公司法设计及其实现路径》，《中国法学》2020 年第 2 期。

125. 赵吟:《证券市场先行赔付的理论疏解与规则进路》,《中南大学学报(社会科学版)》2018 年第 3 期。

126. 郑彧:《IPO 常态化背景下退市制度完善之探析》,《证券法苑》2017 年第 4 期。

127. 周晓萍等:《我国证券市场退市制度的潜在问题与完善路径研究》,《金融监管研究》2018 年第 4 期。

128. 周友苏、杨照鑫:《注册制改革背景下我国股票发行信息披露制度的反思与重构》,《经济体制改革》2015 年第 1 期。

129. 周佑勇:《健全行政裁量基准的新使命新任务》,《行政法学研究》2023 年第 1 期。

130. 朱慈蕴、神作裕之:《差异化表决权制度的引入与控制权约束机制的创新——以中日差异化表决权实践为视角》,《清华法学》2019 年第 2 期。

131. 朱慈蕴、沈朝晖:《类别股与中国公司法的演进》,《中国社会科学》2013 年第 9 期。

132. 朱晓婷:《对〈证券法〉先行赔付制度改良进路的解析》,《财经理论与实践》2022 年第 2 期。

三、外文著作

1. Michael Arnold, in Wulf Goette/Mathias Habersack/Susanne Kalss (Hrsg.), Münchener Kommentar zum Aktiengesetz, 4. Aufl., 2018.

2. Petra Buck-Heeb, Kapitalmarktrecht, C.F. Müller, 2013.

3. Claus-Wilhelm Canaris, Die Feststellung von Lücken im Gesetz, 2. Aufl., 1983.

4. Henrik Drinkuth, in Reinhard Marsch-Barner/Frank A. Schäfer (Hrsg.), Handbuch Börsennotierte AG, 4. Aufl., 2018.

5. Jochen Hoffman, in Gerald Spindler/Eberhard Stilz (Hrgs.), Kommentar zum Aktiengesetz, 2. Aufl., 2010.

6. Klaus J. Hopt, Das Dritte Finanzmarktförderungsgesetz, FS-Drobnig, 1998.

7. Uwe Hüffer/Jens Koch, Aktiengesetz, C.H. Beck, 2020.

8. Detlef Kleindiek, "Going Private" und Anlegerschutz, FS-Bezzenberger, 2000.

9. Marcus Lutter, Gesellschaftsrecht und Kapitalmarkt, FS-Zöllner, 1999.

10. Marcus Lutter/Walter Bayer/Jessica Schmidt, Europäisches Unternehmens- und Kapitalmarktrecht, De Gruyter, 2012.

11. Otto Mayer, Deutsches Verwaltungsrecht, Band 1, Duncker & Humblot, 1895.

12. Peter O. Mülbert, Aktiengesellschaft, Unternehmensgruppe und Kapitalmarkt, C.H. Beck, 1996.

13. Peter O. Mülbert, Grundsatz- und Praxisprobleme der Entwicklung des Art. 14 GG auf das Aktienrecht, FS Hopt, 2010.

14. Stephan F. Oppenhoff, in Florian Drinhausen/Hans-Martin Eckstein (Hrsg.), Beck'sches Handbuch der AG, 3. Aufl., 2018.

15. Oliver Rieckers, in Gerald Spindler/Eberhard Stilz, Kommentar zum Aktiengesetz, 4. Aufl., 2019.

16. Carl C.H. Sanders, Anlegerschutz bei Delisting zwischen Kapitalmarkt- und Gesellschaftsrecht, Duncker & Humblot, 2017.

17. Matthias Santelmann, Matthias Hoppe, Andreas Suerbaum, Michael Bukowski,

Squeeze out: Handbuch für die Praxis, Schmidt, 1. Aufl. , 2010.

18. Matthias Schüppen, in Matthias Schüppen/Bernhard Schaub (Hrgs.), Münchener Anwaltshandbuch Aktienrecht, 3. Aufl. , 2018.

19. Rainer Süßmann, in Lutz Angere/Tim Oliver Brandi/Rainer Süßmann (Hrsg.), Wertpapiererwerbs- und Übernahmegesetz, 4. Aufl. , 2023.

20. Michael Winter, in Joachim Schmitt/Robert Hörtnagl/Rolf-Christian Stratz, Umwandlungsgesetz Umwandlungssteuergesetz, 8. Aufl. , 2018.

四、外文论文

1. Johannes Adolf, Johannes Tieves, Über den rechten Umgang mit einem Entschlusslosen Gesetzgeber: Die aktienrechtliche Lösung des BGH von der Börse, BB 2003.

2. Marietta Auer, Der Rückzug von der Börse als Methodeproblem, JZ 2015.

3. Andreas Austmann, Petra Mennicke, Übernahmerechtlicher Squeeze-out und Sell-out, NZG 2004.

4. Theodor Baums, Astrid Keinath, Daniel Gajek, Fortschritte bei Klagen gegen Hauptversammlungsbeschlüße? Eine empirische Studie, ZIP 2007.

5. Walter Bayer, Aktionärschuz beim Delisting, ZIP 2015.

6. Walter Bayer, Delisting: Korrektur der Frosta-Rechtssprechung durch den Gesetzgeber, NZG 2015.

7. LA Bebchuk, M Kahan, "Fairness Opinions: How Fair Are They and What Can Be Done about It?", Duke Law Journal, vol. 1989, no. 1 (February 1989).

8. Richard A. Booth, "Majority-of-Minority Voting and Fairness in Freeze-out Mergers", Villanova Law Review, vol. 59, 2014.

9. Michael Brellochs, Der Rückzug von der Börse nach "Frosta", AG 2014.

10. Victor Brudney, Marvin A. Chirelstein, "A Restatement of Corporate Freezeouts", The Yale Law Journal, vol. 87, no. 7 (June 1978).

11. Hartwin Bungert, Delisting und Hauptversammlung, BB 2000.

12. Jens Ekkenga, Macrotron und das Grundrecht auf Aktieneigentum, ZGR 2003.

13. Christoph van der Elst, Lientje van den Steen, Balancing the Interests of Minority and Majority Shareholders: A Comparative Analysis of Squeeze-out and Sell-out Rights, ECFR 2019.

14. Eugene F. Fama, "Efficient Capital Markets: A Review of Theory and Empirical Work", The Journal of Finance, vol. 25, no. 2 (May 1970).

15. Daniel R. Fischel, "Organized Exchanges and the Regulation of Dual Class Common Stock", The University of Chicago Law Review, vol. 54, no. 1 (Winter 1987).

16. Holger Fleischer, Das neue Recht des Squeeze out, ZGR 2002.

17. Andreas Fuchs, Aktiengattungen, Sonderbeschlüsse und gesellschaftsrechtliche Treupflicht, FS Immenga, 2004.

18. Christopher R. Gannon, "An Evaluation of the Sec's New Going Private Rule", Journal of Corporation Law, vol. 7, no. 1 (Fall 1981).

19. Tobias Glienke, Daniel Röder, FRoSTA ist für alle da, BB 2014.
20. E Gonnard, EJ Kim and I Ynesta, "Recent Trends in Institutional Investors Statistics", OECD Journal: Fiancial Market Trends, 2008.
21. Edward F. Greene, "Corporate Freeze-out Mergers: A Proposed Analysis", Stanford Law Review, vol. 28, no. 3 (February 1976).
22. Barbara Grunewald, Die neue Squeeze out Regelung, ZIP 2002.
23. Wolfgang Groß, Rechtsprobleme des Delisting, ZHR 165 (2001).
24. Mathias Habersack, Anmerkung zu BGH, Beschl. V. 8. 10. 2013 – II ZB 26/12, JZ 2014.
25. Mathias Habersack, Mitwirkungsrechte der Aktionäre nach Macrotron und Gelatine, AG 2005.
26. Hans Hanau, Der Bestandschutz der Mitgliedschaft anlässlich der Einführung des "Squeeze out" im Aktienrecht, NZG 2002.
27. Jeffrey Harris, "Why Rule 500 Should be Repealed", NASDAQ International Magazine 44 (September/October 2003).
28. Kai Hasselbach, Das Andienungsrecht von Minderheitsaktionären nach der EU-Übernahmerichtlinie, ZGR 2005.
29. Kalus J. Hopt, Grundsatz- und Praxisprobleme nach dem Wertpapiererwerbs- und Übernahmegesetz, ZHR 166(2002).
30. Lars Klöhn, Delisting-Zehn Jahre Später, NZG 2012.
31. Jens Koch, Rafael Harnos, Die Neuregelung des Delistings zwischen Anleger- und Aktionärschutz, NZG 2015.
32. Alfred Kossmann, Ausschluß ("Freeze out") von Aktionären gegen Barabfindung, NZG 1999.
33. Christian Leuz et al. , "Why Do Firms Go Dark? Causes and Economic Consequences of Voluntary SEC Deregistrations", Journal of Accounting and Economics, vol. 45, no. 2 – 3 (August 2008).
34. Jonathan Macey, Hideki Kanda, "Stock Exchange as a Firm: The Emergence of Close Substitutes for the New York and Tokyo Stock Exchanges", Cornell Law Review, vol. 34, no. 2 (October 1991).
35. Perter O. Mülbert, Rechtsprobleme des Delisting, ZHR 165(2001).
36. Tobias Nikoleyczik, Neues zum übernahmerechtlichen Squeeze-out, GWR 2014.
37. Jame J. Park, "Reassessing the Distinction between Corporate and Securities Law", UCLA Law Review, vol. 64, no. 1(January 2017).
38. Gary C. Sanger, James D. Peterson, "An Empirical Analysis of Common Stock Delistings", The Journal of Financial and Quantitative Analysis, vol. 25, no. 2 (June 1990).
39. Marco Ventoruzzo, "Freeze-Outs: Transcontinental Analysis and Reform Proposals", Virginia Journal of International Law, vol. 50, no. 4 (Summer 2010).
40. Tom Vos, "Baby, it's cold outside..." — A Comparative and Economic Analysis of Freeze-outs of Minority Shareholders", ECFR 2018.
41. Elliott J. Weiss, "The Law of Take Out Mergers: A Historical perspective",

New York University Law Review, vol. 56 (October 1981).

五、网络资料

1. 《丹东欣泰电气股份有限公司转兴业证券股份有限公司关于设立欣泰电气欺诈发行先行赔付专项基金的公告》,2017 年 6 月 9 日,http://static. cninfo. com. cn/finalpage/2017-06-09/1203606545. PDF,2021 年 1 月 2 日。

2. 《二重集团(德阳)重型装备股份有限公司关于异议股东保护的专项说明》,2015 年 4 月 23 日,http://static. cninfo. com. cn/finalpage/2015-04-24/1200900262. PDF,2020 年 4 月 9 日。

3. 《美的集团股份有限公司发行 A 股股份换股吸收合并无锡小天鹅股份有限公司暨关联交易预案》,2018 年 10 月,http://www. szse. cn/disclosure/listed/bulletinDetail/index. html? ca9f656e-f5fc-4bf3-a06a-3fb853d79dd3,2022 年 9 月 9 日。

4. 《上海普天邮通科技股份有限公司关于异议股东保护的专项说明》,2019 年 3 月 21 日,http://static. cninfo. com. cn/finalpage/2019-03-22/1205925409. PDF,2020 年 4 月 9 日。

5. 《证监会有关负责人解答四大市场热点问题》,2011 年 11 月 10 日,https://www. yicai. com/news/1188037. html,2023 年 6 月 20 日。

6. 《证监会有关负责人就设立科创板并试点注册制有关问题答记者问》,2019 年 6 月 29 日,https://www. gov. cn/xinwen/2019-06/29/content_5404444. htm,2023 年 6 月 20 日。

7. 蔡情:《退市规则细化 涉"五个安全"领域重大违法可强制退市》,2018 年 7 月 30 日,http://finance. ce. cn/stock/gsgdbd/201807/30/t20180730_29889271. shtml,2024 年 3 月 6 日。

8. 蔡蒴:《保荐机构先行赔付责任保险落地》,2017 年 2 月 8 日,http://insurance. hexun. com/2016-12-29/187546114. html,2021 年 4 月 13 日。

9. 陈建军:《十一亿元余股拖累中石油和中石化私有化进程》,2006 年 5 月 9 日,https://business. sohu. com/20060509/n243153130. shtml,2023 年 7 月 11 日。

10. 大象 IPO:《企业从受理到上市需要多长时间? 最短的 114 天,最长的 2009 天》,2022 年 3 月 28 日,https://mp. weixin. qq. com/s/z8Zgt7ZKbwSww72HZGMupA,2023 年 6 月 26 日。

11. 江聊:《欣泰电气欺诈发行赔付 95％适格投资者达成和解》,2017 年 11 月 9 日,https://baijiahao. baidu. com/s? id = 1583562985457427339&wfr = spider&for = pc,2023 年 7 月 10 日。

12. 蒋飞、岳军:《证监会指路"非公众化",业界建言"余股挤出机制"》,2012 年 8 月 10 日,https://business. sohu. com/20120810/n350293246. shtml,2023 年 7 月 11 日。

13. 刘任远:《〈证券市场周刊〉:通道制瓶颈》,2002 年 9 月 21 日,https://finance. sina. com. cn/t/20020921/1409258019. html,2023 年 6 月 20 日。

14. 祁豆豆:《注册制改革廓清责任配置 五大主体各归其位仍在路上》,2021 年 8 月 12 日,http://www. xinhuanet. com/fortune/2021-08/12/c_1127753973. htm,2023 年 7 月 1 日。

15. 上海证券交易所、深圳证券交易所：《沪深交易所就退市相关业务规则发布答记者问摘选》，2021 年 1 月 27 日，http：//www. csrc. gov. cn/csrc/c100210/c1498835/content. shtml，2024 年 2 月 27 日。

16. 上海证券交易所：《全球主要资本市场退市情况研究及对科创板的启示》，2018 年 12 月，http：//www. sse. com. cn/aboutus/research/report/c/4727800. pdf，2023 年 7 月 9 日。

17. 上海证券交易所：《上海证券交易所就退市制度修订答记者问》，2020 年 12 月 14 日，http：//www. sse. com. cn/aboutus/mediacenter/hotandd/c/c_20201214_5279592. shtml，2024 年 2 月 27 日。

18. 王媛媛：《科创板迎四周岁！超 540 家上市公司，总市值突破 6 万亿元》，2023 年 7 月 21 日，https：//www. thepaper. cn/newsDetail_forward_23935219，2024 年 3 月 16 日。

19. 吴晓璐：《主板交易新规今日正式落地，投资者需注意四大变化》，2023 年 4 月 10 日，https：//finance. sina. com. cn/stock/marketresearch/2023-04-10/doc-imypvxxu7910711. shtml，2023 年 6 月 30 日。

20. 习近平：《高举中国特色社会主义伟大旗帜，为全面建设社会主义现代化国家而团结奋斗——在中国共产党第二十次全国代表大会上的报告》，2022 年 10 月 25 日，https：//www. gov. cn/xinwen/2022-10/25/content_5721685. htm，2023 年 7 月 3 日。

21. 习近平：《共建创新包容的开放型世界经济——在首届中国国际进口博览会开幕式上的主旨演讲》，2018 年 11 月 5 日，http：//www. xinhuanet. com/politics/leaders/2018-11/05/c_1123664692. htm，2023 年 6 月 20 日。

22. 香港证监会：《洪良因首次公开招股章程内容失实被命令以 10. 3 亿元提出回购建议》，香港证监会官网，https：//apps. sfc. hk/edistributionWeb/gateway/TC/news-andannouncements/news/doc? refNo＝12PR63，2023 年 5 月 22 日。

23. 肖钢：《确立以信息披露为中心的监管理念》，2014 年 1 月 22 日，https：//finance. sina. com. cn/stock/t/20140122/193618048306. shtml，2023 年 6 月 27 日。

24. 易会满：《提高直接融资比重》，2020 年 12 月 3 日，http：//www. csrc. gov. cn/csrc/c100028/c1444754/content. shtml，2023 年 7 月 3 日。

25. 张剑、王颖：《228 家上市公司触及退市警戒线，过半涉重大违法》，2022 年 4 月 10 日，https：//new. qq. com/rain/a/20220410A08RNZ00，2024 年 2 月 21 日。

26. 张塑：《全年强制退市公司达 42 家，2022 年 A 股退市量创历史新高》，2023 年 1 月 5 日，https：//www. thepaper. cn/newsDetail_forward_21439536，2023 年 7 月 9 日。

27. 证监会上市公司监管部副主任孙念瑞于 2020 年 11 月 19 日在"2020 上市公司高质量发展论坛"上的讲话，https：//new. qq. com/omn/20201121/20201121A025A100. html，2023 年 12 月 5 日。

28. 中国证监会：《退市制度 100 问》，2023 年 2 月 15 日，http：//www. csrc. gov. cn/shanghai/c105564/c7112273/content. shtml，2024 年 2 月 21 日。

29. Dirk A. Zetzsche, Going Dark under German Law-Towards an Efficient Regime for Regular Delisting, 2014 年 1 月 31 日, https：//papers. ssrn. com/sol3/papers. cfm?abstract_id＝2387712，2024 年 6 月 24 日。

30. Julia Khort, "Protection of Investors in voluntary Delisting on the U.S. Stock Market", working paper 2014:4, https://www.jur.uu.se/digitalAssets/585/c_585476-l_3-k_wps2014-4.pdf, 2021 年 3 月 17 日。

31. SEC File Nr. 1 – 07162, 2004 年 8 月 23 日, https://www.sec.gov/rules/delist/1-07162-o.htm, 2020 年 4 月 10 日。

后　记

　　不知不觉间,2024 年已经是我研究注册制下退市法律规制的第 6 个年头。2018 年年底,习近平总书记在首届进博会上宣布,要在上海证券交易所设立科创板并试点注册制,由此拉开了我国股票发行注册制的序幕。彼时的我认为,科创板试点注册制是非常具有研究价值的选题,于是决定与同行们开展错位竞争,选择当时受到关注较少,却是资本市场中非常重要的基础性制度的退市制度作为研究对象。从 2019 年到 2024 年,我将我的主要精力倾注在退市制度研究上,在这一研究方向收获了四篇学术论文与这本专著。回首这几年的科研岁月,我收获了太多的帮助与感动。

　　感谢我的博士生导师,来自柏林洪堡大学的 Stefan Gundmann 教授。感谢老师在博士阶段对我的悉心指导,使我养成了良好的科研习惯并夯实了扎实的科研基础。我回国工作后,老师非常关心我,经常询问我的近况。当我在退市研究中遇到难题向老师求教时,老师慷慨地为我提供帮助。老师永远是我学习的榜样。

　　感谢我博士后阶段的合作导师,来自华东政法大学的郝铁川教授。在科研方面,郝老师时刻鞭策我要勤奋、踏实、力争上游;在做人方面,郝老师用他的宽厚、正直、真诚和昂扬影响着我,使我由衷地希望自己也能成为老师这样的人。在我成为硕士生导师并有了自己的学生之后,我惊喜地发现,我已经将在郝老师这里获得的感动和力量传递给了我的学生。

　　感谢我的工作单位上海社会科学院法学研究所和所有的同事,感谢法学所为我提供了宽松自由的科研环境,感谢我的同事们给予我很多帮助、支持和鼓励。感谢《环球法律评论》《政治与法律》《上海财经大学学报》《南大法学》等期刊为本书阶段性成果提供发表平台。感谢上海三联书店为本书提供出版平台,感谢郑秀艳编辑与校对老师的辛勤付出。

感谢我的父母、爱人和孩子给予我的爱、包容和支持。从事退市法律规制研究的这几年是我异常忙碌的一段时间,我的家人们给予了我超乎寻常的理解和支持。感谢爸爸妈妈从未对我提出任何要求,永远是我最坚强的后盾,永远为我取得的一点点成绩而骄傲;感谢我的爱人,同时也是我最好的朋友,永远相信我、鼓励我、陪伴我,使我心中充满了爱和温暖;感谢我的孩子,使我知道原来我可以和另一个人有如此亲密的连接,我得到的远比我给予的爱更多。

感谢所有帮助过我的人,未来我将更加努力,同时也希望有机会将我收到的美好和善意传递出去,帮助更多的人。

图书在版编目(CIP)数据

注册制下上市公司退市的法律规制/张艳著.
上海:上海三联书店,2024.8—(上海社会科学院
法学研究所学术精品文库).—ISBN 978 - 7 - 5426 - 8627
- 5

Ⅰ.D922.291.91

中国国家版本馆 CIP 数据核字第 2024P5D458 号

注册制下上市公司退市的法律规制

著　　者 / 张　艳

责任编辑 / 郑秀艳
装帧设计 / 一本好书
监　　制 / 姚　军
责任校对 / 王凌霄

出版发行 / 上海三联书店

　　　　(200041)中国上海市静安区威海路 755 号 30 楼
邮　　箱 / sdxsanlian@sina.com
联系电话 / 编辑部：021 - 22895517
　　　　　发行部：021 - 22895559
印　　刷 / 上海惠敦印务科技有限公司

版　　次 / 2024 年 8 月第 1 版
印　　次 / 2024 年 8 月第 1 次印刷
开　　本 / 655mm×960mm　1/16
字　　数 / 250 千字
印　　张 / 18.25
书　　号 / ISBN 978 - 7 - 5426 - 8627 - 5/D · 650
定　　价 / 78.00 元

敬启读者,如发现本书有印装质量问题,请与印刷厂联系 021 - 63779028